鎌倉の人物事典

近現代の学者たち

青木豊
桝渕規彰
浪川幹夫
大澤泉　編

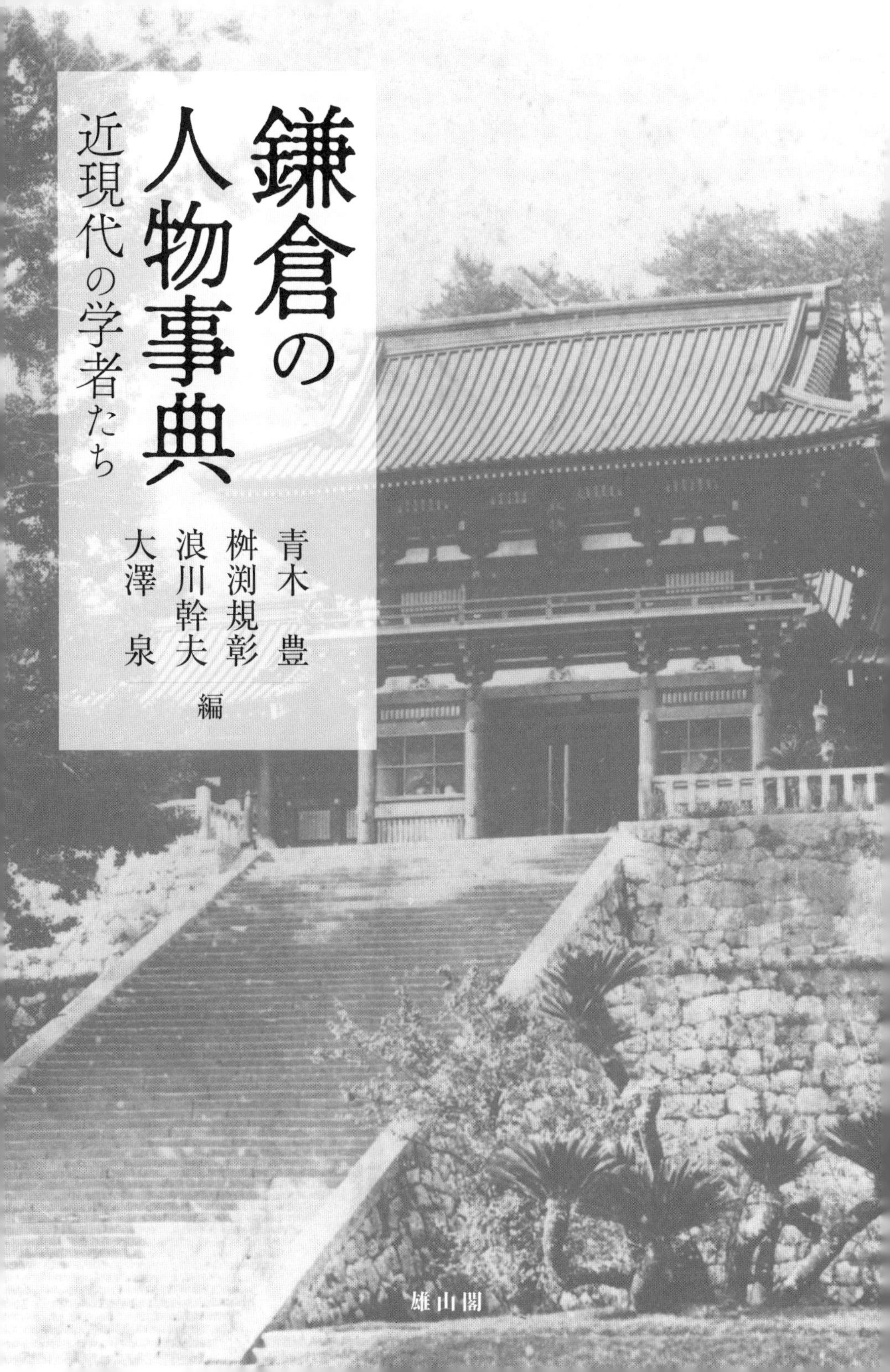

雄山閣

序文

鎌倉には、我が国の他地域と比べても多くの小説家・歌人・俳人・画家達が居住してきたことは周知のとおりである。これらの文学家・文芸家・画家の一部の先駆者は、鎌倉文学館や鎌倉市吉屋信子記念館・鎌倉市歴史文化交流館等の博物館をはじめ、『鎌倉市史』や『社会科学習　私たちの鎌倉』をはじめとする各種の刊行物等々で既に紹介されている。

しかし、一方で医師・郷土史家・研究者・教育家・思想家等の先学者は、取り上げられることが少ないといった我が国の郷土史での共通する傾向が、鎌倉に於いても厳然たる事実として看取されるのである。

例えば、全国の個人を対象とした記念館を見た場合、『新訂　人物記念館事典』（二〇〇二）によれば文学家・文芸家に関する記念館は、全国で一一〇余館を数えるのに対して、研究者・教育者・思想家等の記念館は本居宣長記念館・賀茂真淵記念館・南方熊楠記念館・柳田国男記念公苑・西田幾多郎記念哲学館・諸橋轍次記念館などをはじめとする僅か二〇館程度に留まっているのが現状である。しかも、これらの個人記念館で顕彰されている人物は、日本を代表する歴史的人物であり、逆に郷土の先駆者と表現するには余りにも大きく逸脱した人物である場合が多く認められることも事実であろう。

つまり、研究者・教育者・思想家・政治家を顕彰する記念館は、文学家・文芸家と比較しても少ないのである。結果、我が国の博物館の館種を見た場合でも、個人を顕彰した美術館を抑えて文学館が最多であるという歴然たる特徴を呈する結果となっている。このような文学系に顕著に認められる個人記念館は別としても地域博物館を含めた郷土博物館では、極一部に政治家が認められる程度であり、医師・研究者・教育者・思想家等々の先駆者はコーナーすら設置されていないのが現状であると把握している。

このことから、本書は、先ずは郷土文化の形成に与した研究・教育分野における先賢たちの確認と各人の業績の検証、さらには郷土史上での再確認をできる限り行い、鎌倉の近現代の歴史空間の拡幅と充実を目的とするものである。

本書での最終的な人物の抽出条件は、①鎌倉出身者、②別荘所有者を含めた鎌倉在住者、③市内の墓地での埋葬者、④鎌倉国宝館・神奈川県立現代美術館・鎌倉市図書館等々の市内の機関・施設の勤務者を対象とした。

しかし、基本となる抽出した先駆者と当該人物情報に関する誤謬に関しても鬼胎を抱いているものである。さらに、人物は把握できたものの資料の博捜にも拘わらず情報検出に至らず、割愛せざるを得ない研究者も存在したことなども相俟って、当然ことながら不刊之典であるはずはなく、布石と捉えて戴き今後機会を得て徐々に補ってゆく所存である。

令和六年　小寒

編者一同

凡例

一、本書の編纂は、鎌倉に在住（別荘含む）するなどした鎌倉縁故の近現代の研究者を郷土研究の視座から集成したものである。

一、本書は、鎌倉の近現代史・郷土史の基本資料として企図したものである。

一、本書での人物の選出は、『鎌倉市史　近代通史編』（一九九四）、『鎌倉議会史（記述編）』（一九六九）、『著作権台帳―文化人名録―昭和二十八年版』社団法人日本著作権協議会（一九五三）、『著作権台帳―文化人名録―昭和三十七・三十八年度版』第十版、（財）日本著作権協会（一九六四）、染谷孝哉『鎌倉　もうひとつの貌』蒼海出版（一九八〇）、島本千也『鎌倉別荘物語―明治・大正期のリゾート都市―』私家版（一九九三）、澤壽郎『鎌倉同人会五十年史』鎌倉同人会事務所（一九六五）、澤壽郎『ふるさとの思い出　明治・大正・昭和　鎌倉』図書刊行会（一九七九）を底本とした。

一、居住地の特定と地名表記は、右記の『鎌倉別荘物語―明治・大正期のリゾート都市―』、『著作権台帳―文化人名録―昭和二十八年版』、『著作権台帳―文化人名録―昭和三十七・三十八年度版』、『鎌倉　もうひとつの貌』などに依拠した。

一、人物の配列は、五十音順とした。

一、人物名は、本名を基本とし、筆名等は文頭に別記した。なお、筆名等が一般的な場合は筆名を基本としたものもある。

一、年号表記に関しては、生没年を元号優先とし、他は西暦とした。

一、居住地等の地名は現在の表記とし、基本的に大字名を記したが、大字名も時代的変化で詳細が不明な場合は（〇〇地域）とした。

一、本書での執筆者名は、本文末尾に明記した。

一、当該期の教育施設、機関・施設名、専門用語、歴史的人物等々には、本文において＊を付し、本事典の巻末に用語解説（人名含む）として略説し、五十音順で掲載した。解説文は青木豊・大澤泉が執筆し、執筆項目にそれぞれ（青）・（大）を付した。

鎌倉市の地名（現在）

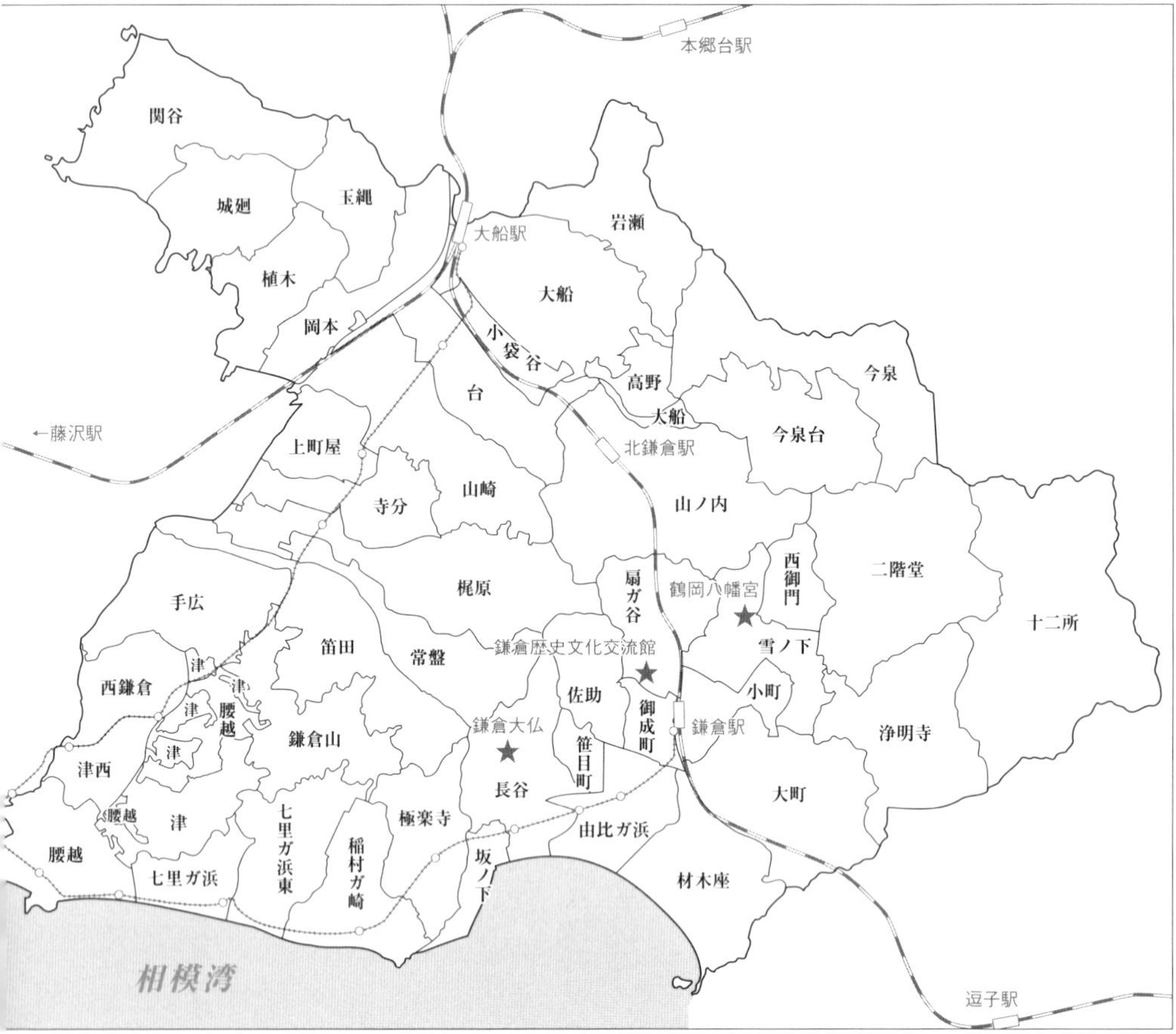

本郷台駅
関谷
城廻
玉縄
植木
岡本
大船駅
岩瀬
大船
小袋谷
高野
今泉
台
大船
今泉台
←藤沢駅
上町屋
北鎌倉駅
山崎
寺分
山ノ内
西御門
二階堂
梶原
扇ガ谷
鶴岡八幡宮
手広
十二所
笛田
常盤
鎌倉歴史文化交流館
雪ノ下
津
西鎌倉
津
佐助
小町
津
腰越
御成町
鎌倉駅
鎌倉大仏
浄明寺
鎌倉山
津
笹目町
津西
長谷
大町
腰越
津
七里ガ浜東
極楽寺
由比ガ浜
稲村ガ崎
腰越
坂ノ下
材木座
七里ガ浜
相模湾
逗子駅

鎌倉の人物事典　近現代の学者たち◉目　次◉

序　文　　編者一同　i
凡　例　iii

あ行

相澤善三　あいざわ・ぜんぞう（浪川幹夫）1
相澤忠洋　あいざわ・ただひろ（落合知子）2
赤星直忠　あかぼし・なおただ（青木　豊）3
赤松金芳　あかまつ・かねよし（青木　豊）4
赤松秀雄　あかまつ・ひでお（浪川幹夫）5
秋月正一　あきづき・しょういち（志村　峻）6
朝比奈宗源　あさひな・そうげん（稲田笠悟）7
葦津珍彦　あしづ・うずひこ（青木　豊）8
足立朗　あだち・ほがら（宇治清美）9
吾妻俊夫　あづま・としお（青木　豊）10
姉崎正治　あねさき・まさはる（青木里紗）11
阿部正直　あべ・まさなお（浪川幹夫）12
阿部正道　あべ・まさみち（志村　峻）13
安倍能成　あべ・よししげ（宇治清美）14
有沢広巳　ありさわ・ひろみ（菅原日出人）15
飯塚友一郎　いいづか・ともいちろう（浪川幹夫）16
生田長江　いくた・ちょうこう（青木　豊）17
池田謙斎　いけだ・けんさい（青木　豊）18
池田彌三郎　いけだ・やさぶろう（中野雄二）19
石川光昭　いしかわ・みつてる（浪川幹夫）20
板橋菊松　いたばし・きくまつ（青木　豊）21
伊藤成彦　いとう・なりひこ（浪川幹夫）22
稲葉修　いなば・おさむ（青木　豊）23
乾孝　いぬい・たかし（中野智史）24
井上禅定　いのうえ・ぜんじょう（中野智史）25
岩波茂雄　いわなみ・しげお（青木　豊）26
上山義昭　うえやま・よしあき（青木　豊）27
潮田江次　うしおだ・こうじ（落合知子）28
宇治順一郎　うじ・じゅんいちろう（青木　豊）29
内田亨　うちだ・とおる（山本みなみ）30
内田魯庵　うちだ・ろあん（浪川幹夫）31
内堀維文　うちぼり・これぶみ（青木　豊）32
内海恒雄　うつみ・つねお（中野智史）33
梅津八三　うめづ・はちぞう（青木　豊）34
江藤淳　えとう・じゅん（浪川幹夫）35
遠藤彰郎　えんどう・あきお（青木　豊）36
大岩誠　おおいわ・まこと（于　江）37
大内兵衛　おおうち・ひょうえ（浪川幹夫）38
大久保道舟　おおくぼ・どうしゅう（大澤　泉）39
大沢光男　おおさわ・みつお（青木　豊）40
大塩亀雄　おおしお・かめお（森本　理）41
太田青丘　おおた・せいきゅう（青木　豊）42

太田水穂　おおた・みずほ　（浪川幹夫）　43
太田黒敏男　おおたぐろ・としお　（菅原日出人）　44
大槻正男　おおつき・まさお　（盛山隆行）　45
大藤時彦　おおとう・ときひこ　（有山佳孝）　46
大藤ゆき　おおとう・ゆき　（有山佳孝）　47
大野法道　おおの・ほうどう　（青木　豊）　48
大宮誠　おおみや・まこと　（鈴村楓実）　49
大三輪龍彦　おおみわ・たつひこ　（桝渕規彰）　50
大森順雄　おおもり・じゅんのう　（桝渕規彰）　51
大森義太郎　おおもり・よしたろう　（浪川幹夫）　52
岡崎三郎　おかざき・さぶろう　（桝渕彰太郎）　53
岡崎俊夫　おかざき・としお　（于　江）　54
岡村輝彦　おかむら・てるひこ　（青木　豊）　55
小熊虎之介　おぐま・とらのすけ　（青木里紗）　56
尾瀬敬止　おせ・けいし　（浪川幹夫）　57
落合英二　おちあい・えいじ　（浪川幹夫）　58

か行

片岡良一　かたおか・よしかず　（青木　豊）　59
片山良亮　かたやま・りょうすけ　（林　道義）　60
勝田昌二　かつた・しょうじ　（青木　豊）　61
勝美正成　かつみ・まさなり　（青木　豊）　62
加藤誠平　かとう・せいへい　（山本みなみ）　63
金子登　かねこ・のぼり　（青木　豊）　64
鹿子木員信　かのこぎ・かずのぶ　（二葉俊弥）　65
鏑木欽作　かぶらぎ・きんさく　（山本みなみ）　66
神川彦松　かみかわ・ひこまつ　（桝渕彰太郎）　67
亀井高孝　かめい・たかよし　（中島金太郎）　68
亀田輝時　かめだ・てるとき　（鈴村楓実）　69
辛島驍　からしま・たかし　（于　江）　70
川副武胤　かわそえ・たけたね　（山本みなみ）　71
菊盛英夫　きくもり・ひでお　（森本　理）　72
木原健太郎　きはら・けんたろう　（志村　峻）　73
木村久邇典　きむら・くにのり　（浪川幹夫）　74
木村彦三郎　きむら・ひこさぶろう　（大澤　泉）　75
清川来吉　きよかわ・らいきち　（青木　豊）　76
金素雲　きん・そうん／キム・ソウン　（青木　豊）　77
陸羯南　くが・かつなん　（會田康範）　78
九鬼隆一　くき・りゅういち　（青木　豊）　79
久保舜一　くぼ・しゅんいち　（青木　豊）　80
久保正幡　くぼ・まさはた　（有山佳孝）　81
久保田廣　くぼた・ひろし　（林　道義）　82
久保田譲　くぼた・ゆずる　（青木　豊）　83
倉田公裕　くらた・きみひろ　（宇治清美）　84
厨川白村　くりやがわ・はくそん　（浪川幹夫）　85
呉文炳　くれ・ふみあき　（浪川幹夫）　86
黒板伸夫　くろいた・のぶお　（盛山隆行）　87
小泉信三　こいずみ・しんぞう　（志村　峻）　88
古宇田實　こうだ・みのる　（浪川幹夫）　89

古賀行義	こが・ゆきよし	（青木 豊）	90
小坂藤若	こさか・ふじわか	（青木 豊）	91
児玉淳一郎	こだま・じゅんいちろう	（青木 豊）	92
小辻節三	こつじ・せつぞう	（稲田笠悟）	93
木場貞長	こば・さだたけ	（青木 豊）	94
小林秀雄	こばやし・ひでお	（奥野順子）	95
小牧近江	こまき・おうみ	（浪川幹夫）	96
小松太郎	こまつ・たろう	（浪川幹夫）	97
小山富士夫	こやま・ふじお	（中野雄二）	98
近藤市太郎	こんどう・いちたろう	（杉山正司）	99
近藤良薫	こんどう・りょうくん	（大澤 泉）	100
今野國雄	こんの・くにお	（中島金太郎）	101
今野武雄	こんの・たけお	（有山佳孝）	102
紺野敏文	こんの・としふみ	（有山佳孝）	103
さ行			
三枝博音	さいぐさ・ひろと	（浪川幹夫）	104
西郷信綱	さいごう・のぶつな	（青木 豊）	105
座田司氏	さいだ・もりうじ	（二葉俊弥）	106
酒井恒	さかい・つね	（青木 豊）	107
阪下圭八	さかした・けいはち	（青木 豊）	108
佐佐木信綱	ささき・のぶつな	（浪川幹夫）	109
佐藤運雄	さとう・かずお	（青木 豊）	110
佐藤善治郎	さとう・ぜんじろう	（桝渕彰太郎）	111
佐藤信衛	さとう・のぶえ	（尾崎雅子）	112
佐藤正彰	さとう・まさあき	（大澤 泉）	113
佐藤密雄	さとう・みつお	（大澤 泉）	114
佐成謙太郎	さなり・けんたろう	（大澤 泉）	115
実吉安純	さねよし・やすずみ	（青木 豊）	116
佐野利器	さの・としかた	（青木 豊）	117
澤壽郎	さわ・じゅろう	（山本みなみ）	118
澤木四方吉	さわき・よもきち	（浪川幹夫）	119
渋江二郎	しぶえ・じろう	（落合広倫）	120
澁澤龍彦	しぶさわ・たつひこ	（浪川幹夫）	121
島津久基	しまづ・ひさもと	（浪川幹夫）	122
白井永二	しらい・えいじ	（稲田笠悟）	123
白石孝	しらいし・たかし	（大澤 泉）	124
神西清	じんざい・きよし	（青木 豊）	125
末松謙澄	すえまつ・けんちょう	（青木 豊）	126
菅虎雄	すが・とらお	（浪川幹夫）	127
菅井準一	すがい・じゅんいち	（二葉俊弥）	128
菅原壽雄	すがわら・ひさお	（杉山正司）	129
勝呂忠	すぐろ・ただし	（青木 豊）	130
鈴木清	すずき・きよし	（青木 豊）	131
鈴木三郎	すずき・さぶろう	（森本 理）	132
鈴木大拙	すずき・だいせつ	（會田康範）	133
清田昌弘	せいた・まさひろ	（志村 峻）	134
関口泰	せきぐち・たい	（有山佳孝）	135
関口鯉吉	せきぐち・りきち	（杉山正司）	136

添田 寿一　そえだ・じゅいち　（青木　豊）　137
相良 国太郎　そら・くにたろう　（浪川幹夫）　138

た行

高野 一夫　たかの・かずお　（青木　豊）　139
鷹部屋 福平　たかべや・ふくへい　（二葉俊弥）　140
高嶺 秀夫　たかみね・ひでお　（青木　豊）　141
高山 一彦　たかやま・かずひこ　（青木　豊）　142
高山 樗牛　たかやま・ちょぎゅう　（浪川幹夫）　143
瀧 精一　たき・せいいち　（青木　豊）　144
瀧 遼一　たき・りょういち　（二葉俊弥）　145
武田 勝彦　たけだ・かつひこ　（青木　豊）　146
竹山 道雄　たけやま・みちお　（浪川幹夫）　147
田代 三千稔　たしろ・みちとし　（青木　豊）　148
田代 元彌　たしろ・もとや　（青木　豊）　149
田中 寛一　たなか・かんいち　（杉山正司）　150
田中 吉備彦　たなか・きびひこ　（青木　豊）　151
田中 惣五郎　たなか・そうごろう　（青木　豊）　152
田中 智学　たなか・ちがく　（浪川幹夫）　153
田辺 新之助　たなべ・しんのすけ　（大澤　泉）　154
田野辺 富蔵　たのべ・とみぞう　（青木　豊）　155
中鉢 正美　ちゅうばち・まさよし　（森本　理）　156
辻 新次　つじ・しんじ　（青木　豊）　157
辻 達也　つじ・たつや　（會田康範）　158
津田 梅子　つだ・うめこ　（落合知子）　159
津田 仙　つだ・せん　（杉山正司）　160
津田 利治　つだ・としじ　（松田佑斗）　161
堤 信久　つつみ・のぶひさ　（青木　豊）　162
銅直 勇　どうちょく・いさむ　（森本　理）　163
遠山 茂樹　とおやま・しげき　（鈴村楓実）　164
土肥 慶蔵　どひ・けいぞう　（青木　豊）　165
富永 惣一　とみなが・そういち　（浪川幹夫）　166
豊口 克平　とよぐち・かつへい　（青木　豊）　167
鳥野 幸次　とりの・ゆきつぐ　（青木　豊）　168

な行

内藤 壽七郎　ないとう・じゅしちろう　（青木　豊）　169
長岡 半太郎　ながおか・はんたろう　（松田佑斗）　170
中川 善之助　なかがわ・ぜんのすけ　（大澤　泉）　171
中島 太郎　なかじま・たろう　（青木　豊）　172
長洲 一二　ながす・かずじ　（菅原日出人）　173
中西 功　なかにし・つとむ　（青木　豊）　174
永野 藤夫　ながの・ふじお　（森本　理）　175
中浜 東一郎　なかはま・とういちろう　（浪川幹夫）　176
中村 光夫　なかむら・みつお　（松田佑斗）　177
長与 専斎　ながよ・せんさい　（浪川幹夫）　178
奈良本 辰也　ならもと・たつや　（桝渕彰太郎）　179
西田 幾多郎　にしだ・きたろう　（會田康範）　180
西村 文太郎　にしむら・ぶんたろう　（鈴村楓実）　181
新渡戸 稲造　にとべ・いなぞう　（浪川幹夫）　182

貫 達人　ぬき・たつと　（山本みなみ）　183
野上 豊一郎　のがみ・とよいちろう　（會田康範）　184
昇 曙夢　のぼり・しょむ　（盛山隆行）　185
野村 光一　のむら・こういち　（青木　豊）　186
野村 淳治　のむら・じゅんじ　（青木　豊）　187
野村 正七　のむら・しょうしち　（松田佑斗）　188

は行

灰野 昭郎　はいの・あきお　（稲田笠悟）　189
垪和 為昌　はが・ためまさ　（青木　豊）　190
橋本 重治　はしもと・じゅうじ　（青木　豊）　191
橋本 節斎　はしもと・せっさい　（青木　豊）　192
長谷川 如是閑　はせがわ・にょぜかん　（青木　豊）　193
畑井 新喜司　はたい・しんきし　（青木　豊）　194
服部 之総　はっとり・しそう　（大澤　泉）　195
羽仁 五郎　はに・ごろう　（尾崎雅子）　196
羽原 又吉　はばら・ゆうきち　（森本　理）　197
林 茂　はやし・しげる　（青木　豊）　198
林 達夫　はやし・たつお　（青木里紗）　199
林 信雄　はやし・のぶお　（會田康範）　200
原 亨吉　はら・こうきち　（盛山隆行）　201
原 実　はら・みのる　（浪川幹夫）　202
土方 定一　ひじかた・ていいち　（大澤　泉）　203
日高 六郎　ひだか・ろくろう　（中野雄二）　204
平井 昌夫　ひらい・まさお　（森本　理）　205
福澤 進太郎　ふくざわ・しんたろう　（落合広倫）　206
藤井 松一　ふじい・しょういち　（大澤　泉）　207
富士川 英郎　ふじかわ・ひでお　（桝渕規彰）　208
富士川 游　ふじかわ・ゆう　（會田康範）　209
藤木 久志　ふじき・ひさし　（鈴村楓実）　210
藤澤 利喜太郎　ふじさわ・りきたろう　（青木　豊）　211
藤林 敬三　ふじばやし・けいぞう　（菅原日出人）　212
不動 健治　ふどう・けんじ　（鈴村楓実）　213
古田 紹欽　ふるた・しょうきん　（鈴村楓実）　214
穂積 八束　ほづみ・やつか　（青木　豊）　215
堀越 孝一　ほりこし・こういち　（會田康範）　216
堀米 庸三　ほりごめ・ようぞう　（桝渕規彰）　217

ま行

槇 智雄　まき・ともお　（青木　豊）　218
正木 千冬　まさき・ちふゆ　（中島金太郎）　219
松下 隆章　まつした・たかあき　（青木　豊）　220
松平 精　まつだいら・ただし　（青木　豊）　221
松本 潤一郎　まつもと・じゅんいちろう　（青木　豊）　222
松本 亦太郎　まつもと・またろう　（青木　豊）　223
三上 次男　みかみ・つぎお　（中野雄二）　224
三井 但夫　みつい・ただお　（青木　豊）　225
南川 周三　みなみかわ・しゅうぞう　（青木　豊）　226
宮下 左右輔　みやした・そうすけ　（青木　豊）　227
宮下 誠　みやした・まこと　（青木　豊）　228

三山進　みやま・すすむ　（稲田笠悟）　229
宮本和吉　みやもと・わきち　（盛山隆行）　230
陸奥廣吉　むつ・ひろきち　（中島金太郎）　231
陸奥宗光　むつ・むねみつ　（落合広倫）　232
村上光彦　むらかみ・みつひこ　（森本　理）　233
村田良策　むらた・りょうさく　（稲田笠悟）　234
村松暎　むらまつ・えい　（于　江）　235
望月衛　もちづき・まもる　（奥野順子）　236
森武之助　もり・たけのすけ　（青木　豊）　237
森本六爾　もりもと・ろくじ　（中野智史）　238
や行
安田周三郎　やすだ・しゅうさぶろう　（青木　豊）　239
矢内原伊作　やないはら・いさく　（林　道義）　240
矢内原忠雄　やないはら・ただお　（青木　豊）　241
山内義雄　やまのうち・よしお　（奥野順子）　242
山川智応　やまかわ・ちおう　（浪川幹夫）　243
山崎佐　やまざき・たすく　（青木　豊）　244
山崎文男　やまざき・ふみお　（盛山隆行）　245
山田珠樹　やまだ・たまき　（盛山隆行）　246
山田智三郎　やまだ・ちさぶろう　（伊東達也）　247
山田肇　やまだ・はじめ　（林　道義）　248
山本幹夫　やまもと・みきお　（林　道義）　249
八幡義生　やわた・よしお　（志村　峻）　250
湯浅芳子　ゆあさ・よしこ　（林　道義）　251
湯地孝　ゆち・たかし　（青木　豊）　252
横井時敬　よこい・ときよし　（青木　豊）　253
吉江喬松　よしえ・たかまつ　（志村　峻）　254
吉川逸治　よしかわ・いつじ　（大澤　泉）　255
吉川春壽　よしかわ・はるひさ　（中島金太郎）　256
吉田健一　よしだ・けんいち　（青木　豊）　257
吉村博次　よしむら・ひろつぐ　（森本　理）　258
米澤滋　よねざわ・しげる　（二葉俊弥）　259
米村正一　よねむら・しょういち　（青木　豊）　260
渡辺渡　わたなべ・わたる　（青木　豊）　261
和辻哲郎　わつじ・てつろう　（青木　豊）　262
＊用語解説＊　青木　豊・大澤　泉　263
おわりに　浪川幹夫　288

鎌倉国宝館主事を務めた郷土研究者

相澤善三

あいざわ・ぜんぞう

居住地：鎌倉市
明治八年（一八七五）～昭和二三年（一九四八）

略歴 鎌倉同人会*理事、鎌倉町役場吏員、鎌倉国宝館主事。長谷の旧家井上家の生まれ。一八九四年神奈川師範学校に入学、九八年町立の由井浜小学校（後に移転して鎌倉小学校、現、第一小学校となる）訓導に、一九〇一年から同校訓導兼校長となった。この頃に相澤家の婿養子となる。一四年十二月に発会した『鎌倉同人会』の発起人となって、同会の庶務を執る。この当時は鎌倉小学校（現、市立第一小学校）の校長であった。また、二八年鎌倉町立鎌倉国宝館の開館に際して主事となるが、開館まで「古社寺保存法*」に基づく国宝の出陳許可申請や、各社寺への出陳依頼、宝物類の詳細な調査や運搬、展示方法、警備方法の確立などに尽力した。

相澤善三と鎌倉 一九二六年六月、著書『鎌倉社寺めぐり』（初版）を鎌倉同人会から刊行した。鎌倉の社寺の紹介や歴史・伝説について記したほか、関東大震災*から復興しつつあった鎌倉の姿が窺い知れる。また、同書は三五年八月に、同人会創立二〇周年の記念事業として再版された。このほか、四二年一〇月十五日から同二五日にかけて、鎌倉国宝館創立十五周年記念として、同館で「鎌倉時代刀剣展覧会」を開催。展覧会開催にあたり委員会が構成され、委員として、刀剣学者で山形県酒田市の本間美術館初代館長であった本間順治（一九〇四～九一）らとともに、同館主事として参画した。

■**参考文献** 単著『鎌倉震災誌』鎌倉町、一九三〇。渋江二郎編『鎌倉国宝館四十年略史』鎌倉市教育委員会、一九六九。『鎌倉同人会五十年史』鎌倉同人会、一九六五。

（浪川幹夫）

相澤忠洋

あいざわ・ただひろ

居住地：鎌倉市大船
大正十五年（一九二六）～平成元年（一九八九）

群馬県赤城山麓で納豆売りをしながら日本初の旧石器時代の遺跡を発見し、日本旧石器文化研究の扉を開いた考古学者として知られる。相澤の考古学との出会いは、幼少期に暮らした鎌倉で見つけた土器であった。

略　歴　相澤忠三郎・いしの長男として東京府荏原郡羽田村漁師町に生まれる。一九三三年に鎌倉町浄明寺御所之内に転居、鎌倉第二尋常小学校に転入。翌年鎌倉町浄明寺宅間谷戸の新居に移り住むも両親の離婚により、三五年に鎌倉町二階堂の杉本寺に、三七年には大船町四九三番地（現、鎌倉市大船）の叔父宅に預けられる。十九歳の頃から行商をしながら考古学の調査を開始する。四九年、日本初となる旧石器時代の岩宿遺跡*を発見する。九一年相澤忠洋記念館が開館、「相澤忠洋賞」が創設される。

学会・社会活動　日本第四紀学会*会員、日本人類学会会員、日本考古学協会会員、群馬県文化財保護審議委員、群馬県史編纂専門委員など多数。赤城人類文化研究所設立。国立宇都宮大学教育学部の非常勤講師として「考古学について」の講義を担当した。

終　焉　一九八九年、桐生厚生総合病院で逝去。享年六二。

叙勲・受賞歴等　一九八九年勲五等瑞宝章。六一年岩宿遺跡発見の功労により群馬県功労賞（郷土文化）。六七年第一回吉川英治文化賞、七七年東京京橋ライオンズクラブ賞、八五年全国史跡整備市町村協議会より表彰。

■**主要著書**　単著『岩宿の発見』講談社、一九六九。『赤土への執念―岩宿遺跡から夏井戸遺跡へ―』佼成出版社、一九八〇。

■**参考文献**　『追憶　相澤忠洋』相澤忠洋顕彰刊行会、二〇〇五。

（落合知子）

赤星直忠

あかぼし・なおただ

居住地：神奈川県逗子市
明治三五年（一九〇二）～平成三年（一九九一）

横須賀市生まれの考古学者、歴史学者。約五百篇の論文を執筆し、「横穴古墳の編年研究」で文学博士（國學院大學）を授与。一九四八年設立時からの日本考古学協会会員。

略　歴　一九二一年に神奈川県横須賀中学校を経て、二六年神奈川県師範学校本科第二部を卒業する。同年予備役陸軍砲兵少尉に任官する。神奈川県からの委嘱は、三〇年の「史蹟名勝天然記念物調査委員」、四六年「重要美術品等調査職員」、五一年「文化財保護審議会委員」、五三年「文化財専門委員」、六八年「県立博物館嘱託」「県史調査員」、六五年「県史編纂委員」を歴任する。さらに、鎌倉市・横須賀市・逗子市の文化財関係委員も委嘱されている。

学問的特徴　三浦半島を中心とした県域で発掘調査を多数実施した。調査は、戦前は個人で、戦後は横須賀考古学会を設立して実施された。調査記録は、赤星ノートと呼ばれ神奈川県埋蔵文化財センター、県立博物館、赤星直忠博士文化財資料館で分割保管されている。

赤星直忠と鎌倉　鎌倉文化研究会を組織して遺跡等の所在調査を行い、『鎌倉』を継続公刊。鎌倉の文化財研究の礎を築いた。一九五三年に鎌倉市史編纂委員、六〇年に鎌倉市文化財専門委員。六五年鎌倉市長より表彰。

叙勲・受賞歴・記念館等　一九七二年勲五等瑞宝賞。五四年神奈川県文化賞、七一年文化庁長官賞。赤星直忠博士文化財資料館は、二〇〇五年に横須賀市に設立され、薫陶を受けた有志により設置。

■主要著書　単著『三浦半島城郭史　上下』横須賀市博物館、一九五五。『鎌倉市史　考古編』一九五九。『穴の考古学』学生社、一九七二。『神奈川県史　考古資料編』一九七九。『中世考古学の研究』有隣堂、一九八〇、他報告書・論文多数。

■参考文献　『赤星直忠の人間と考古学』横須賀考古学会、一九九二。

（青木　豊）

日本医史学会理事を務めた医学史研究家

赤松 金芳

あかまつ・かねよし

居住地：鎌倉市雪ノ下
明治二九年（一八九六）～平成六年（一九九四）

大阪市西区裏新町で、代々漢方医の家系に生まれる。和漢薬を専門とし、医学史研究を行った。

略　歴　一九一二年、大阪道修薬学校薬学科を卒業し、一五年に薬剤士試験に合格する。一七年に工業薬品商店を開業し、二六年には赤松工業薬品商店を設立している。二八～三五年の間は、千葉医科大学薬物学教室専攻生として和漢薬の研究に従事する。四八年には、昭和女子薬学専門学校（現、昭和薬科大学）教授に就任している。また、鎌倉女子大学の前身である京浜女子家政理学専門学校教授も務める。

赤松金芳と鎌倉　一九二七年に、別稿で記す医学者で医学史学者であった富士川游先生から、〝鎌倉は日本で一番良いところだから鎌倉に来るが良い〟と勧められ、鎌倉に転居したという。鎌倉同人会会員である。六八年から数回、慶応義塾大学医学部北里図書館へ寄贈。

学会・社会活動　一九二九年に日本医史学会に入会し、五三年に日本医史学会評議員、六八年に同学会理事に就任、七六年に日本医史学会名誉会員。三七年に同学会の学術誌である『中外医事新報』の編集委員を担当する。

叙勲・受賞歴等　一九七九年勲三等瑞宝章。

■主要著書　単著「ルチンの經口的投與による家兎尿量の増加に就て：槐花の利尿作用」『千葉醫學會雜誌』千葉医学会、一九三〇。「古書に見えたる薬理学的実験」『中外医事新報』一一七八、一九三一。『和漢薬』医歯薬出版株式会社、一九八〇。『新訂和漢薬處方集』一九八〇、など多数。

■参考文献　「医史学と私」『日本医史学雑誌』三四－二、一九八八。

（青木　豊）

赤松 秀雄

あかまつ・ひでお

居住地：鎌倉市材木座
明治四三年（一九一〇）〜昭和六三年（一九八八）

略歴 物理学者・化学者。理学博士。長崎県佐世保市に生まれた。一九三五年東京帝国大学理学部化学科を卒業。その後大学院に進み、副手を務める。四〇年に理学部助手、四三年に助教授、五一年に理学部教授となった。七一年に退官した後、横浜国立大学工学部教授となり、材料基礎工学研究施設長や工学部を務めた他、七五年に創設された分子化学研究所の初代所長となった。

学問的特徴 有機半導体の発見者として知られたほか、若い頃から「潮音」に参画。そのグループの歌人としても活躍し、短歌に関する評論を多数執筆した。

赤松秀雄と鎌倉 少年時代を鎌倉や横浜で過ごした他、鎌倉扇ガ谷に住した太田水穂主催の歌誌『潮音』のグループの歌人の一人としても活躍している。葬儀は山ノ内の浄智寺で行われた。

■**参考文献** 赤松秀雄・高橋浩『実験化学講座 四』日本化学会編、一九五六。黒田晴雄「赤松秀雄先生を偲んで」『東京大学理学部弘報』五月号、一九八八。

（浪川幹夫）

秋月正一

あきづき・しょういち

居住地：鎌倉市小町
明治四二年（一九〇九）～昭和五七年（一九八二）

東京都出身の医師で、鎌倉三日会[*]八代会長を務める。

略　歴　旧制第二高等学校[*]を卒業後、一九二八年に東北帝国大学医学部へ進学する。卒業後は岩手医学専門学校内科学教室の助手を経て、東北帝国大学医学部附属病院熊谷内科に勤務した後、医師として南満州鉄道に勤務した。戦後、一時厚生省に入るが父の故郷である静岡県天竜に帰り、医師として開業した。その後鎌倉へ移住し、五五年に鎌倉で秋月医院を開業した。その後鎌倉三日会へ入会し、副会長を務めた後、八代会長になる。

学問的特徴　当時結核研究で高名であった熊谷内科に所属したこともあり、南満州鉄道に赴任後も結核患者を診ることが多くその症状や治療などについて研究した。

学会・社会活動　一九七一～八二年に逝去するまで鎌倉三日会の八代会長を務めた。鎌倉三日会は、一九五一年に市政の発展や市民生活の向上を目的として設立された市民団体であり、会での議論をもとに市長や議会に意見書を提出している。秋月は、会長就任後会の発展に尽力し、会員数は三〇〇人を超えたという。

横　顔　書作を趣味とし、鎌倉三日会で展示会を行うこともあった。

終　焉　一九八二年八月十一日鎌倉市の自宅で逝去。享年七三。

■主要著書　単著『猿に於ける結核の研究』東北帝国大学医学博士論文、一九三八。共編著『鎌倉三日会　創立30周年記念』鎌倉三日会、一九八二、他論文多数。

■参考文献　金子務編『鎌倉三日会六十年記念誌』鎌倉三日会、二〇一一。

（志村　峻）

朝比奈 宗源

あさひな・そうげん

居住地：鎌倉市山ノ内
明治二四年（一八九一）～昭和五四年（一九七九）

略歴 臨済宗の禅僧。静岡県清水市出身。鎌倉円覚寺住職。臨済宗円覚寺派管長。日本大学宗教専門部を卒業後、京都妙心寺や鎌倉円覚寺で修行し、鎌倉浄智寺の住持を経て、一九四五年同派管長となった。五六年八月の『鎌倉同人会名簿』*に、「朝比奈宗源　山ノ内円覚寺」とある。六二年に、賀川豊彦、尾崎行雄らと世界連邦日本仏教徒協議会を結成し、会長となったほか、駒澤大学教授を務めた。また、書道家としても知られ、『水戸黄門』ほか時代劇の題字を手がけたことで知られている。

学会・社会活動 戦前は、その他横濱専門学校（現、神奈川大学）で倫理学講師を担当した。著書に『碧巌録講話』などがあり、臨済宗で最も重要な書物とされる『碧巌録』や、『臨済録』の訳註を行い、同宗の研究に努めた。

■**参考文献** 『朝比奈宗源老師の獅子吼』春秋社、一九八一。円覚寺仏心会編『仏心に生きる』春秋社、一九八九。

（稲田笠悟）

葦津珍彦

あしづ・うずひこ

居住地：鎌倉市長谷
明治四二年（一九〇九）〜平成四年（一九九二）

福岡県筥崎（現、福岡市東区箱崎）に生まれる。日本の神道家で、民族派の論客としても著名であった。

略　歴　一九一六年福岡箱崎尋常高等小学校に入学する。一〇歳の時東京の赤坂霊南坂町（現、港区赤坂）への転居に伴い赤坂氷川尋常小学校（現在廃校）に転校。二二年東京府立第五中学校入学*（現、小石川高等学校）に入学し、中学四年頃社会主義思想研究に没頭。卒業後國學院大學と東京外国語学校（現、東京外国語大学）に進学するが、両大学とも退学。二八年に官立福島高等商業（現、福島大学）に入学するも翌二九年には退学。父耕次郎が営む葦津鉱業公司の経営を手伝う。三四年に社寺工務所所長に就任。戦後は会社を解散し、四九年神道青年全国協議会結成。神社本庁設立に尽くし五一年には『神社新報』の主筆を務めた。六八年、退職後も神道界・民族派に強く影響を与え続けた。

学問的特徴　思想家を志して、思想・歴史を独学する。中学校時代は社会主義に憧れたが、大学入学後は尊皇神道の保守思想に転じた。大東亜戦争には常に反対を貫き、日独伊三国同盟反対論文も執筆した。また、戦時中自らが批判していた東條らのA級戦犯の合祀には終生疑義を呈した。

葦津珍彦と鎌倉　一九三四年、父の療養のため鎌倉へ転居。九二年鎌倉の自宅にて逝去。享年八二。

■**主要著書**　単著『日本民族の世界政策私見』日の丸組、一九三四。『臣民の権利』報國新報社、一九四二、など著書・論文多数。

■**参考文献**　「葦津珍彦著作目録・年譜」『葦津珍彦選集 三』葦津珍彦選集編集委員会編神社新報社、一九九六。『葦津珍彦先生追悼録』小日本社、一九九三。

（青木　豊）

日本最初の近代美術館を運営した美術史家

足立　朗

あだち・ほがら

居住地：鎌倉市
大正十一年（一九二二）～平成二四年（二〇一二）

西洋中世美術史を専門とし、神奈川県立近代美術館勤務後、河口湖美術館館長を務める。

略　歴　大阪市に生まれる。父は画家の足立源一郎である。一九四四年、大分海軍航空隊に着任し、太平洋戦争終戦後は早稲田大学英法学部に復学する。早稲田大学大学院文学部西洋美術史専攻を経て、神奈川県立近代美術館に勤務する。同館を退職後は、山梨県富士河口湖町の河口湖美術館館長、名誉館長を務める。

学問的特徴　西洋中世美術史を専門とし、一九五八～六〇年には私費留学生として渡欧した。

足立朗と鎌倉　一九五一年に開館し、近代美術館の草分けである神奈川県立近代美術館に七三～九〇年にわたり勤めた。ここは近代と現代美術に目を向け、テーマを選び企画する展覧会の実施や、その建築の在り方において日本の美術館の発展に影響を与えた美術館である。

横　顔　一九五八～六〇年の渡欧は、ヨーロッパ各地を巡る五万キロメートルに及ぶ自動車旅行であった。

■主要著書　編著『画家足立源一郎の記録：一八八九～一九七三』三好企画、二〇〇二。共編著『「巨匠が描く」日本の名山　一―六』郷土出版社、一九九七～一九九九、他多数。

■参考文献　日本の「近代美術館」―戦後草創期の思想を聞く研究会編・発行『日本の「近代美術館」―戦後草創期の思想を聞く』二〇一四、十九―二八頁。足立朗「ピレネーを超えて　スペイン」『朝日ジャーナル』二―二四・六六、一九六〇、四二頁。足立朗「美術館をたずねて―古都鎌倉に輝く近代美術の殿堂　神奈川県立近代美術館」『かんぽ資金』九月（一一二）、一九八七、五九―六二頁。

（宇治清美）

吾妻俊夫

あづま・としお

居住地：鎌倉市極楽寺
明治二四年（一八九一）～昭和三〇年（一九五五）

父を医師吾妻博とする東京出身の医学者で、内科医学を専門とする医学博士である。昭和医学専門学校（現、昭和医科大学）の創立にも努め、医学教育に重きを置いた医学の先駆者である。

略　歴　一九一九年東京帝国大学医科大学を卒業し、東京帝大医学部副手に就任する。二四年には、医学博士の学位を授与される。二七年に同医学部を辞職し、二八年に新設された昭和医学専門学校教授兼附属病院長となる。四三年には、昭和医学専門学校理事に就任し、四六年昭和医科大学教授となる。この間、三五年に長野県嘱託医を委嘱されている。

学問的特徴　一九二六年、昭和医学専門学校の創設者の中心であった上条秀介*らと専門学校創設の方針をさだめる。二八年四月には、内科学教室を開設し、教授兼附属医院内科医長に上条秀介（四六年昭和医科大学長）が就任し、教授兼健康相談部医長を吾妻俊夫が担当している。三八年四月、外来診療所の落成にともない内科は第一内科、第二内科に区分され吾妻博士は第一内科教室主任になるなど、昭和医科大学の創設期に大きな役割を果たした。

学会・社会活動　一九三一年設立の日本衛生会を前身とする、日本公衆衛生協会（五一年改称）理事に就任している。

終　焉　一九五五年七月脳出血のため逝去。享年六四。

■**主要著書**　単著『上条秀介：昭和医大の創立』昭和医科大学新聞部、一九五二。「第二回団体長距離競泳全国大会に於ける泳者の身体検査成績（第二報）競泳前後の身体検査成績」『昭和医学会雑誌』二－三、一九四〇。

（青木　豊）

姉崎正治

あねさき・まさはる

居住地：鎌倉市長谷他　墓地：鎌倉市妙本寺
明治六年（一八七三）〜昭和二四年（一九四九）

宗教学者・文筆家・批評家。作家名は姉崎嘲風である。日本の宗教学の先駆者となり発展の基礎を築いた。

略　歴　京都府下京区出身。一八八四年、豊園学園中等科を退学し私塾で漢文と英語を学ぶ。九三年、帝国大学文科大学哲学科に入学し井上哲次郎やケーベルの影響を受ける。九六年、同大学の大学院に進学。東京専門学校*（早稲田大学）他で教鞭をとる。一九〇〇年より仏教史研究と広く宗教研究を学ぶためドイツ・イギリス・インドに留学する。〇四年、東京帝国大学*教授に昇格。一三年から二年間、ハーバード大学で講義を行う。帰国後は日蓮論と民本主義を研究した。四五年の東京大空襲で小石川白山御殿の自宅が焼失する。

学問的特徴　インド宗教史・仏教研究・日蓮論・聖徳太子論・キリシタン研究・新宗教関係などを研究した。

学会・社会活動　一八九四年、帝国文学会・丁酉懇話会を結成。一九〇九年四月、『文芸革新会』を結成。二〇年四月、国際連盟協会の理事として参加する。三〇年五月、日本宗教学会を創立し初代会長に就任する。

終　焉　一九四九年七月二四日、明け方に脳溢血により逝去。享年七五。

叙勲・受賞歴等　一九一八年六月二九日勲三等瑞宝章。二八年レジオンドヌール勲章。

■**主要著書**　単著『法華経の行者日蓮』隆文館、一九七八。『印度宗教史』金港堂書籍、一八九七。『宗教学概論』東京専門学校出版部、一九〇〇、他著書・編著書・論文多数。

■**参考文献**　磯前順一・深澤英隆「第一部　姉崎正治伝」『近代日本における知識人と宗教―姉崎正治の軌跡―』東京堂出版、二〇〇二。

（青木里紗）

阿部正直

あべ・まさなお

居住地：鎌倉市浄明寺　墓地：谷中霊園・阿部正桓墓域内
明治二四年（一八九一）～昭和四一年（一九六六）

略歴　理学博士。気象研究所長。伯爵。東京生まれ。備後福山藩主一〇代、最後の藩主阿部正桓《あべまさたけ》の長男である。阿部家は、幕末に老中を務めた阿部正弘《まさひろ》など多数の老中を輩出した家柄であった。

学問的特徴　東京帝国大学理学部卒業後、雲の研究に携わり、一九二七年御殿場市に「阿部雲気流研究所」を設立、主に富士山の雲に関する研究を行った。戦後は、中央気象台を経て四七年から気象研究所長に就任。財団法人誠之舎理事長等を務めた。また、活動写真（映画）や立体写真の技術を用いた雲と気流の研究を行った。これは、世界に先駆けた事業で、わが国のみならず、ヨーロッパでも高い評価を受けている。

阿部正直と鎌倉　一九四九年、気象研究所長を退官後から鎌倉に住んだ。

■参考文献　西野嘉章『雲の伯爵　富士山と向き合う阿部正直』平凡社、二〇二〇。

（浪川幹夫）

阿部 正道

あべ・まさみち

居住地：鎌倉市・東京都
大正六年（一九一七）〜平成二三年（二〇一一）

東京西片町出身の教師、歴史地理学の研究者で、とくに鎌倉街道の研究で知られる。備後福山藩最後の藩主を務めた阿部正桓の孫で、阿部家宗家の十六代当主である。

略　歴　一九四一年に京都大学文学部史学科地理学専攻を開戦のため繰り上げ卒業し、翌年日本軍に招集される。戦後教師になり、四九年から神奈川県立鎌倉高校に勤務したのち神奈川県立博物館専門研究員になる。

学問的特徴　戦後鎌倉に住み、鎌倉高校に勤務したことから鎌倉周辺の古社寺や史跡を訪ねた。当時の鎌倉国宝館長である渋江二郎の勧めにより一九五八年『「鎌倉」の古道』を執筆した。これをきっかけに、鎌倉街道の研究を行うようになる。他にヨーロッパへ行き現地の街道を調査したこともある。

学会・社会活動　交通史研究会に所属し、研究報告や同会発行の『交通史研究』に何度か寄稿している。また、西片町に所有していた阿部家の敷地内にあった阿部幼稚園の経営も行っている。

終　焉　二〇一一年十一月二二日逝去。享年九五。

叙勲・受賞歴等　二〇一〇・一一年紺綬褒章。

■主要著書　単著『鎌倉国宝館論集二　「鎌倉」の古道』鎌倉市教育委員会、一九五八。『かながわの古道』神奈川合同出版、一九八一。『鎌倉街道　東京編』そしえて、一九八三。共編著『鎌倉歴史散歩』河出書房新社、一九五八、他著書・論文多数。

■参考文献　大久保利謙監修『日本の肖像　5』毎日新聞社、一九八九。

（志村　峻）

文部大臣・帝室博物館館長を務めた哲学者

安倍能成

あべ・よししげ

居住地：東京都　墓地：東慶寺
明治十六年（一八八三）〜昭和四一年（一九六六）

明治から昭和時代にかけての哲学者、教育家。

略歴　愛媛県松山市に生まれる。第一高等学校*、東京帝国大学文科大学哲学科を経て、法政大学教授、京城帝国大学教授*、第一高等学校校長、文部大臣、帝室博物館総長（国立博物館館長）、学習院大学学長等を歴任する。

学問的特徴　哲学の分野においてはオイケンの新理想主義*（Neo-Idealismus）を紹介して理想主義思潮に影響を及ぼし、また阿部次郎らと岩波書店にて『哲学叢書』を編纂し、哲学に対する一般の興味を喚起した。

安倍能成と鎌倉　京城帝国大学赴任中、長男亮の療養のため、鎌倉に居を移していたことがある。

学会・社会活動　太平洋戦争終戦後、学習院が私立学校として再出発するにあたり、経済的に苦しい時期を乗り越えて官立学校から私立学校へと移行した学習院の発展に尽力した。

終焉　一九六六年六月七日デューリング疱疹病に顆粒白血球減少症を併発し、順天堂病院にて逝去。享年八二。

叙勲・受賞歴等　一九六六年正三位。六四年勲一等瑞宝章。五五年旧西ドイツ政府より大功労十字星章、五八年『岩波茂雄伝』第九回読売文学賞。

■**主要著書**　単著『カントの実践哲学』岩波書店、一九二四。『岩波茂雄伝』岩波書店、一九五七、他多数。

■**参考文献**　愛媛県教育委員会『安倍能成―教育に情熱を注いだ硬骨のリベラリスト―』二〇一二、三―八一頁。『教育人名辞典』一九六二、一七―一八頁。市原豊太「思ひ出」『心：総合文化誌』十九‐八、一九六六、一〇〇頁、安倍能成『戦後の自叙伝』二〇〇三、二六七―二七三頁。

（宇治清美）

吉田茂のブレーンであった経済学者

有沢 広巳

ありさわ・ひろみ

居住地：鎌倉市稲村ガ崎
明治二九年（一八九六）～昭和六三年（一九八八）

高知県高知市出身の統計学者・経済学者である。

略　歴　一九二二年に東京帝国大学*を卒業し、同大助手、二四年同大助教授となる。二六年から二八年までドイツ留学し、ベルリン景気研究所等で学ぶ。三八年人民戦線事件*で大学を追われる。四五年東京大学*経済学部教授となる。五六年同大名誉教授、五六～六二年法政大学教授・総長を歴任、八〇～八六年日本学士院院長。

学問的特徴　統計学者・経済学者。統計学が専門分野で実証に徹した。

学会・社会活動　一九二二年から五九年まで東京大学と法政大学で統計学・経済学を講じ、後人の育成に努めた。また、吉田茂のブレーンとして日本経済再建政策をはじめとする経済政策立案に参画し、特に統計制度、原子力政策、石炭政策等で貢献した。

終　焉　一九八八年三月七日、心不全により逝去。享年九二。

叙勲・受賞歴等　一九八八年叙正三位。六六年叙勲一等授瑞宝章、七五年授旭日大授章。八一年文化功労者。

■主要著書　単著『日本工業統制論』有斐閣、一九三七。『学問と思想と人間と―忘れ得ぬ人々の思い出』毎日新聞社、一九五七。『有沢博巳　戦後経済を語る―昭和史への証言』東京大学出版会、一九八九。『ワイマール共和国物語　上・下』東京大学出版会、一九九四。共編著『統計学』弘文堂、一九五六。『カルテル・トラスト・コンツェルン』お茶の水書房、一九七七、他。

■参考文献　『近代日本人の肖像』国立国会図書館電子展示会。染谷孝哉『鎌倉　もうひとつの貌』蒼海出版、一九八〇。（菅原日出人）

飯塚友一郎

いいづか・ともいちろう

居住地：鎌倉市腰越
明治二七年（一八九四）～昭和五八年（一九八三）

略　歴　演劇学者。東京神田須田町生まれ。坪内逍遙の養女飯塚くにの婿である。一九一九年、東京帝国大学*を卒業。学生時代から歌舞伎研究を行っていたが、卒業後弁護士となる。そして、のちに演劇研究に専念した。戦後は、敗戦直後の四六年に、新しい時代の教育を目指した「鎌倉アカデミア*（鎌倉大学校*）」が材木座の光明寺境内に開校され、初代校長に就任した。また、日本大学芸術学部教授、二松学舎大学教授を歴任し、六六年に国立劇場が開場すると評議委員となった。

学問的特徴　歌舞伎全般にわたって学問的検討を行ったうえで、江戸文化や俳優・戯曲・演出様式などを分析研究した。著書に『演劇学序説』『歌舞伎概論』『随筆　腰越帖』などがある。

飯塚友一郎と鎌倉　一九二九年六月、鎌倉の「腰越山荘」に転居した。この山荘は、一四年以来夏の別荘として使用していたものであった。四九年には小牧近江や国木田虎雄らが中心となって「鎌倉をよくする会」が発足され、これに参画した。

■参考文献　法月敏彦「忘れえぬ演劇研究者―飯塚友一郎―」『桜美林論考　人文研究』桜美林大学、二〇一九。島本千也『鎌倉別荘物語』私家版、一九九三。染谷孝哉『鎌倉　もうひとつの貌』蒼海出版、一九八〇。

（浪川幹夫）

生田 長江

いくた・ちょうこう

居住地：鎌倉市長谷　墓地：長谷寺
明治十五年（一八八二）～昭和十一年（一九三六）

鳥取県日野郡貝原村（現、日野町）出身の評論家・翻訳家・小説家である。本名は弘治で、別号は星郊。

略　歴　地元小学校を卒業後、一八九七年大阪に出て桃山学院二年に編入する。九八年にプロテスタント系のユニバーサリスト教会で洗礼を受け、翌年上京して青山学院中学部四年生となる。一九〇〇年、*旧制第一高等学校文科に入学し、〇三年に*東京帝国大学文科大学哲学科へ進学した。〇六年東京帝国大を卒業し、翌〇七年飯田橋に所在した*成美《せいび》英語女学校の英語教師に就任し、〇九年まで勤務している。

学問的特徴　*新理想主義の立場を貫き、自然主義や白樺派を批判した。女性解放思想から平塚らいてうらの文学誌『青鞜』の発刊支援や女性のための文学講習会として『*閨秀文学会』を開くなどの啓蒙活動を行う。

生田長江と鎌倉　一九二五～三〇の間で、転出六年後にハンセン氏病で死去。墓は長谷寺にある。

学会・社会活動　第一高等学校時代から雑誌へ投稿し始めた。「自然主義論」（『趣味』一九〇八）により評論界に登場し、一九一四年に森田草平と『反響』誌を創刊する。

■主要著書　単著『文学入門』新潮社、一九〇七。『近代外国文学講話』松陽堂、一九二五、他。共著『近代思想十六講』新潮社、一九一五。『社会改造の八大思想家』東京堂書店、一九二〇、他。翻訳『ニーチェ全集　全一〇巻』新潮社、一九一六～二九。トルストイ著『我が宗教』新潮社、一九一六、など。『生田長江全集』大東出版社、一九三六、など多数。

■参考文献　荒波力『知の巨人 評伝生田長江』白水社、二〇一三。菅原潤「超克論の原点としての生田長江『近代の超克』再考（その二）」『長崎大学総合環境研究 創立十周年記念特別号』二〇〇七。

（青木　豊）

近代医学の礎を築いた日本最初の医学博士

池田謙斎

いけだ・けんさい

居住地：東京都・鎌倉市長谷（別荘）
天保十二年（一八八四）～大正七年（一九一八）

越後国蒲原郡中之島村（現、長岡市）生まれの明治時代の医学者で、日本の近代医学の礎を築いた。*東京大学医学部初代綜理をつとめ、我が国最初となる医学博士であった。

略　歴　一八五八年に江戸に出て、*適塾に入門し、六二年に*西洋医学所へ入学した。六四年既に死去していた緒方洪庵の養子となり、幕御殿医師であった池田多仲の養嫡子となる。六四年幕命により長崎の*精得館に入学しオランダの医学者ボードウィンに師事する。六八年江戸に戻り、翌六九年幕府の小典医となる。明治維新の際には、病院医師試補に推挙され病院医師となる。*プロイセン王国への留学を命じられ、七〇年よりベルリン大学へ留学し七六年に帰国する。陸軍軍医監、三等侍医、*東京医学校校長を経て、翌七七年には東京大学の初代*医学部綜理に就任した。二等侍医を兼ね侍医局長官ののち、九七年陸軍一等軍医正、一九〇二年には宮中顧問官となる。

学会・社会活動　*兵部省医師となり戊辰戦争、西南戦争、日清戦争に従軍医として活動。

叙勲・受賞歴等　一八九八年男爵、*錦鶏間祗候《きんけいのましこう》。一九一四年従二位。一八九八年勲二等旭日重光章、九五年勲一等瑞宝章、七七年金製黄綬褒章、八九年大日本帝国憲法発布記念章、旭日大綬章等。

■主要著書　単著『プロイセン国ベルリン　一八七〇―一八七三』彩雲堂、一九八四、他。

■参考文献　堀江建也「池田謙斎（一）初代東京大学医学部物綜理」『日本医師学雑誌』二九ー四、一九八三。長門屋洋治「池田謙斎伝補遺」『日本医師学雑誌』三二ー一、一九八六。『東大医学部初代綜理池田謙斎―池田文書の研究（上）』『東大医学部初代綜理池田謙斎―池田文書の研究（下）』東大医学部初代綜理池田謙斎池田文書研究会編、思文閣、二〇〇六。

（青木　豊）

池田彌三郎

いけだ・やさぶろう

居住地：東京都　墓地：鎌倉霊園
大正三年（一九一四）〜昭和五七年（一九八二）

東京市銀座生まれの国文学者・民俗学者。

略　歴　一九三七年、慶應義塾大学文学部国文科卒業。在学中は折口信夫に師事した。四七年、同校講師、六一年に教授となり、研究・指導を行う。八〇年、慶大を退職後は、富山県の洗足学園魚津短期大学教授に就任した。

学問的特徴　師である折口信夫の学風を受け継ぎながら、国文学、民俗学、芸能史など幅広い分野で独自の研究成果を築き上げた。

池田彌三郎と鎌倉　墓所は鎌倉市十二所の鎌倉霊園。

学会・社会活動　NHK解説委員、NHK放送用語委員、文部大臣の諮問機関である国語審議会委員など、日本語に係わる専門委員として活躍したほか、随筆家としても名高く、珠玉の名文を残した。

終　焉　一九八二年七月五日、肝硬変により逝去。享年六七。

叙勲・受賞歴等　一九七七年紫綬褒章。

■主要著書　単著『日本芸能伝承論』中央公論社、一九六二。『文学と民俗学』岩崎美術社、一九六六。共編著『民俗文学講座　一〜六』弘文堂、一九六〇。

■参考文献　井口樹生著・藤原茂樹編『新編　池田彌三郎の学問とその後』慶應義塾大学出版会、二〇一二。

（中野雄二）

日本アレルギー学会を創設した医学者

石川 光昭

いしかわ・みつてる

居住地：鎌倉市材木座
明治三〇年（一八九七）〜昭和五九年（一九八四）

略　歴　医学者。医学博士。（出身地不明）。一九二三年に東京慈恵会医院医学専門学校を卒業後、東京慈恵会医科大学助手、*ノースウェスタン大学医学部講師などを経たのち、三四年東京慈恵会医科大学教授（法医学）となる。戦後は、日本アレルギー学会幹事や、日本法医学会理事長などを歴任し、一九五四年、実験的アレルギー研究の功により、日本法医学会賞が授与された。

学問的特徴　法医学はもとより、一九五二年には日本アレルギー学会の創立と発展に参画した。

■主要著書　単著『社会医学の諸問題』吐鳳堂書店、一九三四。共著『実験的アレルギー』杏林書院、一九六〇、等。

■参考文献　『金沢大学医学部百年史』一九七一。岡林篤「故石川光昭博士を偲んで」責任著者（Corresponding author）. ORCID.『ジャーナル フリー』三三－四、一九八四。https://www.jstage.jst.go.jp/article/arerugi/33/4/33_KJ00001620098/_article/-char/ja/

（浪川幹夫）

大阪学院大学総長となった経済学者

板橋 菊松

いたばし・きくまつ

居住地：鎌倉市山ノ内
明治二一年（一八八八）～昭和五八年（一九八三）

大阪府三島郡出身のジャーナリストであり、評論家で経済学博士であった。号を、春秋學人と称した。

略 歴 一九〇五年に関西大学に入学するが、〇七年に早稲田大学政経学科に転じている。卒業後は、大阪滑稽新聞社*に入社し、記者として活動する。宮武外骨*の退職後、主筆を努めた。二〇年には、京城高等商業学校講師となり、二六年に日本に戻り立教大学講師、翌二七年には教授に就任している。司法省在外研究員として英米に留学し、帰国後約二年間法政大学教授を務めている。三一年に関西大学講師に就任し、五三年には関西大学商学部教授に昇格、五四年に同大学商学部長、五六年東京連絡本部長を経て、五八年に定年退職と同時に客員教授として残り、六一年に顧問となっている。関西大学退職後は、六四年に大坂学院大学教授に就任し、翌七五年には大阪学院大学総長を務めている。

学問的特徴 美濃部達吉の天皇機関説を糾弾するなど、当該時期には右傾化が認められた。

学会・社会活動 日本経済法制学会会長、明治文化研究会金融学会、信託法学会、帝国憲法学会等。大学設置基準協会理事、大学設置審議会委員、私立大学連盟常務理事を歴任し私立大学の発展に寄与。

■**主要著書** 編著『社債法十講』清水書店、一九二六。『社債法論考』神田書院、一九二九。『社債の實際知識』千倉書房、一九三四。『長期戦と経済建設』誠文堂新光社、一九三九。『社債法と社債信託論』板橋博士学業記念刊行会、一九六五。「現行信託法と信託利益問題」信託法研究四、一九八〇、など。

■**参考文献** 『大阪学院大学　商経論叢　経済学博士　板橋菊松教授追悼号』大阪学院大学商経学会九－四、一九八四。『著作権台帳』*一九六三年版、社団法人日本著作権協議会。

（青木　豊）

伊藤 成彦

いとう・なりひこ

居住地：鎌倉市大町
昭和六年（一九三一）～平成二九年（二〇一七）

略歴 政治学者、文芸評論家。中央大学教授。石川県金沢市生まれ。東京大学文学部ドイツ文学科卒業。一九七三年から中央大学商学部教授に就任し八〇年ローザ・ルクセンブルク研究国際協会を設立（後の「ローザ・ルクセンブルク国際協会」）。また、二〇〇五年には、内田雅敏、土井たか子*らと「軍縮市民の会」を結成するなど（後に解散）、政治活動を展開した。

鎌倉では大町の小高い丘に建つ洋館に住んでいた。その家では劇団ひとみ座が間借りしていたという。

■**主要著書** 単著『「近代文学」派論』八木書店、一九七二。『共苦する創造力 現代を問う文学』論創社、一九七八。『反核メッセージ 文学の立場から』連合出版、一九八三、など。

■**参考文献** Webcat Plus（国立情報学研究所）http://webcatplus.nii.ac.jp/webcatplus/details/creator/22937.html

（浪川幹夫）

稲葉修

いなば・おさむ

居住地：鎌倉市山ノ内
明治四二年（一九〇九）〜平成四年（一九九二）

新潟県村上市出身の憲法学者で、『西ドイツ基本法制定史の考察』による法学博士である。中央大学教授を経て、衆議院議員（自民党）を十四期務める。虎秀を雅号とする。

略　歴　村上中学、旧制山形高校を経て、中央大学法学部独法学科に入学する。一九三六年に卒業し、同大大学院に進学し四〇年に修了している。四五年には、中央大学教授に就任し、憲法・行政法等を講ずる。四九年の第二四回衆議院議員総選挙で初当選を果たし、以後十四期衆議院議員を務める。憲法学者として、自民党の憲法調査会長を長く務めた。第一次田中角栄内閣（七二年）で文部大臣を、三木内閣（七四〜七六年）では法務大臣を歴任する。九〇年の衆議院解散を機に、政界から八〇歳で引退した。

学問的特徴　一九七五年の法務大臣在任中に、自主憲法制定の国民会議で護憲派に対して「日本国憲法は欠陥憲法」と発言するなど、独自の憲法論を有していた。

学会・社会活動　横綱審議委員会委員、世界平和協会会長、日本の水をきれいにする会会長等。

叙勲・受賞歴等　一九八〇年勲一等旭日大綬章。一九七二年日本棋院の創設者である大倉喜七郎を称えて、囲碁普及の功労者に贈られる大倉喜七郎賞を受賞。

■主要著書　単著『道　稲葉修対談選集』IN通信社出版部、一九八二。『それでも親か！』ごま書房、一九九一。述録「防衛予算パーセント枠超過と新しい歯止め：憲法改正論」一九八七。「「政治」と「文化」」東京大学出版会、一九六九、など。

■参考文献　日外アソシエーツ編『新訂政治家人名事典　明治—昭和』二〇〇三。

（青木　豊）

唯物論的心理学を樹立した心理学者

乾 孝

いぬい・たかし

居住地：鎌倉市鎌倉山
明治四四年（一九一一）～平成六年（一九九四）

東京都文京区出身の心理学者で、唯物論的心理学・児童心理学の研究で知られる。

略　歴　一九三五年に法政大学法文学部哲学科心理学専攻を卒業後、同心理学研究室の助手となる。三九年同予科講師。四六年同予科教授、四七年同教養部教授に就任。八二年定年により退職、以後、同名誉教授を務めた。

学問的特徴　教育学者、教育心理学者として知られる城戸幡太郎に師事。観念論的心理学を批判し、唯物論的心理学の樹立に努めた。また、弁証法的唯物論の考え方を取り入れた「ソビエト心理学」を日本に紹介した心理学者の一人である。他方、児童保育、幼児教育についても多くの論考を発表し、「伝えあい保育」を理論化した。

学会・社会活動　一九四六年、法政大学心理学研究会を結成。四七年、民主主義科学者協会の哲学部会に参加、四八年には心理学部会を発足させ、その中心となって活動。保育学の分野では、五三年には東京保育問題研究会の結成に参加。そのほか日本応用心理学会名誉会員・日本社会心理学会名誉会員。

横　顔　父・乾政彦は、民法学者として知られ、法政大学の前身の和仏専門学校の学監を務めた。

■主要著書　単著『現代の心理学』巌松堂、一九四八。『無意識の心理学—精神分析学その後の展開』解放社、一九四八。『児童心理学』新評論社、一九五四。共著『一般心理学』巌松堂、一九五一。『心理学』青木書店、一九五七。編著『伝えあいの心理学』法政大学出版局、一九六二、他著書・編著書・論文多数。

■参考文献　大泉溥編『日本心理学者事典』クレス出版、二〇〇三。

（中野智史）

鎌倉の自然・文化財保護を先導した禅学者

井上禅定

いのうえ・ぜんじょう

居住地：鎌倉市山ノ内　墓地：東慶寺
明治四四年（一九一一）～平成十八年（二〇〇六）

臨済宗円覚寺派東慶寺・浄智寺の住職を務めたほか、鎌倉の風致の保存、文化財保護にも尽力した。

略　歴　神奈川県高座郡渋谷村（現、藤沢市）に生まれる。一九二一年、東慶寺住職佐藤禅忠につき得度。神奈川県立湘南中学校（旧制）、松本高校（旧制）を経て、*東京帝国大学文学部印度哲学科を卒業後、京都天龍寺僧堂において関精拙に参禅ののち、四一年、東慶寺住職となる。七一～七四年には円覚寺派宗務総長を務めた。八一年、浄智寺住職となる。また、六六～七二年には相模工業大学教授（哲学）を務めた。

学問的特徴　「縁切寺」として知られる東慶寺の寺史を体系的に整理した。特に、同寺の沿革、近世を中心とする寺法、「駈入女」の事例等をまとめ、東慶寺の社会的な位置づけや実態を明らかにした。

学会・社会活動　鈴木大拙が禅学を中心とする資料の収集・保存のため「*松ヶ岡文庫」を創設するにあたり、東慶寺所有地を無償で提供するなど尽力した。六四年の「*御谷《おやつ》騒動」では、大拙、小林秀雄、大佛次郎らとともに、鶴岡八幡宮後背の御谷における宅地造成開発の阻止に奔走。開発計画は断念され、六六年の「古都保存法」の制定に繋がった。このほか、六〇～六八年及び七二～九六年に鎌倉市文化財専門委員会委員を務めた。

■主要著書　単著『駈入寺―松ヶ岡東慶寺の寺史と寺法―』小山書店、一九五五。共著『円覚寺史』春秋社、一九六四、他単著、共著、共編著多数。

■参考文献　井上禅定『駈込寺東慶寺史』春秋社、一九八〇。天野久彌『いざ鎌倉御谷騒動回想記』御谷を考える会発行、一九八四。井上禅定『鎌倉の禅』東慶寺文庫、二〇一二。

（中野智史）

岩波 茂雄

いわなみ・しげお

居住地：鎌倉市大町　墓地：東慶寺
明治十四年（一八八一）～昭和二一年（一九四六）

長野県諏訪郡中洲（現、諏訪市）出身の岩波書店創業者である。岩波新書の創刊により、「岩波文化」と一般に称される出版文化を我が国に構築したことで知られる。貴族院議員。

略　歴　一八九五年に旧制諏訪実科中学校（現・諏訪清陵高校）へ入学する。卒業後の八九年に上京し、一九〇一年に旧制第一高等学校*を経て、一九〇五年には東京帝国大学*哲学科選科に入学し、〇八年に同大学を卒業している。神田高等女学校（現、神田女学園）の教頭に就任や東京女子体操音楽学校で教鞭を執ったが、辞職して一三年に古本を扱う岩波書店を開業する。一四年には、古本業から出版業への転換となる岩波書店の記念すべき最初の出版図書となる夏目漱石の『こゝろ』を出版し、出版社としての足固めが形成された。四五年には、貴族院多額納税者議員となる。故郷である諏訪市立信州風樹文庫には、一九四七年以降に岩波書店が出版した図書類を全種寄贈。

学会・社会活動　一九二一年『思想』、二七年『科学』、三四年『文化』などの雑誌の創刊で、社会の啓蒙を果たした。二七年岩波文庫の創刊や、三三年岩波全書創刊、三八年岩波新書創刊などで、我が国の「出版文化」「活字文化」の形成を通して日本文化全体の昇華に貢献した。

叙勲・受賞歴等　一九四六年文化勲章。

■**主要著書**　単著『茂雄遺文抄』一九五二。『岩波茂雄文集　一』一八九八～一九三五。『岩波茂雄文集　二』一九三六～四一、『岩波茂雄文集　三』全て岩波書店、一九四二～四六、など。

■**参考文献**　安倍能成『岩波茂雄傳』岩波書店、一九五七。

（青木　豊）

上山 義昭

うえやま・よしあき

居住地：鎌倉市扇ガ谷
明治三七年（一九〇四）～不明

弁護士で、駒澤大学経済学部教授を務めた。

略　歴　駒澤大学経済学部の前身となる、一九四九年の商経学部の設立（六六年、経済学部に改組）に際し、七人の教員の一人として尽力した。六一年には教授となり、七五年に駒澤大学を定年退職している。一方で、この間第二東京弁護士会所属の弁護士として活動する。

学問的特徴　駒澤大学では、民法（総論、債権、親族法）を担当し、弁護士であるところから法学部の法律演習的な授業形態を採用したことで知られる。具体的には、事前に新たな課題を学生に与え、上山は反対の立場の弁護士として意見を述べるなどで、学生間や教員と徹底的に討論する形態の授業であったという。

■主要著書　単著『窃盗・強盗の巻　司法警察刑法読本　二』帝国判例法規出版社、一九二九。『竊盗・強盗の巻』帝國判例法規、一九四〇。「損害賠償における因果関係」『駒澤大学商学部紀要』十四、一九五六。「随筆―仏教の根本義」『自由と正義　二』日本弁護士連合会、一九五七。『民法総則要綱』酒井書店、一九六一。「法の基盤」『駒澤大学商学部紀要』十九、一九六一。『債権総則要綱』三春書房、一九六二。「人身供養」『自由と正義』十二－五、日本弁護士連合会、一九八七、など。共著「〈座談会〉障害者の教育・訓練（下）」『働く広場：障害者と雇用　一〇』廣済堂、一九七八。

■参考文献　『こまざわ経済通信』二四、駒澤大学経済学部同窓会、二〇一〇。『こまざわ経済通信』四二、駒澤大学経済学部同窓会、二〇一九。『*著作権台帳』一九六三年版、社団法人日本著作権協議会。

（青木　豊）

潮田江次

うしおだ・こうじ

居住地：鎌倉市長谷
明治三四年（一九〇一）〜昭和四四年（一九六九）

東京生まれで、慶應義塾創立者福澤諭吉の五女、光を母とする外孫の政治学者。慶應義塾長を務めた。

略　歴　慶應義塾幼稚舎から普通部を経て、慶應義塾大学法学部政治学科に進学し、一九二二年同大学を中退し、アメリカのコーネル大学に留学。二三年に帰国し、翌年慶応義塾大学法学部で教鞭を執る。二五〜二九年、政治学研究のため英独に留学。帰朝後の三〇年に同大学法学部助教授、三二年には教授兼高等部教員となり、四六年には法学部長となる。翌、四七年には同大学塾長・学長に就任し、五六年に大学学長を辞し、その後塾長辞任後は教授に復帰。四七・四八年には、慶應義塾獣医畜産専門学校（現、慶應義塾志木高等学校）校長も兼任した。

学問的特徴　友人の当時名古屋大学教授戸沢鉄彦と、G・D・H・コール*の政治的多元主義を巡って、頻繁に「政治概念論争」を行ったことはつとに有名で、政治概念論争の口火を切った旗頭として知られる。

学会・社会活動　日本政治学会初代理事、第三代理事長を務める。一九五〇年私立大学審議会委員、五四年同審議会会長、五七年憲法調査会委員などを歴任。

■**主要著書**　単著「米国の上院下院」『成人』五−十一、一九三〇。「所謂『国家外の政治現象』に就て(上)・(中)・(下)」『法学研究』十五−一・二・三、一九三六。『政治の概念』慶應出版社、一九四四。『主権と民主政治』泉文堂、一九四九。「独立自尊と民主理論」『三田政治学会誌』二八、一九四八、など多数。

■**参考文献**　永田清編『時代と学問』慶応出版社、一九四三。多田真鋤編『潮田江次教授　政治哲学講義』慶應通信、一九六九。『潮田江次先生追悼論文集』慶應義塾大学法学研究会、一九七〇。

（落合知子）

「鎌倉の自然を守る会」を推進した経済学者

宇治順一郎

うじ・じゅんいちろう

居住地：鎌倉市山ノ内
大正八年（一九一九）〜不明

東京出身の経済学者で、経済史を専門とする。

略　歴　一九三七年に慶應義塾大学予科に入学し、第二次世界大戦終了時の四五年九月に慶応義塾大学経済学部を卒業し、一〇月一日に旧制大学院に入学する。四六年に特別研究生制度*により特別研究生となり、翌四七年四月にはさらに上級特別研究生となっている。四八年に慶応義塾大学予科講師となり、翌年同大学経済学部専任講師、五一年に同学部助教授に就任している。しかし、五三〜五四年三月の間病気のため職後、退職する。五六年には、再び経済学部専任講師となり、五八年には商学部へ移籍後、六二年に商学部教授に就任している。八五年に同大学を定年退職と同時に慶應義塾大学名誉教授となり、八戸大学教授となっている。

学問的特徴　「慶應義塾に学んで」（参考文献）の中で、「歴史の中に、人間の意志能力とそれを超えた宿命的な力との交錯の後を求めるため、経済史の分野を専攻する」と経済史を定義している。

宇治順一郎と鎌倉　一九六四年御谷地区開発に反対する「鎌倉の自然を守る会」のいわゆる「御谷騒動*」に参加。

学会・社会活動　社会経済史学会評議員。

■**主要著書**　共著『経済学研究五講』泉文堂、一九四九。監修『東京都食料営団史』同営団史刊行会、一九五〇。『日本林業発達史—明治以降の展開過程　上』林野庁、一九六〇、など。

■**参考文献**　「慶応義塾に学んで：最終講義（宇治順一郎教授退任記念号）」「宇治順一郎教授略歴及び主要業績」『三田商学研究』二八-五、一九八五。

（青木　豊）

内田 亨

うちだ・とおる

居住地：鎌倉市由比ガ浜　墓地：鎌倉霊園
明治三〇年（一八九七）～昭和五六年（一九八一）

緻密な研究で国外にも知られた動物学者で、日本における動物分類系統学を開拓・発展させた。

略　歴　漢学者の父周平と母継の次男として静岡県浜松市に誕生。二年後には東京に移住した。一九二〇年、東京帝国大学理学部動物学科に進み、二三年に同学科を卒業。二八年にはクラゲ類の研究で理学博士の学位を取得した。三一年北海道帝国大学理学部に赴任し、六一年に定年退官するまで同大学教授として、多くの研究者を育てた。終戦後、動物分類学の停滞を憂いて動物分類学会（現、日本動物分類学会）を創設し、六一年より没年まで同学会の会長を務めた。また、昭和天皇の海産動物研究の相談役も務めている。

学問的特徴　腔腸動物（クラゲ、イソギンチャク、サンゴなど）を中心とした海産無脊椎動物の分類研究に力を注いだほか、両生類の性転換、ミツバチ、イヌなどの感覚生理の研究を行った。

横　顔　少年時代は「トンボ小僧」とあだ名がつくほどのトンボ好きで、昆虫全般に関心を広げたが、大学でヒドロクラゲなどの海産無脊椎動物と出会い、その美しさに魅了され、研究者を志した。

終　焉　鎌倉霊園に眠る。一九九七年、モース研究会によって鎌倉市で生誕一〇〇年記念講演会が開かれた。

叙勲・受賞歴等　一九七九年勲二等瑞宝章。

■主要著書　共著『系統動物学　一（腔腸動物）』養賢堂、一九四三。監修『新日本動物図鑑　全三巻』北隆館、一九七六。『動物系統分類学　全一〇巻』中山書店、一九六一―二〇〇二（完成前に逝去）、など多数。

■参考文献　山田真弓「〈自然史研究に尽くした人々〉内田亨先生」『北海道の自然と生物　八』柏書店、一九九三。（山本みなみ）

内田魯庵

うちだ・ろあん

居住地：東京都・鎌倉市二階堂　墓地：多磨霊園
慶応四年（一八六八）〜昭和四年（一九二九）

略歴　評論家・翻訳家・小説家。本名、内田《うちだ》貢《みつぎ》。江戸下谷車坂六軒町（現、東京都台東区）の生まれ。*東京専門学校（現、早稲田大学）中退。築地居留地で知り合った宣教師フルベッキに英語を学ぶ。一八八八年頃から『女学雑誌』『国民之友』に評論を発表して、批評家として認められたほか、ヴォルテール、アンデルセン、ディケンズ、デュマ、ゾラ、モーパッサンの作品のほか、『罪と罰』『復活』『イワンの馬鹿』などドストエフスキー、トルストイのものを翻訳して、日本に紹介した。一九〇一年に丸善に入社し、洋書輸入の顧問となり、没年まで務めた。

学問的特徴　硯友社の作家たちを批判して、一八九四年に『文学者となる法』を発表。また、晩年は、主に江戸文学や風俗についての考証、文壇回顧、人物評伝、随筆などを執筆した。

■**主要著書**　単著『淡島椿岳』博文館、一九一六。

■**参考文献**　伊藤整・瀬沼茂樹『日本文壇史』新刊版、講談社、一九七八〜七九。木村有美子『内田魯庵研究　明治文学史の一側面』和泉書院、二〇〇一。

（浪川幹夫）

内堀維文

うちぼり・これぶみ

居住地：鎌倉市扇ガ谷
明治五年（一八七二）～昭和八年（一九三三）

熊本県玉名郡南関町出身の教育者で漢学者である。

略　歴　一八九八年*東京高等師範学校文科（現、筑波大学）を卒業し、東京高等師範学校助教諭・訓導・同舎監・教諭をつとめた。一九〇二年に、清国の招聘により山東省師範学堂総教習として赴任し、〇九年に帰朝している。〇九～一三年の四年間は、神奈川県師範学校校長、一四年に十五静岡師範学校校長、一五～一七年には長野県師範学校校長を歴任する。一七～二三年の間は、再び中国に渡り南満州中学堂長、一九～二三年には新設された奉天中学校校長を兼務している。二三年に、旅順工科大学予科教授就任し、翌二四年には新設された旅順第二中学校校長を兼任している。二八年に旅順工科大学を退官し、大東文化学院教授に就任している。

■**主要著書**　単著『中学漢文入門教授法』金港堂、一九〇〇。『中等教育漢文教授法』金港堂、一九〇三。『実用教育学』晩成社、一九〇五。『農学校漢文読本　巻上』光風館、一九〇二。『漢文入門：全』松雲堂書店、一九三一。著述『海外雄飛の模範的青年岡本米蔵』大阪教育社、一九一六。『実用教育学：四十年後』晩成社、一九〇九、など。

■**参考文献**　法本義弘編『内堀維文遺稿並傳』内堀維文遺稿並傳刊行会、一九三五。信濃教育会編『教育功労者列伝』信濃教育界、一九三五。

（青木　豊）

内海恒雄

うつみ・つねお

居住地：鎌倉市扇ガ谷
昭和十二年（一九三七）～令和五年（二〇二三）

東京都出身。神奈川県立高校教員の傍ら、鎌倉における市民活動にも積極的に参画した。

略　歴　神奈川県立湘南高校、早稲田大学を卒業後、一九六〇年、神奈川県教育委員会に奉職。社会科（日本史）の教諭として、湘南高校、大船高校で教鞭を執る。磯子高校、茅ヶ崎高校の教頭を経て、茅ヶ崎高校校長に就任。大和南高校、清水ケ丘高校でも校長を歴任し、九八年の退職後は神奈川県立金沢文庫に勤務した。

学会・社会活動　積極的に市民活動に参画し、鎌倉の自然・史跡の保護、文化振興に大きな功績を残した鎌倉*同人会、鎌倉市政への提言等を行ってきた鎌倉三日会*では、それぞれ理事を務めた。「武家の古都・鎌倉」の世界遺産登録においては、鎌倉世界遺産登録推進協議会の広報部会長や、鎌倉の世界遺産登録をめざす市民の会推進委員を務め、市民による活動の中心となった。また、英勝寺山門復興事業事務局長として、大正関東地震後*、小町葛西ヶ谷に移築されていた山門の英勝寺境内への復原事業に参画したほか、教員在職中から歴史研究を続け、神奈川県下や鎌倉の郷土史に関する著書の執筆も行った。

■**主要著書**　単著『江の島歴史散歩』江ノ電沿線新聞社、一九八四。分担執筆『神奈川県の歴史散歩』山川出版社、一九七六。『神奈川県の歴史百話』山川出版社、一九八〇。『郷土史事典神奈川県』昌平社、一九八二。監修『かまくら子ども風土記』九～十四版、鎌倉市教育委員会、一九七九～二〇一九。

（中野智史）

重複障害者教育を具現化した心理学者

梅津八三

うめづ・はちぞう

居住地：鎌倉市二階堂
明治三九年（一九〇六）〜平成三年（一九九一）

岩手県花巻市生まれの心理学者で、重複障害者教育を専門とする文学博士*（東京大学）で、請求論文は「盲聾二重障害における言動形成についての心理学的研究」である。

略　歴　一九三一年、東京帝国大学文学部心理学科卒業と同時に同大学副手に就任し、三八年に同大学の助手となる。四六年に東京大学教養部助教授・教授となり、五一年には東京大学文学部心理学科教授となる。六七年に定年による退官に伴い、東京大学文学部名誉教授となる。六七年に関西大学教授、七一年国際基督教大学教授を歴任する。七七年、（財）重複障害教育研究所理事長に就任している。八一年には、日本学士院会員となる。

学門的特徴　実験心理学を障害者教育への応用方法の確立を目指し、山梨県立盲学校などで視覚・聴覚・言語に重複障害を有する子供たちが、第三者に対するコミュニケーション方法を実践研究したことで知られる。

学会・社会活動　日本心理学会会長。文部省教育研究所所院、文部省特殊教育総合研究所設置準備協力者会議議長等。

叙勲・受賞歴等　一九七七年勲三等旭日中綬章。一九五八年『心理学事典』の編纂で毎日出版文化賞。

■主要著書　単著『野生児の問題』三和書房、一九六八。「重度・重複障害者の教育のあり方」『特殊教育』文部省、一九七四。「心理学的行動図」『重複障害教育研究所研究紀要』創刊号、一九七六。『重複障害児との相互輔生：行動体制と信号系活動』東京大学出版会、一九九七、など多数。

■参考文献　都留春夫「不断の科学者梅津八三先生」『国際基督教大学学報Ⅰ-A 教育研究　二〇』一九七七。梅津八三『心理学・梅津八三の仕事　全三巻』春風社、二〇〇〇。『日本心理学者事典』クレス出版、二〇〇三。

（青木　豊）

江藤 淳

えとう・じゅん

文芸評論の第一人者と称された文学博士

居住地：鎌倉市西御門　墓地：青山霊園
昭和七年（一九三二）～平成十一年（一九九九）

略　歴　文芸評論家。文学博士。本名、江頭淳夫《えがしらあつお》。東京府豊多摩郡大久保町（現、東京都新宿区）で生まれた。一九五九年、慶應義塾大学文学部大学院を中退。一九六二年からアメリカで生活し、翌年からプリンストン大学で日本文学史を講義した。帰国後は、東京工業大学、慶應義塾大学教授を歴任した。『小林秀雄』で新潮社文学賞、また、『漱石とその時代』で菊池寛賞と野間文芸賞を受賞するなど、多くの芸術賞や文学賞に輝いた。

学問的特徴　慶応大学在学中に発表した、『小林秀雄』ほかで、文芸評論家としての地位を確立。のち、文芸批評の第一人者とも評され、憲法や政治論に関して論客として活動した。

江藤淳と鎌倉　幼少期は、一九四一年から四八年まで鎌倉市極楽寺に住んで鎌倉第一国民学校に在校した。戦後は、都内に住んだほか、八〇年から鎌倉市西御門に居住して、そこで没した（自死）。

■参考文献　『江藤淳著作集　全六巻』講談社、一九六七。『日本人名大辞典』講談社、二〇〇一。

（浪川幹夫）

広報学・広告学を専門とした経済学者

遠藤 彰郎

えんどう・あきお

居住地：鎌倉市佐助
昭和三六年（一九六一）〜平成二一年（二〇〇九）

経済学者で、コーポレート・コミュニケーション論、広報学、広告学、インベスター・リレーションズ論を専門とした。

略　歴　東京都出身で、東京都立大森高等学校を経て慶応義塾大学法学部政治学科に入学し、一九六九年同大学を卒業する。日本経済新聞社を経て、九七年に國學院大學経済学部助教授に就任し、二〇〇〇年に同大学経済学部教授となる。一六年定年退職。

学問的特徴　学術研究上の学際的視座の必要性を旨とした点が特徴である。さらに、我が国の企業を取り巻く諸制度が大きく変容し、アメリカ化する中で日本企業のコーポレート・コミュニケーションの追求と究明を行った。

学会・社会活動　所属学会は、日本社会心理学会、日本広報学会、日本広告学会、日本インベスター・リレーションズ学会などで、日本広告学会では評議員を、日本インベスター・リレーションズ学会では理事を務めた。社会活動一九九七・九八年度には日経BP広告賞専門委員を、九九・二〇〇〇年度には同審査員を担当し、また鎌倉市消費生活モニターなども務めた。

■**主要著書**　共編著『わが国のIR活動の現状』日本IR協議会、一九九五。『図説　日本のマスメディア』NHKブックス、二〇〇〇。『企業価値向上のためのIR経営戦略』東洋経済新聞社、二〇〇四。『コーポレート・コミュニケーション論』実教出版、二〇〇六。「インベスタ・リレーションズの日本的展開―制度と文化のはざまで」『國學院大學日本文化研究所紀要』、二〇〇八。「CM五十年にみる景気動向」『三田評論』慶應義塾大学、二〇〇三、など。

■**参考文献**　『教育・研究活動報告書（二〇〇四年度版）』國學院大學、二〇〇五。

（青木　豊）

大岩　誠

おおいわ・まこと

居住地：鎌倉市大町
明治三三年（一九〇〇）～昭和三二年（一九五七）

東京府出身の政治学者で、政治思想史研究を専門とする。筆名多賀善彦でも翻訳を行った。

略　歴　一九二六年、京都帝国大学法学部を卒業し、二八年京都帝国大学法学部助教授になる。三〇年からアメリカ、フランス、ソビエトへの留学を果たす。三三年に、思想弾圧事件である滝川事件（京大事件）で、滝川幸辰教授の休職処分に抗議し辞表を提出し、立命館大学教授兼図書館長に移籍している。三七年には、思想問題で検挙され入獄するも、釈放後は満州鉄道調査部にはいる。戦後は、四八年に公職追放*にあい日本電報通信社広告室（現、電通）・カトリック通信社などを経て、五一年に南山大学社会科学部教授に就任している。

学問的特徴　戦時期には、アジアの国々の独立運動に関する研究や、十七世紀末にイギリスで芽生え十八世紀にフランスで最盛期に達しヨーロッパの思想の主流となった、革新的思想である啓蒙主義*を研究した。

■**主要著書**　単著『新社会設計図（最近経済問題叢書）』甲文堂書店、一九三六。『安南民族運動史概説（ぐろりあ文庫六）』ぐろりあ・そさえて、一九四一。『南アジア民族政治論（国防文化選書四）』万里閣、一九四二、など。翻訳　カンパネルラ著『太陽の都』一穂社、二〇〇四。モンテスキュー著『ローマ人盛衰原因論』一穂社、二〇〇四。マキアヴェッリ著『君主論』KADOKAWA、二〇一二。共訳書　グイ・ポレエヴリーヌ・マスペ著『カムボジァ民俗誌・クメール族の慣習』生活社、一九四四、大空社、二〇〇八（復刻）をはじめ、多数。また、多賀善彦名では『マキアヴェルリ選集』創元社、一九四〇。エラ・マイアール著『婦人記者の大陸潜行記：北京よりカシミールへ』創元社、一九三八、など。

■**参考文献**　『20世紀日本人名事典』日外アソシエーツ、二〇〇四。

（于　江）

レーニン・スターリンを経済学の観点から研究

大内 兵衛

おおうち・ひょうえ

居住地：鎌倉市稲村ガ崎　墓地：多磨霊園
明治二一年（一八八八）～昭和五五年（一九八〇）

略歴　マルクス経済学者。専攻は財政学。元*東京大学教授、法政大学総長。経済学博士。兵庫県三原郡高田村（現、南あわじ市）生まれ。一九一三年に*東京帝国大学法科大学経済学科を卒業後、大蔵省に入省した。一九年、東京帝国大学経済学部助教授に就任したが、二〇年に起きた経済学者森戸辰男の筆禍事件などに連座して失職。その後復職・失職を繰り返し、三七年には、いわゆる「労農派」を中心に約四〇〇名の一斉検挙が行われ、美濃部亮吉らとともに検挙された（第一次人民戦線事件）。戦後は、東京大学への復職を経て、五〇年に法政大学総長となった。

学問的特徴　経済学の研究としては、レーニンとスターリンが行ったソ連の計画経済を高く評価し、両者を経済学者として賞賛した。

■主要著書　単著『英国の労働党に就て』新日本同盟、一九二五。『帝国主義戦争と戦後の財政問題（東京帝国大学経済学部普及講座）』岩波書店、一九四六。『経済学』法政大学出版局、一九五一、など。

■参考文献　『大内兵衛著作集　全十二巻』岩波書店、一九七四～七五。染谷孝哉『鎌倉　もうひとつの貌』蒼海出版、一九八〇。

（浪川幹夫）

大久保 道舟

おおくぼ・どうしゅう

居住地：鎌倉市玉縄他
明治二九年（一八九六）〜平成六年（一九九四）

福井県武生市（現越前市）出身の仏教学・文化史学者で、特に道元の研究で知られる。

略　歴　一九二三年に曹洞宗大学*（現、駒澤大学）を卒業後、翌年から東京帝国大学史料編纂所*に勤める。二〇年間の勤務を経て、終戦後の四九年に郷里の福井大学の教授となる。退官後は、駒澤大学教授、東北福祉大学長を歴任し、七八年には駒澤大学総長となった。曹洞宗龍門寺（越前市）住職。

大久保道舟と鎌倉　鎌倉山に宅地を所有していた他、第二次世界大戦中には玉縄小学校の校門の前あたりに居を構えていたという。

学会・社会活動　旧武生市の武生市史編纂委員会の委員長を務め、一九八九年には武生市の名誉市民第三号となるなど、郷里福井県の活動にも尽力した。

終　焉　一九九四年九月五日に急性肺炎のため逝去。

叙勲・受賞歴等　一九八二年勲三等旭日中綬章。

■**主要著書**　単著『道元の言葉』東峰書房、一九四三。『道元禅師伝の研究』岩波書店、一九五三。『日本文化史叢考』誠信書房、一九七七。『永平二祖 孤雲懐弉禅師御伝記』山喜房佛書林、一九八〇、他著書・編著書・論文多数。

■**参考文献**　不動健治『鎌倉山叢談』鎌倉山風致保存会、一九七一。染谷孝哉『鎌倉　もうひとつの貌』蒼海出版、一九八〇。

（大澤　泉）

大沢 光男

おおさわ・みつお

居住地：鎌倉市極楽寺
昭和四年（一九二九）～平成二三年（二〇一一）

東京府出身の経営学者で、経営学博士である。政治家であり、また鎌倉女子大学教授であった。

略　歴　京橋小学校、私立中央商業学校（旧制）を経て、早稲田大学商学部卒業後する。同大学院商学研究科を終了後、カリフォルニア・コースト大学大学院修士課程、続いて博士課程に進学し経営学博士を取得する。一九六九～九三年までの二四年間にわたり、鎌倉市議会議員を連続六期務める。引退後の九四年からは、鎌倉女子大学教授となり〝経済学〟をはじめ五コマを担当し、定年後は特任教授となる。さらに、株式会社誠行社の代表取締役・鎌倉漁業共同組合顧問・社会福祉法人「きしろ社会事業会」理事等を歴任する。

学会・社会活動　鎌倉の歴史と文化の重要性を認識すると同時に、その啓蒙と実現に努めた。具体的には、「鎌倉文学館」の設立を一九七五年頃市議会において提唱し〝文学館不要論や文学館贅沢論〟を制して、八五年十一月に開館を迎えている。他の文化財施設設立構想は、「鎌倉文化財資料館」の設立、さらには出土遺物の適正管理および常設展示を含む「考古資料館建設を伴う第3セクター機関」の設置を提唱したが、これらは残念ながら未だ実現に至っていない。さらには、文化財関係に留まらず〝鎌倉市民病院〟の設立も提唱するも実現に至っていない。

叙勲・受賞歴等　勲五等双光旭日章受章。鎌倉市頌徳会会員。

■主要著書　単著『もう、いいかげんにしろ！』日新報道、一九九四。『福祉と社会と人生と―鎌倉からのメッセージ十二章』日新報道、二〇〇一、など。

（青木　豊）

大塩亀雄

おおしお・かめお

居住地：鎌倉市大町
明治三二年（一八九九）～昭和四二年（一九六七）

兵庫県出身の国際法・国際経済学・経済地理学の研究者で、国際法や政治経済などの広い学域に造詣が深く、特に、戦前における植民政策や東亜外交史の研究で知られる。

略　歴　一九一八年に明治大学政治経済学部を卒業後、大阪市役所電気鉄道部に勤務する。一五年、専修大学講師となる。二〇年、東京植民貿易語学校*の講師になり、二一年には仏国マタン紙東京通信員となる。三三年、明治大学専門部教授となり、四一年、明治大学報国団本校団総本部興亜研究科会長となる。戦後、四九年明治大学政治経済学部教授となる。五〇年、明治大学短期大学部新聞科科長となる。

学問的特徴　戦前の大学での担当講座は「植民政策」「外交史」「国際政治学」であるが、戦後の大学の講座では「植民政策」はなくなり、「外交史」「国際政治学」「経済地理」を担当する。「植民政策」は、植民地支配の方法などを研究するものではなく、各国の植民政策の歴史的研究であり、経済学が歴史的に考察する課題であった。

学会・社会活動　日本商品学会（一九三五年結成）理事。日本国際政治学会（五六年結成）理事。

■主要著書　単著『最新世界植民史』巌松堂、一九二三。『現代産業地理講話』巌松堂、一九二六。『植民政策 上』明治大学出版部、一九四一。『各国植民史及植民地の研究』巌松堂、一九四二。『世界の油田と列強の油田争奪戦』外交時報八九六、一九四二。『東亜外交史』カレント社、一九四九。『国際経済論』竹井出版、一九四八。『欧米をこう見てきた―一大学教授の最近の足跡から―』カレント社、一九五四。

■参考文献　白石四郎『大塩亀雄先生を偲んで』明治大学大学史料委員会、二〇〇一。

（森本　理）

宮中歌会始詠進歌選者を務めた漢文学者

太田青丘《おおた・せいきゅう》

居住地：鎌倉市扇ガ谷
明治四二年（一九〇九）～平成八年（一九九六）

長野県東筑摩郡広丘村（現、塩尻市広丘原新田）生まれの漢文学者で、中国詩学を専門とする。本名は兵三郎で、筆名を〝青丘〟と名乗り歌誌『潮音』を主宰した。文学博士で、法政大学名誉教授である。

略歴　歌人で国文学者の太田水穂の兄の子で、のち水穂・四賀光子の養子となる。*旧制武蔵高等学校を経て、一九三四年*東京帝国大学文学部支那文学科を卒業し、同大大学院に進学しさらに中国文学を極める。修了後は、*文部省国民精神文化研究所所員となる。*横浜医療専門学校教授などを経て、四九年には法政大学教授に就任する。五五年、日本歌学と中国詩学の比較研究による「日本歌学と支那詩学との交渉」で、*東京大学より文学博士を授与される。八〇年に法政大学定年退職にともない同名誉教授となる。

学会・社会活動　一九二八年水穂の歌誌『潮音』に入会。六五年、養母である四賀光子の事跡を継いで『潮音』の代表者となる。宮中歌会始詠進歌選者、信濃毎日新聞歌壇選者を務める。

叙勲・受賞歴等　一九八三年第三二回神奈川文化賞。

■主要著書　単著『唐詩入門』河出文庫、一九五五。『日本歌学と中国詩学』弘文堂、一九五八。『太田青丘全歌集』白玉社、一九七九。『藤原惺窩』吉川弘文館・人物叢書、一九八五、など多数。『太田青丘著作選集　全五巻』桜楓社、一九八八～九〇。編著『太田水穂全歌集』短歌新聞社、一九八四。共編『叢菊　潮音第十七歌選』潮音社、一九八八。『座標　潮音第十八歌選　歌集』潮音社、一九九二、など。

■参考文献　染谷孝哉『鎌倉　もうひとつの貌』蒼海出版、一九八〇。『日本近現代人名辞典』吉川弘文館、二〇〇一。『20世紀日本人名事典』日外アソシエーツ、二〇〇四。

（青木　豊）

歌論や古典研究に尽力した国文学者

太田水穂

おおた・みずほ

居住地：鎌倉市扇ガ谷　墓地：東慶寺
明治九年（一八七六）～昭和三〇年（一九五五）

略歴　歌人・国文学者。本名は太田貞一。長野県東筑摩郡広丘村（現、塩尻市）生まれ。一八九八年、長野県師範学校（現、信州大学教育学部）卒業。在学中、『文学界』に新体詩を投稿した。卒業後、東筑摩郡山辺尋常高等小学校訓導、松本高等女学校（現、長野県松本蟻ヶ崎高等学校）、日本歯科医専（現、日本歯科大学）の倫理科教授等を歴任した。

学問的特徴　一九一五年歌誌『潮音』を創刊、主宰となり、歌論や古典研究にも力を注いだ。鎌倉移住後は、創作活動のほか、『古事記』『万葉集』などの古典研究に傾倒した。

太田水穂と鎌倉　一九三四年、鎌倉町（現、鎌倉市）扇ガ谷の亀ヶ谷坂中腹にある平場に山荘を構え、同三九年から一家で当地に移住した。五一年には歌会始召人《うたかいはじめめしうど》に推挙された。妻は四賀光子《しがみつこ》（歌人・一八八五～一九七六）。子息太田青丘《おおたせいきゅう》（一九〇九～九六）は、中国文学を専門とした文学博士で、法政大学教授であった。

■参考文献　太田五郎等編『太田水穂全集　全一〇巻』近藤書店、一九五七～五九。染谷孝哉『鎌倉　もうひとつの貌』蒼海出版、一九八〇。

（浪川幹夫）

太田黒 敏男

おおたぐろ・としお

居住地：鎌倉市二階堂
明治二三年（一八九〇）～昭和十九年（一九四四）

熊本県熊本市出身の商学博士である。

略　歴　一九一四年に明治大学を卒業し、株式会社第一銀行勤務、一八年同大講師、一八年ワシントン大留学、二一年明治大学助教授となる。二四年教授、三三年商科専門部長・明治大学商業学校校長、四三年商学部長。

学問的特徴　商学博士。特に銀行学・交通学で研究足跡を残した。

学会・社会活動　一九一八年から四四年まで明治大学で交通論・銀行論を講じ、後人の育成に努めた。また、四四年に学徒勤労例令が公布され、責任者として、学生に付き添い平塚海軍火薬廠で勤労動員の激務に参加し、その勤務の辛労から亡くなった。明治大学は大学葬の礼をもって送った。

横　顔　明治大学体育会競走部の部長を一九三二年から三七年まで務めた。

終　焉　一九四四年十一月五日鎌倉の病院にて逝去。享年五五。

■主要著書　単著『交通論』文信社、一九二四。『各國中央銀行研究』明治大学出版部、一九二六。『中央銀行と戦時戦後に於ける通貨統制』明治大学出版部、一九二九。『銀行金融の知識』非凡閣、一九三四。『米国に於ける鉄道の発達及び其の影響』明治大学出版部、一九三六。『銀行金融の知識』日本公論社、一九三八。『銀行金融の知識』明治大学出版部、一九四〇。共編著『銀行金融の實際：貨幣の實際：中小商工業金融の實際：一般手形運用の知識』非凡閣、一九三四、他。

■参考文献　浅田毅衛「大田黒敏男先生の点描」明治大学体育会競走部公式ウェブサイト。

（菅原日出人）

大槻　正男

おおつき・まさお

居住地：鎌倉市小町　墓地：鎌倉市
明治二八年（一八九五）〜昭和五五年（一九八〇）

経済学への強い志向と小農を軸とした農家経済分析を行った宮城県出身の農業経済学者。

略　歴　一九二一年に東京帝国大学農学部農学科を卒業、農商務省に入り農政課に配属。翌年、東京大学助手に就任。同年から二三年まで、京都帝国大学農林経済学教室創設のため、ドイツ・ベルリン農科大学留学。二五年に京都帝国大学農学部助教授となり、後に教授就任。五五年に定年退官後、名誉教授、東京農業大学教授を務め、日本政府の農地審議会委員、米価審議会委員なども務める。七八年に日本学士院会員。

学問的特徴　農業経営学と農業簿記学の開拓者的存在である。一般経済学取り分け古典派経済学に立脚しつつも概念分析を徹底的に行い農業経済の実証を行い、小農擁護的研究の点から感情的な農民保護の立場ではなく、現実に即して理論的展開の裏付けのもとで小農的経済学派を形成して、京都学派の一翼を担ったところにある。

横　顔　ドイツ留学中、リュックを担いでは、農村に出て、幾日も歩き回ったとされ、この体験がその後、学問の上に大きく生きることになったとされる。

■**主要著書**　単著『農業経済の基本問題』岩波書店、一九三七。『農家経済簿記』養賢堂、一九三八。『農業経済簿記要説』西ヶ原刊行会、一九三八。『農業生産費論考』岩波書店、一九四三、他論文多数。

■**参考文献**　柏祐賢「解題」大槻正男『農業生産費論考』・『農業簿記原理』近藤康男編『昭和前期農政経済名著集⑯』社団法人 農山漁村文化協会、一九七九。大槻正男―学と人―刊行会編『大槻正男―学と人（大槻正男著作集別巻）』楽游書房、一九八一。

（盛山隆行）

大藤 時彦

おおとう・ときひこ

居住地：鎌倉市浄明寺
明治三五年（一九〇二）～平成二年（一九九〇）

新潟県長岡市出身の民俗学研究者。妻・大藤ゆきも民俗学者。

略　歴　一九二三年に早稲田大学社会学科を中退し、同年より大橋図書館司書として勤務する。三三年に民俗学研究者である柳田国男主宰の「民間伝承の会」（後に日本民俗学会と改称）に参加する。その後、国際文化振興会勤務を経て、四八年に民俗学研究所代表理事となり、翌年から日本民俗学会代表となる。五九年に、成城大学文芸学部教授となり、後進の育成に尽力した。七三年に退官し、同大名誉教授となる。成城大学に在職中には、日本民俗学会会長、相模民俗学会会長を歴任する。

終　焉　一九九〇年五月十八日逝去。享年八九。

■主要著書　単著『柳田国男入門』筑摩書房、一九七三。『日本民俗学の研究』学生社、一九七九。『日本民俗学史話』三一書房、一九九〇。共編著『現代日本文明史　第18巻　世相史』東洋経済新報社、一九四三。『日本語の歴史』平凡社、一九六三～六六／平凡社ライブラリー二〇〇七～〇八、他著書・編著書・論文多数。

■参考文献　『20世紀日本人名事典』日外アソシエーツ、二〇〇四。『民俗学覚書』大藤時彦名誉教授頌寿記念会、一九七三。

（有山佳孝）

鎌倉の民俗調査研究を行った民俗学者

大藤ゆき

おおとう・ゆき

居住地：鎌倉市浄明寺
明治四三年（一九一〇）～平成十三年（二〇〇一）

福岡県出身の民俗学者。出産や子育て、子供を人並みにして世間へ送り出すことを意味する「児やらい」に関する研究で知られる。夫は同じく民俗学者である大藤時彦。

略　歴　一九三一年東京女子大学を卒業後、父の知人の紹介により、民俗学者である柳田国男に師事する。三七年に*母子《ぼし》愛育会《あいいくかい》に就職し、産育習俗の民俗調査や育児誌『愛育』の発行に携わるとともに、女性民俗学研究会の発足に尽力する。三八年に民俗学者である大藤時彦と結婚する。

学問的特徴　民俗学における産育習俗を中心に研究する他、自身が暮らす鎌倉の民俗調査・研究も行った。また、核家族が中心となっていく社会で、多くの人たちが子供の育成に関わる「複眼の教育」を提唱し、その必要性を説いた。共感した人たちによって、地域子育て団体「鎌倉てらこや」が発足され、没後も活動を続ける。

学会・社会活動　一九八五年から女性民俗学研究会代表、相模民俗学理事、日本民俗学会名誉会員を務めた。

終　焉　二〇〇一年十一月一日鎌倉市の病院で心不全により逝去。享年九二。

■主要著書　単著『児やらひ』三国書房、一九四四。後に『児やらい 産育の民俗』岩崎美術社〈民俗民芸双書〉、一九六八。『鎌倉の民俗』かまくら春秋社、一九七七。『子どもの民俗学 一人前に育てる』草土文化、一九八二。編著・共著『日本産育習俗資料集成』第一法規出版、一九七五、著書・編著書多数。

■参考文献　大藤ゆき編　大藤ゆき米寿記念出版二『母たちの民族誌』岩田書院、一九九九。

（有山佳孝）

ＧＨＱへ提出の浄土宗教義を作成した仏教学者

大野 法道

おおの・ほうどう

居住地：鎌倉市材木座
明治十六年（一八八三）～昭和六〇年（一九八五）

三重県桑名市生まれの仏教学者で文学博士。松谷甚右衛門の長男（幼名貞吉）として生まれ、一八九七年松阪市の大野法音の養子となり法道と改名し得度している。

略　歴　*浄土宗学第四教校、*浄土宗高等学院を経て、一九〇九年に大正大学の前身である*宗教大学研究科を卒業。一一年*天台宗西部大学講師に就任する。一六年宗教大学教授となり、二六年大正大学名の改称により大正大学教授となる。六二年大正大学名誉教授となっている。

学問的特徴　仏教戒律の研究を専門とする。一九四五年、大正大学授与第一号となる文学博士学位を授与される。

大野法道と鎌倉　一九五四年、鎌倉市材木座に所在する光明寺の百八世住職として就任し、七一年に増上寺に転董するまで鎌倉に起居する。この間、五六年に大僧正に任じられる。

学会・社会活動　一九四六年三月に、ＧＨＱの請求による「浄土宗」の教義を作成し、文部省に提出する。

叙勲・受賞歴等　一九六八年、仏教戒律研究と仏教教学の啓蒙の寄与により、銀杯を受賞（浄土宗）している。

■主要著書　単著『大乗戒の研究』理想社、一九五四。『生活と共にある仏教：万人の道ここに：大野法道集』教育新潮社、一九七一。『涅槃經・遺教経梵網經講義』名著出版、一八七六。『大乗戒經の研究』山喜房仏書林、二〇〇六、など。共著『浄土宗読本』法然上人鑽仰会、一九四〇。『浄土宗読本』山喜房仏書林、一九七一、など。校訂『梵網経』富山房、一九三〇。『國譯一切経』大東出版社、二〇〇四、など。

■参考文献　法然上人八百年大遠忌記念出版『新纂浄土宗大辞典』浄土宗、二〇一六。『*著作権台帳―文化人名録（一九六二・六三年度版）』第一〇版、（財）日本著作権協会。

（青木　豊）

大宮 誠

おおみや・まこと

居住地：鎌倉市扇ガ谷
大正十三年（一九二四）～平成七年（一九九五）

筆名は大宮真琴。東京都出身の音楽学者で、中でもハイドン*研究の第一人者として知られる。本名は大宮誠。

略　歴　一九四七年に京都大学法学部、五一年に東京*大学文学部美学科を卒業し、五三年に東京大学大学院美学科修士課程を修了する。その後、フェリス女学院短期大学助教授、お茶の水女子大学教授等を歴任し、八八年に退官する。退官後は、お茶の水女子大学名誉教授、沖縄県立芸術大学教授を務め、九〇年に、「ヨーゼフ・ハイドン　リラ楽曲研究」（博士論文）で、大阪大学より文学博士を授与される。

学問的特徴　ハイドンの生涯や、その作品の多くに誤謬が含まれている実情を指摘し、ハイドンについて正確な情報を把握し、正しい姿を広く伝えていく基礎となる研究に努めた。

学会・社会活動　一九六五年よりケルンのヨーゼフ・ハイドン研究所の理事を務め、六八年に日本ハイドン・アンサンブル管弦楽団、七一年に東京ハイドン合奏団を設立し、同楽団の音楽監督、指揮者を務める。

終　焉　一九九五年五月十四日、逝去。享年七一。

叙勲・受賞歴等　一九九〇年第五回京都音楽賞（研究・評論部門）。

■主要著書　単著『オーケストラ名曲二〇〇選』音楽之友社、一九六五。『ハイドン（大音楽家　人と作品〈第二〉）』音楽之友社、一九八一。『ハイドン全集の現場から―新しい音楽の視点』音楽之友社、一九九〇。『ピアノの歴史　楽器の変遷と音楽家のはなし』音楽之友社、一九九四。共編著『幼児と音楽　ゆたかな表現力を育てる』有斐閣選書、一九八五、他著書・編著書・論文多数。

（鈴村楓実）

大三輪　龍彦

おおみわ・たつひこ

居住地：鎌倉市扇ガ谷
昭和十七年（一九四二）～平成十八年（二〇〇六）

考古学を中心に中世鎌倉の歴史学全般を牽引するとともに、鎌倉の文化財保護にも尽力した。浄光明寺住職。

略　歴　一九六五年に学習院大学文学部史学科を卒業後、鎌倉国宝館学芸員として約三年間の勤務を経て、学習院大学人文科学研究科史学専攻博士課程を七三年に満了。七四年に鶴見大学に奉職し、以後七六年に同大学文学部講師、七九年に助教授、八六年からは教授を務める。他に、跡見学園短期大学、東京工業大学、学習院大学、駒澤大学、立正大学において考古学、美術史、文化史等の講師を歴任する。

学問的特徴　中世都市鎌倉の考古学研究を幅広く展開し、関連諸学を含めた学際的視座からの鎌倉の歴史学、中世史研究に多大な貢献をした。また、文化財学を推進し、文化財保護における多くの後進を育成した。

学会・社会活動　一九七六～二〇〇六年まで、鶴見大学にて博物館学、歴史考古学、文化財学を講じ、文化財学科の設立に尽力して後進の育成に努めた。文化財保護に関しては、一九八八～二〇〇六の鎌倉市文化財専門委員をはじめとして、史跡永福寺跡など多くの整備委員を務めた。また、〇一年からは世界遺産登録に係る鎌倉市歴史遺産検討委員会及び神奈川県・鎌倉市・横浜市・逗子市世界遺産登録推薦書作成委員会の委員長を務めた。

終　焉　二〇〇六年六月二七日、湘南鎌倉総合病院にて逝去。享年六四。

■主要著書　単著『鎌倉のやぐら』鎌倉春秋社、一九七七。『鎌倉の考古学』考古学ライブラリー37、ニューサイエンス社、一九八五。編著『浄光明寺敷地絵図の研究』新人物往来社、二〇〇五。共編著『鎌倉辞典』東京堂出版、一九七六。『武士の都鎌倉　よみがえる中世3』平凡社、一九八九。

■参考文献　『大三輪龍彦先生追悼集』浄光明寺・鎌倉考古学研究所、二〇〇七。

（桝渕規彰）

大森順雄

おおもり・じゅんのう

鎌倉の文化財保護に努めた仏教学者

居住地：鎌倉市二階堂
大正六年（一九一七）～昭和六二年（一九八七）

静岡県藤枝市出身の律宗を中心とする鎌倉仏教の研究者で、鎌倉の文化財保護にも尽力した。覚園寺住職。

略　歴　一九三〇年に東京品川寺に入り、三七年に泉涌寺にて剃髪得度、三九年に種智院大学密教科を卒業後、真言宗宗務所勤務。四一年に旧陸軍に入隊し、フィリピン、中国東北部に従軍。復員後、品川寺での修行を経て、五〇年覚園寺住職として入山。以後、薬師堂、愛染堂等の伽藍復興及び整備、並びに薬師三尊、十二神将など本尊諸仏の修理に努める。

学問的特徴　覚園寺史を軸に、中世鎌倉における律宗、律宗系石塔、伽藍などについての研究業績を残した。

学会・社会活動　一九五七年以降、神奈川県文化財協会常任理事、鎌倉市文化財専門員会委員を歴任し、神奈川県及び鎌倉市の文化財保護に貢献したが、特に鎌倉市文化財専門委員は十四期二七年の長きにわたって務め、その間に副会長職、会長職も務めた。これら文化財保護の業績により、六一年に神奈川県教育委員会教育長、六八年に神奈川県知事、七〇年に文化庁長官からそれぞれ表彰を受けている。なお、八一年には、文化財保護の一環として、鎌倉市手広に所在した十八世紀初頭建築の旧内海家住宅を、その解体廃棄の危機に際して、覚園寺境内に移築保存した。

終　焉　一九八七年十一月三〇日、慶応病院にて逝去。享年七〇。

■主要著書　単著「覚園寺開山・大燈両塔の儀相―鎌倉律系造塔の一型儀―」『鎌倉』33、鎌倉文化研究所、一九八〇。『覚園寺と鎌倉律宗の研究』有隣堂、一九九一。共編著『覚園寺』覚園寺、一九七五。

■参考文献　『覚園寺と鎌倉律宗の研究』（前掲）。

（桝渕規彰）

大森義太郎

おおもり・よしたろう

居住地：鎌倉市大町　墓地：青山霊園
明治三一年（一八九八）～昭和十五年（一九四〇）

略　歴　マルクス経済学者。評論家。筆名、成瀬光雄。横浜市出身。一九二二年、東京帝国大学*経済学部を卒業し、二四年から同大学助教授となった。二八年四月、赤化教授への政府の弾圧が激しくなったため、辞職した。大学を辞めてからは、文筆家及び講壇ジャーナリストとして生計を立て、労農派に属し『労農』『改造』『中央公論』などに、社会科学系の論文を発表したが、三七年の人民戦線事件*で、大内兵衛や美濃部亮吉ら約四〇〇名とともに検挙された。労農派の数少ない論客で、平野義太郎、山田盛太郎とともに「マル経の三太郎」と称された。なお、労農派とは、共産党に批判的な社会主義者の集合体で、雑誌『労農』の同人らで構成されたものである。

大森義太郎と鎌倉　一九三三年一月、鎌倉在住の作家大佛次郎や大森らが中心になって「鎌倉アマチュア写友会」が結成された。同会は、同年五月に第一回写真展を鶴岡八幡宮参拝者休憩所（現、幼稚園舎）で開催した。

■主要著書　単著『唯物弁証法読本』一九三三。『唯物弁證法讀本』中央公論社、一九三三、など。共訳　レーニン著『唯物論と經驗批判論 反動哲学の批判的考察』白揚社、一九二九。翻訳『レーニン全集』など。

■参考文献　大森映『労農派の昭和史―大森義太郎の生涯』三樹書房、一九八九。『国史大辞典』吉川弘文館、一九八〇。染谷孝哉『鎌倉　もうひとつの貌』蒼海出版、一九八〇。

（浪川幹夫）

岡崎三郎

おかざき・さぶろう

居住地：鎌倉市材木座
明治四〇年（一九〇七）～平成二年（一九九〇）

北海道帯広市出身の記者、のちに経済評論家。

略　歴　一九二九年に東京帝国大学*文学部仏文科を卒業後、東亜経済調査局*調査員として勤務する。戦後、読売新聞社論説委員、社会タイムス社編集局長、社会主義協会常任となり、後に武蔵大学講師、北九州大学教授、日本福祉大学教授を歴任する。

学問的特徴　社会運動、労働運動を専門とし、記者時代から一貫して社会主義思想を実践的に論じ、多くの活動家に影響を与えたとされる。

学会・社会活動　戦前はいわゆる〝労農派〟の一員として活動、戦後は社会主義協会の発足に寄与し、同協会常任として機関誌『社会主義』編集長を務めるなど、自身も社会運動活動家としての側面を持つ。

終　焉　一九九〇年三月二一日に逝去。享年八二。

■**主要著書**　単著『日本資本主義発達史概説』有斐閣、一九三七。『社会主義とは何か』労働大学通信教育部、一九六〇。『社会主義史論ノート』ありえす書房、一九七九。『日本資本主義発展の諸段階』社会主義協会出版局、一九七九。共編著『読売組合史』読売新聞従業員組合、一九五六。『総評10年史』労働旬報社、一九六四。『国鉄労働組合20年史』労働旬報社、一九六七、他著書・編著書・論文多数。

■**参考文献**　『20世紀日本人名事典』日外アソシエーツ、二〇〇四。

（桝渕彰太郎）

中国近世文学を専門とした中国文学者

岡崎俊夫

おかざき・としお

居住地：鎌倉市腰越
明治四二年（一九〇九）～昭和三四年（一九五九）

青森県津軽郡出身の中国文学者であり、精力的に中国近世文学の翻訳を行い、中国文学を日本へ紹介した。

略歴 浦和高校を経て、*東京帝国大学文学部支那哲学科に入学し、一九三三年に同大学を卒業する。時事新報や周恩来周元首相も日本語を学んだ*東亜高等予備校を経て、三六年以降は、東京朝日新聞社員となっている。三四年には、竹内好・武田泰淳らと「中国文学研究会」の設立準備を行い、翌三五年『中国文学月報』を発行している。四二年には、北京支局へ転勤し、四四年に帰国している。戦後も、朝日新聞社出版局図書編集部次長などの要職と併行しながら、中国文学の翻訳や*東京大学・文化学院大学での中国文学の講師を務めた。

学問的特徴 中国での知名作家となっていた郁達夫、丁玲、李広田、中でも農村部の民衆の啓発に務めていた小説家の趙樹理の最初の優れた翻訳紹介者として名声を博す。

■主要著書 「『中国文学研究会』のこと」『北斗』四－二、一九五九。翻訳 丁玲著『母親他三篇』大陸文学叢書五、改造社、一九三八。郭沫若著『黒猫』支那現代文学叢刊二、改造社、一九三九。劉曼卿著『西康西蔵踏査記』伊藤書店、一九三九。劉鉄雲著『老残遊記』中国文学叢書生活社、一九四一。郁達夫著『我が夢我が青春』寳雲社、一九四七。丁玲著『霞村にいた時』四季社、一九五一。『中国小説選』筑摩書房、一九五二。李広田著『引力』岩波新書、一九五二。丁玲著『文学と生活』青銅社、一九五二。郭沫若著『亡命十年』筑摩書房、一九五三。巴金著『憩園』岩波新書、一九五三。『京劇名作集』京劇読本、朝日新聞社、一九五六。趙樹理著『三里湾』新潮社、一九五七、など翻訳、著述多数。

（于　江）

岡村輝彦

おかむら・てるひこ

居住地：鎌倉市材木座
安政元年（一八五五）又は安政二年～大正五年（一九一六）

浜松藩士岡村義昌の長男で、大阪蔵屋敷に生まれ千葉県市原市で育つ。明治時代の判事・弁護士で、法学博士である。専門分野は、英国証拠法で英国証拠法の権威者であった。他に、商法・海上を専門とする。

略　歴　一八六八年に浜松藩は鶴舞藩に転封となり、上総国鶴舞（現、市川市）に転居する。鶴舞藩校克明館で漢学・英語を収め六九年に上京する。箕作秋坪に英語を学び、七〇年に鶴舞藩貢進生*として大学南校*に入り開成学校英吉利法律科に転じ法学を収め卒業している。七六年に第二回文部省留学生として英国キングスカレッジに留学して八〇年ミドル・テンプル（ロンドンに所在する法曹院）でバリスター（法廷弁護士）の資格を得て、上級裁判所員となる。同年に帰国して、八一年司法省民事局控訴院、八三年には大審院*判事、八五年横浜地方裁判所長横浜始審裁判所長等を歴任している。九〇年からは、東京大学法学部*・東京法学院*（現、中央大学）・明治法律学校（現、明治大学）で法律学を講じている。辞官してからは、東京府京橋区と横浜に弁護士事務所を開業し、一九一三年には中央大学学長に就任している。

学会・社会活動　一八八五年高等文官試験委員*、一九〇八年東京弁護士会会長を歴任する。

叙勲・受賞歴等　一八八二年正七位、八五年従六位、八六年正六位。

■主要著書　単著『英国證據法』丸善、一八八九。岡村輝彦跋文『経世言』博文館。『英国證據法』復刻版、日本立法資料全集／別巻三五三、信山社出版、二〇〇五、他多数。

■参考文献　萩原善太郎『帝国博士全伝』敬業社、一八九〇。『人事興信録』第四版、人事興信所、一九一五。唐沢富太郎『貢進士』ぎょうせい、一九七四。岡村龍彦『岡村父祖事跡』東京出版社、一九四三。

（青木　豊）

小熊 虎之介

おぐま・とらのすけ

居住地：鎌倉市材木座
明治二一年（一八八八）～昭和五三年（一九七八）

略　歴　新潟県柏崎市出身。一九一一年、東京帝国大学哲学科に入学し心理学を専攻する。一四年卒業後、柏崎日報の主筆として活躍した。宮城県では県立仙台第二中学校教諭、森岡高等農林学校教授を歴任する。明治大学予科、日本女子大学を経て、二二～五七年には明治大学教授を務める。超感覚的知覚、念力などの頂上的現象を研究する超心理学の中心的研究者となる。六三年、発足した超心理学会の会長となり、同年日本応用心理学会名誉会員になる。また精神療法の創始者である森田正馬と共同研究を行い、雑誌「変態心理」など異常心理現象について多くの論文を執筆した。精神治療や教育相談など、一般からの求めにも応じた人物である。

学問的特徴　欧米の心霊現象研究を体系的に整理・紹介した。見る人の錯誤や迷信的態度により科学的説明を超える「偽心霊現象」と、客観的に観察されたもので現在の科学ではまだ説明し得ぬ「真実の心霊現象」とに分類した。心霊現象の科学的扱い方について明確な指針を与え、超心理学で業績を残した。

学会・社会活動　一九六八年十一月「日本超心理学研究会」を発展的に解消した後、「日本超心理学会」を発足し初代会長となる。

■**主要著書**　単著『夢の心理』江原書店、一九一八。『ウィリアム・ジェームズ及其思想』心理学研究会、一九一九。『現代心理学入門』北光書房、一九四七、他多数。

■**参考文献**　『日本心理学者事典』クレス出版、二〇〇三。日本超心理学会「http://j-spp.umin.jp/japanese/archives/history.html#his04」大谷宗司『小熊先生と日本の超心理学』（二〇一三年十二月一日閲覧）。

（青木里紗）

尾瀬 敬止

おせ・けいし

居住地：鎌倉市山ノ内
明治二二年（一八八九）〜昭和二七年（一九五二）

略　歴　ロシア文学者。筆名、他和律。一八八九年に京都に生まれる。東京外国語学校（現、東京外国語大学）の露語科を卒業。

学問的特徴　東京朝日新聞記者をへて、一九二一年月刊誌『露西亜《ロシア》芸術』を創刊し主宰となる。革命後のいわゆる「労農ロシア」文化の紹介に努め、日露芸術協会、ソ連文化研究所の設立に寄与した。二七年ロシア革命一〇周年記念式典に、ソビエト連邦政府から小山内薫らとともに招待された。

■**主要著書**　単著『世界の謎スターリン 彼の独裁はどこへ？』（二〇一八 Kindle版）では、一九三七年当時の限られた情報から、ソビエトの独裁者スターリンの謎について書いている。本書には注釈があり、とくに多くの粛清が行われていたことも書かれている。

■**参考文献**　『日本人名大事典』平凡社、一九八六。染谷孝哉『鎌倉　もうひとつの貌』蒼海出版、一九八〇。

（浪川幹夫）

落合英二

おちあい・えいじ

居住地：鎌倉西御門
明治三一年（一八九八）～昭和四九年（一九七四）

略　歴　薬学者、薬化学者。東京大学教授。薬学博士。埼玉県浦和市出身。東京帝国大学医学部薬学科を卒業した。同大学医学部薬学科薬化学教室教授。アルカロイド、塩素化含窒素複素芳香環化合物について研究し、多数の新化合物を生み出した。一九五八年に財団法人乙卯研究所所長に就任したほか、その後理化学研究所招聘研究員嘱託になるなど、戦中・戦後幅広く活躍した。

学問的特徴　落合は、近代薬学の開祖長井長義を初代とする、東京帝国大学医学部薬学科・薬化学教室の三代目継承者であった。一九三〇～三一年の留学から帰国後、三三年国内で初めてとなる有機ミクロ分析を開始。第二次大戦前後の時期には、マラリア特効薬のキニーネ誘導体の研究にも関与した。

落合英二と鎌倉　一九六六年、鎌倉の新居に移った。その後も、公的な活動を続けながら、鎌倉市での植物同好会「ミチクサ会」で専門的な知識を発揮しつつ指導に当たり、地元の中学や高校の先生たちとも親交を深めた。また、自らが収集した変形菌の標本は、県立博物館（現、神奈川県立生命の星地球博物館）にのこされている。

■**参考文献**　岡本敏彦編『落合英二先生回想録』落合英二先生顕彰会、一九九二。『日本人名大事典』平凡社、一九八六。

（浪川幹夫）

近代文学研究分野を確立した文学者

片岡良一

かたおか・よしかず

居住地：鎌倉市二階堂
明治三〇年（一八九七）～昭和三二年（一九五七）

神奈川県藤沢市出身の日本文学者。近代文学を論じた初期の人物で、日本近代文学研究の基礎確立者。

略　歴　一九〇三年藤沢小学校入学。一〇年神奈川県立第一中学校入学。一二年東京府立第一中学校を経て、一八年第一高等学校に入学し、翌二〇年同校を中退する。二一年東京帝国大学国文学科選科を入学し、二五年同東京帝国大学国文学科を卒業し、旧制姫路高等学校の教授となる。三〇年、旧制府立高等学校の教員となり、三四年に法政大学教授となる。四一年には、北京師範大学教授に就任し、四五年に北京師範大学を退職。四六年に再び法政大学教授となる。その後、二松學舍大学教授を務めている。

学問的特徴　一九二九年刊行の論文「現代文学諸相の概観」（法政大学国文学会）のなかで、独自の歴史観で近代文学研究の礎を形成した。

片岡良一と鎌倉　一九四六年、鎌倉アカデミア創立以来教授を務める。

■**主要著書**　単著『井原西鶴』至文堂、一九二六。『現代作家論叢』三笠書房、一九三四。『近代派文学の輪廓』白楊社、一九五〇。『近代日本の小説』法政大学出版局、一九五六。『自然主義研究』筑摩書房、一九五七。『日本浪漫主義文学研究』法政大学出版局、一九五八。『片岡良一著作集　全十一巻』中央公論社、一九七九～八〇。

■**参考文献**　片岡懋「片岡良一教授年譜」『日本文學誌要　二』一九五六。小田切秀雄「日本近代文学史研究の基礎確立者―片岡良一の仕事について」『日本文学誌要』二、法政大学国文学会、一九五八。『鎌倉　もうひとつの貌』蒼海出版、一九八〇。『日本近現代人名辞典』吉川弘文館、二〇〇一。日外アソシエーツ「20世紀日本人名事典」二〇〇四。

（青木　豊）

片山 良亮

かたやま・りょうすけ

居住地：鎌倉市山ノ内
明治三四年（一九〇一）～昭和五七年（一九八二）

三重県名賀郡阿保町出身の整形外科医である。我が国の整形外科の発展に大きく貢献した。

略　歴　地元の眼科医の城岩尾の次男として生まれる。旧制三重県立第三中学を経て、一九二七年に東京慈恵会医科大学を卒業、同大学整形外科教室に入局し、骨関節結核の研究に従事する。三二年、医学博士となり、指導教官だった片山國幸の養子となる。三五年、同大整形外科助教授、四五年同教授に就任する。以降、大学内外の病院長等を歴任した。六六年定年退職し、同大名誉教授となった。

学問的特徴　専門は結核性脊椎炎をはじめとする骨関節結核である。さらに、これらの研究を基に人工関節の開発に携わった。また一九五三年には最新の結核治療法を視察するため渡米する等、海外の医師たちと積極的な技術交流を行い、結核治療の進歩に貢献した。

学会・社会活動　結核の専門家であったことから東京都の結核対策委員として活躍した。

横　顔　出生時は体が大きく、祖父が将来、力士にさせようと考えたほどであった。旧制中学在学中に肺尖カタルにより一年間休学するが回復し、その後は野球や水泳等に打ち込んだ。

叙勲・受賞歴等　一九七九年従四位。七三年勲二等瑞宝章。

■**主要著書**　単著『片山整形外科学』中外医学社、一九五四、他多数。

■**参考文献**　森益太「追悼片山良亮名誉会員」『日本整形外科学会雑誌』五七－三、一九八三。天児民和『整形外科を育てた人たち』九州大学整形外科学教室同窓会、一九九九。

（林　道義）

勝田昌二

かつた・しょうじ

居住地：鎌倉市台
大正元年（一九一二）～平成三〇年（二〇一八）？

東京市本郷区まれのロシア文学者。教育学者で東京大学教授であった勝田守一*の弟である。

略歴　一九三〇年高等師範附属中学校を経て、三五年に東京外国語学校露西亜語部貿易科を卒業。南満洲鉄道株式会社に入社するも、敗戦により四六年に国内へ引揚げる。四七年に文部省調査局調査係課嘱託、翌年文部事務官に就任する。四九年には刀江書院に入社、五一年には須磨書房へ転職し、五九年には横浜国立大学講師に就任する。七一年には教授となり、七八年に定年により退官し、名誉教授となっている。

学会・社会活動　横浜ロシア語センターは、一九六一年四月に横浜―ナホトカ定期航路が開設された年に、日ソ協会神奈川県連結成準備委員会により設立された日ソ両国の親善を目的とした会で、勝田は理事長に就任している。

■主要著書　翻訳　N・K・クループスカヤ著『国民と生産教育』刀江書院、一九五一。E・N・メディンスキー著『マカレンコ・人と作品』三一書房、一九五二。A・N・トルストイ編『ロシヤの民話』未来社、一九五三。K・V・マーホヴァ著『若い両親のために』三一書房、一九五六。N・K・クループスカヤ著『国民教育論』明治図書、一九六〇、など。共訳書『ソヴエトの総合技術教育』東洋舘出版社、一九五六。カザンツェフ著『ソビエトにおける授業の方法』明治図書、一九六四、など。

■参考文献　鈴木剛「学習と統制―デューイの授業論をめぐる一考察―」北星学園大学文学部北星論集四八－二、二〇一一。田原宏人「民主国民教育のアイロニー」教育研究の「失敗」サブグループミーティング、二〇〇四。「〈勝田昌二教授〉経歴・業績」勝田昌二教授定年退官記念、横浜国立大学経済経営学会。

（青木　豊）

勝美 正成

かつみ・まさなり

居住地：鎌倉市材木座　墓地：長谷寺
安政六年（一八五九）～昭和五年（一九三〇）

加賀藩士勝見意平の子として生まれ（幼名忠太郎）、十七歳から医学を学び二九歳の折に鎌倉で最初の開業医となり、医療・文化をはじめ多方面での社会事業に貢献する。

略　歴　一八七六年に、金沢医学所（金沢医学校、石川県甲種医学校、第四高等中学校医学部、第四高等学校医学部、金沢医学専門学校、大正期に金沢医科大学、現、金沢大学医学部）に、第六期生として医学を学ぶ。八七年に由比ガ浜に療養施設として建設された「鎌倉海浜院*」の医員として鎌倉に赴任し、翌八八年に勝美は鎌倉で最初の開業医として開院している。一八九二年には、鎌倉郡に医師会を設立し初代鎌倉郡医師会長となる。

勝美正成と鎌倉　医療活動に留まらず、一九〇八年に北里柴三郎の招きで鎌倉を訪れた結核菌・コレラ菌の発見で著名な細菌学者コッホ博士を案内し、一二年に「コッホ博士の記念碑」を除幕している。〇九年に結成された鎌倉倶楽部*では、幹事を担い、さらに「鎌倉同人会*」の創設に携わり、一四年の「発起主意書」一〇名の発起人名の四番目に名を連ねる。鎌倉町会議員としても活動している。『鎌倉社寺重宝一覧』は、本文一〇六頁、全一二〇頁の袖珍本である。従来の案内記とは意を異にする。鎌倉所在の五八社寺、藤沢・逗子等の八寺を含め網羅する。図・写真の掲載は無いが、学術的視座からの最初の文化財所在目録である。

■**主要著書**　『鎌倉社寺重宝一覧』鎌倉同人会、一九一八。『鎌倉社寺重宝一覧』は、本文一〇六頁、全一二〇頁の袖珍本である。鎌倉所在の五八社寺、藤沢・逗子等の八寺を網羅する。図・写真の掲載は無いが、学術的視座からの最初の文化財所在目録。

■**参考文献**　『十全同窓会報』一七八、金沢大学医学部十全同窓会会報編集委員会、二〇一一。『金沢大学の淵源』『金沢大学資料館紀要』創基150年記念別冊、二〇一二。『鎌倉市中央図書館　近代史資料室だより』一、二〇一三。

（青木　豊）

道路景観の重要性を指摘した農学者

加藤誠平

かとう・せいへい

居住地：鎌倉市二階堂
明治三九年（一九〇六）～昭和四四年（一九六九）

登山家・農学研究者で、森林土木、とくに伐木搬出法の研究で知られる。

略　歴　一九〇六年二月七日東京生まれ。二六年旧制静岡高等学校を卒業。二九年東京帝国大学農学部林学科*を卒業後、同大学院に進学。造園学の知識を活かして、三一年に内務省衛生局に入り、国立公園候補地調査に関わった。三八年厚生省技師となり、のち内務省と兼務した。四一年には、母校東京帝国大学に講師として戻り、四四年助教授、五〇年教授となった。一九六六年に定年を迎え、以降は東京大学名誉教授*となった。また、東京農工大学・名古屋大学・新潟大学・東京農業大学などでも教鞭をとった。

学問的特徴　伐木搬出法など森林土木の研究や、観光学や風景学についても研究を重ねた。とくに道路景観が観光に及ぼす影響にいち早く着目し、戦後まもない時期に観光資源としての道路景観の重要性を提起した。

横　顔　高校時代には旅行部を創設し、大学時代はスキー山岳部に入り、バルトロ・カンリ遠征隊の隊長を務めた。一九六三年には、東京大学カラコルム遠征隊長を務めた。

終　焉　登山で全身リューマチにかかり、国立伊東温泉病院に入院したが、一九六九年五月七日逝去。

叙勲・受賞歴等　一九五七年日本農学賞。

■**主要著書**　単著『林業土木学』実業図書、一九五一。共著『観光道路』土木雑誌社、一九五五。『森林土木』実教出版、一九六〇、他著書・編著書・論文多数。

■**参考文献**　『加藤先生をしのぶ』加藤誠平先生追悼編集委員会、一九七〇。

（山本みなみ）

金子　登

かねこ・のぼり

居住地：鎌倉市鎌倉山
明治四四年（一九一一）～昭和六二年（一九八七）

神奈川県出身の楽団指揮者で、東京芸術大学名誉教授。

略　歴　一九三四年に東京音楽学校*（現、東京藝術大学音楽学部）ピアノ科を卒業し、ヨゼフ・ローゼンシュトック*に指揮を学び、三六年に同校研究科を修了している。三八～七九年の間、東京芸術大学教員として教壇に立ち、五二～五六年の四年間ウィーンへ留学し、クレメンス・クラウス*、カール・ベーム*らに師事する。七九年に、退官し東京藝術大学名誉教授となる。

学会・社会活動　数多くの指揮者を育て、その中には鎌倉出身の神奈川合唱指揮者倶楽部会員の川合良一もいる。一九四三～四五年、東京交響楽団（現、東京フィルハーモニー交響楽団）の常任指揮者を務め、七二年から神奈川フィルハーモニー管弦楽団理事に就任し、常任指揮者も務めた。六二～八六年は、立教大学メサイア演奏会の指揮者を務めている。東北電子工業高等学校（現、仙台城南高等学校）校歌、宮城県岩出山高等学校の校歌を作曲する。立教大学図書館内に〝金子登文庫〟が設立され、『金子登文庫目録』（一九九三）が刊行されている。

叙勲・受賞歴等　一九七九年紫綬褒章、八五年勲三等瑞宝章。

■主要著書　単著『指揮法教科書』東京音楽学校同聲会、一九七九。文部省［公演パンフレット］東京芸術大学音楽学部大演奏会、ヴェルディ作曲 REQUIEM（安息彌撒曲）名古屋市公会堂、一九五二、など。

■参考文献　『著作権台帳*』一九六三年版、社団法人日本著作権協議会、一九七二。『日本近現代人名辞典』吉川弘文館二〇〇一、「20世紀日本人名事典」日外アソシエーツ、二〇〇四。

（青木　豊）

日独文化協会の設立に助力した哲学者

鹿子木員信

かのこぎ・かずのぶ

居住地：鎌倉市稲村ガ崎
明治十七年（一八八四）～昭和二四年（一九四九）

山梨県甲府市出身の哲学者で、中でもプラトン哲学の研究や国粋主義の研究で知られる。

略　歴　東京の中学に入学した後に*海軍機関学校に入校。このころにトーマス・カーライルや内村鑑三の著書を読むなどし、後にキリスト教徒となる。海軍機関学校卒業後、日露戦争に従軍。その後、京都帝国大学に入学する。一九〇七年にアメリカのニューヨークのユニオン神学校に入学。その後、コロンビア大学にてカントやニーチェの研究を深める。一〇年にドイツに渡り、イェーナ大学で博士号を取得。一四年に慶応義塾大学教授に就任する。二一年には*東京帝国大学で文学博士の学位を取得し、哲学科講師に就任する。ドイツへの哲学研究を経て、日独文化協会の設立に助力し、日本文化への関心が高まる。二九年には九州帝国大学教授に就任し、三九年まで務めた。三二年には「*皇道会」を創設・指導。三九年には国民精神総動員委員会委員に就き、第二次世界大戦開戦後の四二年には*大日本言論報国会専務理事・事務局長に就く。戦後、A級戦犯として巣鴨に拘束されるが、二年後に釈放。その後はプラトンの国体篇の翻訳を開始、第五巻の訳了が完了した後に病気が悪化。一九四九年に死去。哲学的な側面が注目される人物であるが、山岳を愛する登山家でもあった。

叙勲・受賞歴等　一九〇四年正八位。

■主要著書　単著『アルペン行』大修館書店、一九一四。『ヒマラヤ行』政教社、一九二〇。共著『皇国学大綱』同文書院、一九四一。『文明と哲学的精神』文川堂書房、一九四二、他著書・編著書・論文多数。

■参考文献　宮本盛太郎『宗教的人間の政治思想（軌跡編）』木鐸社、一九八四。

（二葉俊弥）

か

鏑木欽作

かぶらぎ・きんさく

居住地：鎌倉市大船
明治三四年（一九〇一）～昭和五九年（一九八四）

神奈川県出身の音楽教育家で、鎌倉音楽クラブ*（鎌倉音楽家協会）の創設者のひとりである。

略　歴　一九〇一年一〇月四日、神奈川県に生まれる。二六年、東京音楽学校声楽科*（現、東京芸術大学）を卒業。東洋音楽学校、湘南高校などを経て、六一～七七年まで洗足学園大学（現、洗足学園音楽大学）で音楽教育学を教えた。息子は作曲家の鏑木創。作曲家の須賀田礒太郎や湯山昭は教え子である。

鏑木欽作と鎌倉　一九四六年、鎌倉市の音楽文化の振興と向上、音楽専門家と音楽関係者の親睦・協調を目的に、鎌倉市在住の音楽評論家たちとともに、鎌倉音楽クラブを創設した。

学会・社会活動　一九二六年、横浜混声合唱団を創設した。のち学校や地域社会で音楽教育や合唱団づくりに励み、現在も日本を代表する音楽専門のホールとして重要な位置を占める神奈川県立音楽堂の建設につくした。

終　焉　一九八四年一〇月二五日逝去。享年八三。

叙勲・受賞歴等　一九七八年勲五等双光旭日章。

■**参考文献**　『日本の作曲家　近現代音楽人名事典』日外アソシエーツ、二〇〇八。

（山本みなみ）

神川彦松

かみかわ・ひこまつ

居住地：鎌倉市小町
明治二二年（一八八九）～平成元年（一九八八）

三重県出身の国際政治学者である。

略　歴　一九一五年に東京帝国大学法学部政治学科を卒業後、二三年に同大学法学部教授に就任する。戦後、公職追放により一時、東京大学を去るが後に復帰、その後は東京大学名誉教授、明治大学、国士舘大学教授を歴任した。

学問的特徴　戦前より国際政治学の確立に尽力、戦後は憲法改正問題、安保条約問題など、日本が当面した諸問題について保守的な立場から多くの論説を残した。

学会・社会活動　日本国際政治学会初代理事長、日本国際問題研究所初代所長を務めた。戦前は明治維新後からの外交文書編纂の必要性を繰り返し政府に提言し、一九三五年に外務省において開始された『大日本外交文書』の編纂委員として、我が国初の外交文書の編纂に尽力した。

終　焉　一九八八年四月五日に逝去。享年九七。

叙勲・受賞歴等　一九六五年勲二等旭日重光章。一九五二年日本学士院賞。

■主要著書　単著『国際連盟政策論』政治教育協会、一九二七。『世界大戦原因論』岩波書店、一九四〇。『国際政治学概論』勁草書房、一九五〇。『日本の新しいイメージ』鹿島研究所出版会、一九六四。編著『外交史論文集』有斐閣、一九三四。共編著『国際条約集』岩波書店、一九四一。『南北統一への道』心情公論社、一九七二、他著書・編著書・論文多数。

■参考文献　日外アソシエーツ『20世紀日本人名事典』二〇〇四。吉村道男「外交文書編纂事業の経緯について」『外交史料館報』創刊号、一九八八。

（桝渕彰太郎）

か

亀井　高孝

かめい・たかよし

大黒屋光太夫を世に出した歴史学者

居住地：鎌倉市山ノ内
明治二二年（一八八六）～昭和五四年（一九七九）

山形県出身の歴史学者で、西洋史、および大黒屋光太夫の研究で知られる。

略　歴　旧伊賀名張藩主家（藤堂氏）出身の藤堂高矩の二男として生を受け、父の没後名古屋の商家亀井家の養子となった。*東京府立第一中学校、*第一高等学校を経て、一九〇九年に*東京帝国大学文科大学西洋史学科を卒業した。大学院に進学した後、一二年に東京府立第一中学校教諭、一三年から一高教授となり、四四年まで務めた。戦後、四九年に清泉女子大学文学部教授となり、六一年の退職まで同職を務めた。

学問的特徴　教員を務めるかたわら、現在も改訂されている『標準世界史地図』や『標準世界史年表』の編纂に携わり、世界史の学習に寄与した点が大きい。また、近世・近代期に殆ど知られていなかった大黒屋光太夫に着目し、その取り調べの記録である桂川甫周の『北槎聞略』を見出して、世の中に紹介したことが大きな業績である。

学会・社会活動　鎌倉市史編纂委員として同書の編纂を主導し、一九五九年までに全六巻を刊行した。

終　焉　一九七七年一〇月四日逝去。享年九一。

■主要著書　単著『参考西洋歴史』博文館、一九二〇。『光太夫の悲恋 大黒屋光太夫の研究』吉川弘文館、一九六七。共著『標準世界史地図』吉川弘文館、一九五五。『世界史年表・地図』吉川弘文館、一九九五、他著書・編著書・論文多数。

■参考文献　「「鎌倉市史」の編纂、漂流記紹介の先達者―知る人ぞ知る歴史学者・亀井高孝―」『みらいふる鎌倉 やまもも』60、二〇〇八

（中島金太郎）

亀田輝時

かめだ・てるとき

居住地：鎌倉市二階堂　墓地：寿福寺
明治二六年（一八九三）〜昭和二一年（一九四六）

鳥取県出身の郷土史家、実業家で、特に鎌倉史の研究を行い、市内各地の発掘調査により数々の業績を上げた。

略　歴　大正時代の初期に上京、麹町六番町にある義兄の生田長江の家に居住し、丸ノ内三菱十二号館内の梅鉢車両会社に勤務する。一九二三年に大正関東地震*で生田家が全焼したため、鎌倉市二階堂に移住し、以後、会社勤めのかたわら、鎌倉の史蹟や美術品の調査研究に打ち込み、市内の史跡めぐりや、発掘調査に従事する。

学問的特徴　鎌倉の地は様々な意味で発掘の余地があり、その発掘調査を充実させるためには、鎌倉の歴史と鎌倉の現状について研究する必要があることを説き、鎌倉に移住後は独学で鎌倉の調査、研究に情熱を注いだ。

亀田輝時と鎌倉　「いざ鎌倉」という言葉は、鎌倉武士の覚悟を示し、その精神を伝えるものであるため、「我等は此の言葉の精神を受け継いで、鎌倉男子として祖先の名を辱かしめない様に心がけなければならない」と伝える。

学会・社会活動　市内各地の発掘調査を進めるなど、鎌倉考古学の先駆的な役割を果たした。また、鎌倉文化研究会を主宰し、鎌倉に関する研究を発表する郷土史研究誌の『鎌倉』を発刊するなど、その生涯を鎌倉の研究と、その財産を後進に引き継ぐことに捧げ、『鎌倉』の発刊は、断続ながら一九四〇年六月に第二次世界大戦による紙の配給停止まで続けた。また、同好者による史跡めぐりの会を開き、数多くの調査を進めた。

終　焉　一九四六年に、鉄道車両工業協会の再建中に心臓麻痺で逝去。享年五三。

■主要著書　共編著『鎌倉』鎌倉文化研究会、一九三五〜。「郷土神奈川」神奈川県郷土研究会、一九四二〜、他編著書・論文多数。

■参考文献　『鎌倉』一、鎌倉文化研究会、一九三五。『鎌倉』鎌倉市荘年団、一九三六。

（鈴村楓実）

辛島驍

からしま・たかし

鎌倉市立図書館長を務めた中国文学者

居住地：鎌倉市
明治三六年（一九〇三）～昭和四二年（一九六七）

福岡生まれの中国文学者、文学博士。一九二六年当時北京大学教授であった魯迅と面会し、親交を結んでいる。

略　歴　一九〇三年に福岡市にうまれ、二一年福岡県立中学校修猷館、山口高等学校を経て、帝国大学文学部支那文学科に入学し民清小説の研究に取り組む。二八年に卒業し、翌二九年京城帝国大学法文学部講師となり、支那文学などを担当する。助教授を経て、三九年に教授に就任する。この間、延禧専門学校（現、韓国延世大学校）の校長も務める。内地への引き上げ後は、昭和女子大学、相模女子大学の教授を務める。

学問的特徴　一九三九年に学位請求論文「支那現代文学の研究」を東京大学に提出するも太平洋戦争の混乱で、四六年に至りようやく博士号の授与となる。

辛島驍と鎌倉　鎌倉市立図書館は、一九四四年に大日本帝国陸軍の接収により長らく閉館されていたが、四六年に再開となり辛島は館長に就任する。

叙勲・受賞歴等　一九四五年正五位。

■主要著書　単著「日本文学関係著作支那翻訳目録」京城帝国大学文学会論纂七、史學論叢、京城帝国大学文学会編、一九三五。『中国の新劇』昌平堂、一九四八。『唐詩詳解　実力本位』山海同、一九五四。『中国現代文学の研究　国共分裂から上海事変まで』汲古書院、一九八三、等。共編著『新十八史略詳解』明治書院、一九五九。翻訳『漢詩体系　十五　魚玄機・薛濤』集英社、一九六四。

■参考文献　辛島昇『辛島驍略年譜・著作目録・写真他：昭和五八年十七回忌の法要に際して』一九八三。井上泰山「増田渉と辛島驍―『中国小説史略』の翻訳をめぐって―」『関西大学東西学術研究所紀要』四五、二〇一二、二一―四六頁。

（于　江）

鎌倉の社寺・史跡研究に努めた文学博士

川副武胤

かわそえ・たけたね

居住地：鎌倉市長谷
大正十一年（一九二二）～平成五年（一九九三）

『鎌倉市史』や『鎌倉廃寺辞典』の編者としても知られる日本史研究者。

略　歴　博の息子として東京に生まれたのち、鎌倉に移り住み、一九四三年第三高等学校を卒業した。五一年東京大学文学部国史学科を卒業。同大学院に進学。六〇年に正倉院保存課調査係長、六七年に山形大学人文学部講師となり、六八年助教授、七四年教授として勤めた。六九年「古事記の研究」で名古屋大学にて文学博士の学位を取得。八五年定年により退官。以降、就実女子大学教授として勤務。就実学園理事も務めた。九三年百歳余の長寿を全うした父を送り、間もなく病死。

学問的特徴　『古事記』・『日本書紀』など日本神話の研究を発展させたほか、中世都市鎌倉の社寺・史跡の基礎研究を行った。長門国を中心に勢力を持った豪族厚東氏の研究で知られる日本史研究者。

川副武胤と鎌倉　一九五四年『鎌倉市史』編纂員となり、社寺編を担当執筆した。また、父子の共著に『鎌倉その風土と歴史探訪』読売新聞社、一九七五がある。

■**主要著書**　単著『日本古代王朝の思想と文化』吉川弘文館、一九八〇。共編著『鎌倉廃寺辞典』有隣堂、一九八〇。『大和古寺巡礼』社会思想社、一九六二など多数。

■**参考文献**　東大十八史会編『学徒出陣の記録』中央公論社、一九六八。同編『学徒出陣から五十年』揺籃社、一九九三。

（山本みなみ）

菊盛 英夫

きくもり・ひでお

居住地：鎌倉市小町
明治四二年（一九〇九）～平成十三年（二〇〇一）

富山県出身のドイツ文学者で、トーマス・マン研究を専門とした。映画・文芸評論家としても知られる。

略　歴　一九三三年に東京帝国大学独文科を卒業後、東京大学講師などを経て、中央大学教授を務める。

学問的特徴　ノーベル文学賞を受賞したドイツの小説家トーマス・マンを研究し、『評伝トーマス・マン―その芸術的・市民的生涯』を発表する。本書は、一九三三年ヒトラー政権成立でトーマス・マンは亡命するが、この亡命以前のトーマス・マンの業績に加え、亡命以降の彼の苦悩や逡巡を先覚的に論じた名著とされる。また、『ルターとドイツ精神史―そのヤーヌスの顔をめぐって』は、ルターと同時代を生きた人文主義者から現代の思想家たちが、ルターをどのような評価や判断を下したかを詳細に示したドイツ精神史の労作とされる。文芸評論では、『文学的表現主義』では、表現主義の全体的な見方が定着していくなかで、新しい研究の方向を示した名著とされる。

学会・社会活動　映画評論では小津安二郎監督作品「小早川家の秋」と羽仁進監督作品「充たされた生活」の二作品がコンペティション部門に出品された第十二回ベルリン国際映画祭（一九六二）で審査員を務める。

■主要著書　翻訳　ベルト・ブレヒト著『三文オペラ』日光書院、一九四一。ハイデ著『ナチスの労働問題』理想社、一九四三。マイネッケ著『近世史における国家理性の理念』近藤書店、一九四八。ルカーチ著『ゲーテ研究』青木文庫、一九五四。フロイト著『精神分析入門 自伝』河出書房、一九五六。『文学的表現主義』中央大学出版部、一九七〇。『評伝トーマス・マン―その芸術的・市民的生涯』筑摩書房、一九七七。『ルターとドイツ精神史―そのヤーヌスの顔をめぐって』岩波書店、一九七七、他多数。

■参考文献　菊盛英夫『昭和交情記―はぐれ学者の履歴書』河出書房新社、一九九〇。

（森本　理）

木原健太郎

きはら・けんたろう

居住地：鎌倉市大町
大正一〇年（一九二一）～平成二六年（二〇一四）

広島県広島市出身の社会学、教育社会学研究者で、主に授業研究で知られる。

略　歴　一九四三年に旧制広島高等学校を卒業後、東京帝国大学*文学部社会学科に入学した。卒業後は、日本製鉄に入る。その後、総理大臣官房審議室世論調査班の嘱託を経て、東京学芸大学助教授、名古屋大学教授、国立*教育研究所第四研究部長を歴任する。その間、京都大学、大阪大学、東京大学*、静岡大学、お茶の水女子大学の講師を兼任した。その後、国立教育研究所名誉所員、創価大学教授となり、退任後同学の名誉教授となる。

学問的特徴　授業教育研究を専門とし、現場と相互協力するなかで実践から授業分析を行った。一方で、一九六九年には自身の研究の反省を踏まえ、実践から離れて実際の授業を断片的に研究対象とするのではなく、授業の総体を捉えることも必要ではないかと問題提起し、研究者から賛否を呼んだ。

学会・社会活動　創価大学教授時代に、日本教材文化研究財団の理事を務めた。

終　焉　二〇一四年逝去。

叙勲・受賞歴等　一九九九年勲三等瑞宝章。

■**主要著書**　単著『教育過程の分析と診断』誠信書房、一九五八。『授業の科学化入門』明治図書出版、一九六六。『信念の人吉田ワンマン宰相』霞出版社、二〇〇四。共編著『現代教科教育学大系1　教科教育の理論』第一法規出版、一九二一、他著書・編著書・論文多数。

■**参考文献**　木原健太郎「戦争末期の学生・研究生活」『創大教育研究　五』一九九六。

（志村　峻）

木村久邇典

きむら・くにのり

居住地：鎌倉市笛田
大正十二年（一九二三）～平成十二年（二〇〇〇）

略　歴　新聞記者、作家、文芸評論家。北海道札幌市出身。一九四一年に中央大学予科に入学。四四年に海軍予備学生となり翌年に復員。四六年に中央大学法学部を卒業した。労働文化社編集記者を経て、六二年から朝日新聞東京本社校閲部編集局に勤務した。のち、創作活動を行い、太宰治に彼が没するまで師事し、七六年、太宰とその周辺の文学者たちを回想して『太宰治と私』（小峯書店）など、太宰関連の著書を記した。また、労働文化社時代から山本周五郎の担当記者となっており、周五郎の魅力にひかれ、のち山本研究家として活動し、多くの著書を著した。

学問的特徴　太宰や山本の研究のほか、軍人伝、小説などがある。学生の頃より太宰の本を愛読し、五所川原市に疎開中の太宰を訪ねたという。

■**主要著書**　単著『素顔の山本周五郎』新潮社、一九七〇。『研究・山本周五郎』学芸書林、一九七三。『いくさのために身は散るも　提督阿部孝壮伝』小峯書店、一九七五。『山本周五郎語録』産業能率短期大学出版部、一九七八。『周五郎に生き方を学ぶ』実業之日本社、一九九五、等。

■**参考文献**　『文藝年鑑』一九七五、新潮社。染谷孝哉『鎌倉　もうひとつの貌』蒼海出版、一九八〇。

（浪川幹夫）

木村 彦三郎

きむら・ひこさぶろう

居住地：鎌倉市坂ノ下・材木座
明治三九年（一九〇六）～平成五年（一九九三）

鎌倉市（旧鎌倉町）坂ノ下に生まれる。鎌倉を代表する郷土史研究者の一人。

略　歴　鎌倉に生まれ育つ。一九二三年に全日本プロレタリア文化活動に参加し、雑誌「前衛」の事務局を務めた。戦争が激しくなり始めた四〇年には、飯塚友一郎、服部清道等とともに鎌倉文化協会*を作った。戦後まもない四六年、鎌倉大学校*（後の鎌倉アカデミア*）の創立準備委員となり、その設立に尽力し理事となった。鎌倉アカデミアの経営が悪化し、五〇年に解散すると、しばらく病に伏した。鎌倉に文化財保護委員会が設置されると、六一年に鎌倉市文化財調査の嘱託員を務めた。六六年に発足した近世郷土資料文書解読講習会（後の鎌倉近世文書同好会、鎌倉郷土史料研究会）で講師を務めた。

学問的特徴　鎌倉の郷土史家として、文字史料をはじめ、伝承や地誌・風物・生業・言語に至るまで、鎌倉に伝わる様々な資料を広く集成し、鎌倉郷土史研究の礎を築いた。「鎌倉の生き字引きのような人」と評される。

終　焉　一九九三年十二月三日脳梗塞により逝去。享年八七。

■主要著書　単著『道ばたの信仰―鎌倉の庚申塔―』鎌倉市教育委員会、一九七三。『鎌倉のことば』鎌倉市教育委員会、一九八三。『鎌倉の社寺門前町』鎌倉市教育委員会、一九九一。編著『としよりのはなし』鎌倉市委員会、一九七六。『山ノ内村御用留』鎌倉市教育委員会、一九九〇、他著書・編著書・論文多数。

■参考文献　『続鎌倉記憶帖』鎌倉郷土史料研究会、一九九四。『鎌倉図書館百年史』鎌倉市中央図書館、二〇一一。

（大澤　泉）

清川来吉

きよかわ・らいきち

居住地：鎌倉市雪ノ下
元治元年（一八六四）～昭和三二年（一九五七）

広島県出身の医師で、鎌倉に鎌倉養生院を創設し、鎌倉町会議員、初代鎌倉市長を務めた。

略　歴　一八八四年、甲種医学校*であった広島県病院附属医学校（現、広島大学医学部）を卒業し、帝国大学医科大学選科*で学び、八八年に医師免状を取得する。同年に伝染病研究所*に入所し細菌学の研究を担当するが、帰郷し広島県下に診療所を開設している。八九年には、栃木県足尾病院副院長に就任している。九一年には、鶴岡八幡宮前に養生所を創立し鎌倉との繋がりが始まった。一九〇二年に、現在地に鎌倉養生院（現、清川病院）を開設し、今日にいたっている。〇九年、鎌倉町会議員に当選し、一七年には鎌倉町町長に初当選している。三九年に、鎌倉町が市制施行に伴い初代鎌倉市長となる。

学会・社会活動　広島県医師会長、一八九七年医術開業試験委員*、一九〇〇年神奈川県検疫官を務める。神奈川県師範学校、鎌倉の小学校の嘱託医となる。二四年鎌倉郡医師会長に就任する。鎌倉国宝館の建設に、文化財保護の観点から推進し二八年に開館するにいたった。また、上述の鎌倉市制施行に尽力した。さらに、中世都市鎌倉を未来永劫に伝え保存するために、鎌倉市内全体を史跡として指定すべく都市計画法施行に尽力するなど果たした役割は大きい。

■**主要著書**　編著『鎌倉震災史』鎌倉町役場、一九三〇。

■**参考文献**　『鎌倉市史』鎌倉市史編さん委員会、一九九〇。『鎌倉議会史（記述編）』鎌倉市議会、一九六九。『全国歴代知事・市長総覧』日外アソシエーツ、二〇〇二。染谷孝哉『鎌倉　もうひとつの貌』蒼海出版、一九八〇。

（青木　豊）

金　素　雲

きん・そうん／キム・ソウン

居住地：鎌倉市長谷
明治四〇年（一九〇八）～昭和五六年（一九八一）

韓国釜山出身の詩人、文学者、朝鮮文化研究者。本名は、金教重《キムキョジュン》、筆名は鉄甚平《てつじんぺい》。一九二一年十三歳で来日し、北原白秋に認められ、日本に朝鮮の民謡・童謡・歴史を紹介。

略　歴　一九〇八年、釜山の絶影島（日本名、牧の島）に生まれる。一四年鎮海の私立大正学校に入学。翌一五年金海公立普通学校一学年に編入。一六年絶影島の私立玉成学校二学年に編入。二一年十三歳で東京に出る。*東京開成中等学校（夜間）に入学する。二四年釜山へ帰り帝国通信京城支社に入社し、翌年帝国通信を辞めて朝鮮日報通信員となる。再び渡日し、二九年毎日申報社に入社。一九四五年に帰国している。

学問的特徴　一九二七年、「地上楽園」（白鳥省吾主宰）に「朝鮮の農民歌謡」連載を契機に口伝民謡の採集。二九年、日本語訳『朝鮮民謡集』を泰文館より刊行。以後二年間、読者の協力を得て、全国の口伝民謡三千を採集。印税は、*東京大学比較文学会に寄贈され、金素雲賞が創設。東アジア比較文学の業績者に授与。

横　顔　一九一九年、十一歳で*三・一独立運動の影響を受け、民族主義的な絶影島少年団を結成し団長となったが、その後朝鮮文化と伝統を日本人への啓蒙を生涯の目的とした親日思想家として、日韓両国で活動。

叙勲・受賞歴等　一九七四年大韓民国銀冠文化勲章。八〇年大韓民国銀冠文化勲章。七七年韓国翻訳文学賞。七九年随筆文学賞。八一年梅原猛が代表を務める国際文化デザイン大賞を受賞。

■主要著書　単著『諺文朝鮮口伝民謡集』第一書房、一九三三。『精解韓日辞典』徽文出版社・高麗書林、一九六八。『韓国美術全集　全十五巻』同和出版公社、一九七五。『現代韓国文学選集　全五巻』同和出版公社・冬樹社、一九七六、他多数。

■参考文献　「年譜」『天の涯に生くるとも』新潮社、一九八三。「特集 金素雲」『比較文学研究』七九、東大比較文学会編、すずさわ書店、二〇〇二。

（青木　豊）

太政官文書局官吏を務めた国民主義者

陸羯南

くが・かつなん

居住地：鎌倉市長谷・極楽寺
墓地：染井霊園
安政四年（一八五七）～明治四〇年（一九〇七）

明治政府の官僚から政府の欧化主義に反対し内閣官報局編輯課長を依願退職。『東京電報』や『日本』を創刊、社主兼主筆となり在野から国粋的な国民主義（日本主義）を唱えた。一八七九年に中田姓から陸姓に、羯南は号、実名は実。

略　歴　陸奥国弘前在府町（現、青森県弘前市）出身。弘前藩の藩校稽古館教授工藤他山の私塾（思斎堂）、*東奥義塾、宮城師範学校を経て、一八七六年に*司法省法学校に入学したが七九年に「賄征伐事件」とよばれる校内での問題に関係し、同級生の原敬らとともに退学。青森新聞社、内務省所管の紋鼈製糖所勤務を経て、八三年に*太政官文書局官吏となる。八八年に官僚を辞し、政論記者として日本のジャーナリズムの基礎を築く。

学問的特徴　司法省法学校で培った語学力を活かし西洋の法律・政治思想を身につけ、国民全体の歴史や社会・経済・思想・風俗と関連づけて政治動向を把握するものであった。また、冷静に問題を分析するアカデミックな性格をもつ政論が特徴的である。

横　顔　一九〇三年、近衛篤麿の依頼によりその弟津軽英麿をベルリンから帰国させるために渡欧。翌年の帰国後から体調を崩し、〇五年に鎌倉・長谷に転居、療養生活に入る。〇七年一月には極楽寺に別荘「浦苫屋」を新築したが、同年九月に逝去。

■**主要著書**　単著『近時政論考』日本新聞社、一八九一。『原政及国際論』日本新聞社、一八九三、他多数。

■**参考文献**　有山輝雄『陸羯南』吉川弘文館、二〇〇七。松田宏一郎『陸羯南―自由に公論を代表す―』ミネルヴァ書房、二〇〇八。

（會田康範）

帝国博物館初代総長を務めた美術家

九鬼隆一《くき・りゅういち》

居住地：鎌倉市由比ガ浜
嘉永元年（一八五二）～昭和六年（一九三一）

兵庫県三田市出身の旧綾部家藩士で、*図書頭、帝国博物館初代総長などを歴任した明治時代に活躍した美術家であり官僚。男爵で、号は成海と称した。

略　歴　一八七〇年、*川本幸民の私塾に入門し、翌年慶応義塾に入学し福澤諭吉の薫陶を受ける。七二年に文部省に十一等で出仕し、*大学南校監事、*大学東校事務主任を務める。七三年には、文部省の留学生へ留学制度の変更を告げるために渡欧し、帰朝後の七四年には文部少丞、七六年文部大丞・一等法制官、七七年文部大書記官・太政官大書記官に栄進した。八〇年には、現在の事務次官に相当する文部小輔となり、八四年に駐米特命全権公使となる。帰朝後は、図書頭、臨時全国宝物取調委員長、宮中顧問官、帝国博物館総長を歴任し、一九〇〇年に総長を退いてからは枢密院顧問を長く務めたまま、鎌倉で死去した。

学会・社会活動　福澤諭吉の文明開化主義に反する、我が国の伝統主義的思想を一貫し歴史的資料の保存に努めた。文化財保存思想に基づき、*古社寺保存法の制定や三帝国博物館の設立に関与した。一九一四年に、旧有馬郡役所（神戸市）を改築し、我が国初の私立博物館を設立したが、四一年に閉館。

叙勲・受賞歴等　一八六九年男爵。一九二四年正二位。一八九五年勲一等瑞宝章、一九〇二年旭日大綬章。一九二八年大礼記念賞他。

■参考文献　中谷一正『男爵九鬼隆一伝』私家版、一九六六。北康利「九鬼隆一」『北摂三田の歴史』六甲タイムス、二〇〇〇。山本哲也「九鬼隆一」青木豊・矢島國雄編『博物館学人物史　上』雄山閣、二〇一〇。原亮三郎『九鬼君演説之大旨』一八八九。橘高乙二『九鬼男爵日本美術論』一九〇八。

（青木　豊）

久保舜一

くぼ・しゅんいち

居住地：鎌倉市大町
明治四一年（一九〇八）～平成四年（一九九二）

東京出身の心理学者・教育学者で、文学博士。*台北帝国大学教授などを務めた中国文学者久保天随《てんずい》（本名「得二」一八七五～一九三四）の長男である。

略　歴　*東京帝国大学心理学科を卒業し、国立教育研究所に入所。一九五〇年に二級官への昇進が確認される。

学問的特徴　戦後の教育史を問い直す目的で下記の四回の学力調査を実施したことが大きな特徴である。第一回、一九四九年二月～五〇年二月「昭和二十四年度調査：算数・国語・知能検査、小学五・六年生対象」。第二回、五〇年十一月～一九五一年二月「昭和二十六年度の算数学力　とくに計算低下の測定　算数（計算力）小学六年対象」。第三回、五一年十二月～五二年二月「三ヶ年後の追跡調査　算数・国語・知能検査　中学二・三年対象」。第四回、五五年二月～同年三月「昭和三十年度の調査　算数・国語・知能検査　小学一～六年生対象」。

久保舜一と鎌倉　*鎌倉アカデミアの教授を務め、心理学及び経済心理学を講義する。

■主要著書　単著『学力検査と知能検査―昭和二十四年度横浜市小学校高学年における』東大協同組合出版部、一九五一。『児童年少者の道徳意識』・『算数学力』東京大学出版会、一九五二。『学力調査：学力進歩の予診』福村書店、一九五六。共著『戦後日本学力調査資料集』福村書店、二〇一三。

■参考文献　久保舜一「『算数の学力―学力低下とその実験』をめぐって―」『数学教育学会研究紀要』二七－一・二、一九八六。*『著作権台帳』一九六三年版、社団法人日本著作権協議会。

（青木　豊）

久保正幡

くぼ・まさはた

居住地：鎌倉市浄明寺
明治四四年（一九一一）～平成二二年（二〇一〇）

栃木県出身の日本の法制史学学者。特に、西洋法制史について研究で知られる。

略　歴　東京帝国大学法学部*を卒業後、東京帝大法学部助教授、一九四六年教授となる。五四年「フランク時代におけるゲルマン法とローマ法」で東京大学*法学博士を取得。在職中は、法学部長なども歴任し、六七年に退官し、同大学名誉教授となる。退官後は、八二年まで國學院大學教授を務める。

学問的特徴　西洋の中世法制史料について欧州での研究を分析し、原史料の解読に基づいて研究した。また、『サリカ法典』をはじめとする西洋法制史の基本史料について、厳密な翻訳を行っている。

学会・社会活動　法制史学会創設に参画し、代表理事となる他、日本学術会議委員、文部省宗教法人審議委員を歴任。

終　焉　二〇一〇年に逝去。享年九八。

叙勲・受賞歴等　一九五一年日本学士院賞。

■主要著書　単著『西洋法制史研究 フランク時代におけるゲルマン法とローマ法』岩波書店、一九五二。編著『中世の自由と国家 西洋中前期国制史の基礎的諸問題 全3巻』創文社、一九六三～六九。翻訳『リブリア法典』弘文堂、一九四〇。『サリカ法典』弘文堂、一九四〇。ハンス・ティーメ著『ヨーロッパ法の歴史と理念』岩波書店、一九七八、他著書・編著書・論文多数。

■参考文献　『日本人名大辞典』講談社、二〇〇一。

（有山佳孝）

久保田　廣

くぼた・ひろし

居住地：鎌倉市
明治四三年（一九一〇）～昭和四三年（一九六八）

東京府出身の物理工学者である。国産初の位相差顕微鏡*を試作する等、我が国の光学分野の発展に寄与した。

略　歴　旧制学習院を経て一九三四年、東京帝国大学理学部物理学科を卒業、理化学研究所に在籍する。三六年から、徴兵制により陸軍に入隊、三九年より少尉として東京造兵廠に勤務した。四二年、東京帝国大学第二工学部助教授、四八年に教授となった。また五〇年より同大学付属生産技術研究所に勤務した。

学問的特徴　専門は、レンズ光学である。兵役中に光学兵器の製造・開発に携わったことが研究の方向性を決定づけたという。その後は、反射防止膜*や位相差顕微鏡*、偏光顕微鏡等の研究に従事した。

学会・社会活動　国際光学会議（ＩＣＯ）の副会長を務め、一九六四年に国内で開催された会議では、実行委員を務めた。また、応用物理学会に費用を寄付し、「光学論文賞」の創設を働きかけた。

横　顔　大学教授のなすべきこととして、「よい研究、よい教育、よい著作」の三つを挙げていた。

終　焉　一九六八年七月一〇日、東京大学付属病院で逝去した。逝去直前まで著作の執筆、推敲を続けていた。

叙勲・受賞歴等　一九六七年紫綬褒章。五九年日本学士院賞。

■主要著書　単著『光学』岩波書店、一九六四、他著書・論文多数。

■参考文献　熊谷寛夫「久保田広君の逝去を悼む」『日本物理学会誌』二三－十一、一九六八。小瀬輝次「久保田廣先生を悼む」『生産研究』二〇－十二、一九六八。

（林　道義）

久保田　譲

くぼた・ゆずる

明治時代の教育行政の体系を構築した文部官僚、政治家、男爵

居住地：鎌倉市長谷
弘化四年（一八四七）～昭和十一年（一九三六）

文部省の草創期に教育行政を担当し、普通学務局長・文部大臣・貴族院議員、枢密顧問官を歴任。

略　歴　豊岡藩校稽古堂で*池田草庵に教えを受けた後、*青谿《せいけい》書院にて学ぶ。一八六九年に日光県に出仕し、開墾方主役として県内の復興事業を担当。七一年に日光県が廃県となり、慶應義塾に入塾。七二年に文部省に出仕し、八九年に欧米に派遣される。帰国後は文部大録、普通学務局長、文部次官となり九三年に文部省を退官し、翌年貴族院議員に勅選される。一九〇三年には、第一次桂内閣の文部大臣に就任。一七年臨時教育会議副総裁、一九年臨時教育委員会会長、二九年議定官、三一年*宗秩寮審議官等を歴任する。鎌倉では、海岸通（現、由比ガ浜）に別荘をもった。

学問的特徴　ドイツの教育制度に準じた教育制度の採用を意図した学制改革論者の急先鋒となり、「学制改革同志会」を結成し、私立大学の全国での建設と大学卒業までの修業年限の短縮を唱えた。

叙勲・受賞歴等　一九〇七年男爵叙爵。三一年正二位。〇六年勲一等瑞宝章。三六年旭日桐花大章、他多数。

■主要著書　単著『教育制度改革論』帝国教育会、一八九九。「東京府下学事巡視功程」『文部省第八年報附録』文部省、一九〇〇。「神奈川埼玉群馬三県学事巡視」『文部省第九年報附録』文部省、一九〇一、等。

■参考文献　唐沢富太郎編著『図説 教育人物事典：日本教育史のなかの教育者群像　下巻』ぎょうせい、一九八四。「久保田（男爵）」霞会館華族家系大成編輯委員会『新修　旧華族家系大成　上』霞会館、一九九六。

（青木　豊）

倉田公裕

くらた・きみひろ

居住地：鎌倉市坂ノ下
大正十三年（一九二四）〜平成三〇年（二〇一八）

三重県に生まれる。美術館勤務を経て明治大学教授となる。美術研究者、博物館学者である。

略　歴　大阪外国語専門学校、関西大学文学部を卒業。サントリー美術館、山種美術館、北海道立近代美術館の創設、運営に携わる。一九七八年に明治大学文学部教授に就任、九四年に定年退職する。

学問的特徴　美術関連では、近代日本画に関する業績が多く、数々の画集の編集に携わる。博物館学においては、博物館に対する哲学的理解を土台に社会学的理解、病理学的分析などを視野に入れた体系を作り上げた。

倉田公裕と鎌倉　一九八八年、鎌倉市に転入。かねてより鏑木清方との交流があり、遺族から記念美術館の設立への協力を依頼された。開館に際して専門委員などを委嘱される。また、ボランティアの会を作り美術館への協力を継続した。

横　顔　展覧会の宣伝には口コミが大事であると札幌の一流クラブのママのところへ招待状を送った。

終　焉　偽膜性腸炎のため逝去。享年九四。

■主要著書　単著『博物館学』東京堂出版、一九七九。編著「竹内栖鳳　写生と省筆の大家」『日本の名画　一〇』講談社、一九七七。共著「上村松園の生涯と芸術」『現代日本美術全集　十三』集英社、一九七三。『新編 博物館学』東京堂出版、一九九七、他多数。

■参考文献　矢島國雄「倉田公裕」青木 豊・鷹野光行 編『博物館学史研究事典』雄山閣、二〇一七、八二―八七頁。倉田公裕『続曲臍庵随記』明治大学博物館学研究会、一九九四、九一頁。古賀忠道・徳川宗敬・樋口清之監修　倉田公裕編『博物館学講座　八　博物館教育と普及』雄山閣、一九七九、二五七頁。「倉田公裕　日本美術年鑑所載物故者記事」（東京文化財研究所）https://www.tobunken.go.jp/materials/bukko/995641.html（二〇二三年十二月十二日閲覧）。鎌倉市鏑木清方記念美術館ウェブサイト http://www.kamakura-arts.or.jp/kaburaki/wp-content/uploads/2019/10/1998-2006_27.pdf（二〇二三年十二月十二日閲覧）

（宇治清美）

厨川白村

くりやがわ・はくそん

アイルランド文学研究者を養成した英文学者

居住地：京都府京都市・鎌倉市材木座
墓地：京都・金戒光明寺
明治十三年（一八八〇）～大正十二年（一九二三）

略　歴　英文学者・文芸評論家。本名・辰夫。京都市出身。父は、維新後京都府勧業課・大阪造幣局などに勤めた。東京帝国大学*英文科在学中、小泉八雲と夏目漱石から講義を受けた。一九〇四年同大学卒業後、旧制第五高等学校*教授などを経て、一三年、京都帝国大学講師となる。一五年、左足を負傷し細菌に感染したため切断。一六年アメリカ留学後、京都帝国大学英文科助教授、ついで教授となった。

学問的特徴　日本での中心的なイェイツ*紹介者で、伊藤整らアイルランド文学研究者を輩出。『象牙の塔を出でて』・『近代の恋愛観』は、いわゆる恋愛至上主義を鼓吹したため、当時の知識層の青年に大きな影響を与えたとされる。

厨川白村と鎌倉　大正関東地震*の時に滞在していた別荘「白日村舎」（鎌倉町乱橋材木座九九六番四〈現、鎌倉市材木座五丁目三番一五号〉）は、『近代の恋愛観』の印税収入によって建設されたといい、「近代恋愛館」との通称があった。この別荘は大正地震でも無傷で、戦後も残っていたという。

終　焉　一九二三年九月一日の大正関東地震の際、鎌倉の別荘から避難の途中津波に呑まれ、救出後、翌日逝去した。

■**主要著書**　単著『小泉先生そのほか』積善館、一九一九。『象牙の塔を出でて』福永書店、一九二〇。『近代の恋愛観』改造社、一九二二。

■**参考文献**　『厨川白村全集　全六巻』改造社、一九二九。厨川蝶子「悲しき追懐―厨川白村博士の死」『女性』四－五、プラトン社、一九二三・一一。『旧土地台帳』法務局。

（浪川幹夫）

呉 文炳

くれ・ふみあき

居住地：鎌倉市腰越
明治二三年（一八九〇）～昭和五六年（一九八一）

略 歴　経済学者、経済学博士。日本大学第四代総長、貴族院議員。東京府東京市麹町区出身で、父は「国勢調査の父」と謳われた統計学者呉文聰《くれあやとし／ふみあき》である。一九一三年に慶應義塾大学部法律科を卒業。シカゴ大学とコロンビア大学へ留学後、三菱信託に勤務しながら立教大学教授、法政大学・専修大学に出講するなど信託業務の普及に努めた。三九年、日本大学商経学部教授。四六年には日本大学第四代総長に就任し、貴族院議員に勅選された。五八年に日本大学総裁となった。

学問的特徴　経済学の著書に、『投資信託の研究 米国信託業十二講』、『経済問題としての信託』、等がある。また、文学や演劇史にも関心を持ち『日本演劇の起源』などの著作を残している。さらに、江の島に関する浮世絵を収集し、『江の島錦絵集成』を著した。呉のコレクションは一九八〇年藤沢市に寄贈され、同市藤澤浮世絵館の展示資料となった。

呉文炳と鎌倉　年少期、江の島や腰越に来遊、当地で大正関東地震*に遭遇した。一九四九年には、『鎌倉考』を株式会社鎌倉文庫から出版。この頃から四〇年間ほど、腰越小学校脇に住んでいた。

■**主要著書**　単著『投資信託の研究 米国信託業十二講』久我書房。『経済問題としての信託』叢文閣。『日本演劇の起源』啓明社。『江の島錦絵集成』理想社。

■**参考文献**　日本大学百年史編纂委員会『日本大学百年史　全五巻』学校法人日本大学、一九九七～二〇〇六。染谷孝哉『鎌倉もうひとつの貌』蒼海出版、一九八〇。

（浪川幹夫）

黒板伸夫

くろいた・のぶお

居住地：鎌倉市鎌倉山　墓地：カトリック高輪教会
大正十二年（一九〇三）〜平成二七年（二〇一五）

日本古代史の研究者で、中でも平安時代の摂関政治と官職制度研究の碩学として知られる。

略　歴　日本古文書学を確立した国史学者・黒板勝美の弟で東京月島機械製作所を創業した黒板傳作の二男として東京で誕生。東京大学文学部国史学科に入学し、同大学院（旧制）修了。一九六七年に財団法人古代学協会が日本銀行京都支店（国重文）の建物を得て平安博物館を開館する際に平安時代の展示指導を行う。以降七三年まで同館の文献課、七四年から文献学研究室の非常勤職員等として勤務。その後、吉川弘文館編集部長に就任し、退職後に清泉女子大学教授就任。退任後二〇〇〇年に醍醐寺霊宝館長に就任。妻は作家・永井路子（黒板擴子）。

学問的特徴　平安時代に関する史料蒐集と厳密な註釈を通じて実証主義的な論を展開した。特に摂関政治の解明を心がけ、官職制度の上から貴族社会の本質を研究した。さらに次の鎌倉時代史との関係性も考察した。

黒板伸夫と鎌倉　同じく平安時代史専攻の歴史学者・朧谷寿（同志社女子大学名誉教授）に対して「上京の折には鎌倉山の関所を通るべし」と言って鎌倉山の自宅へ招いていたという。

叙勲・受賞歴等　二〇一六年第二七回大衆文学研究賞（大衆文学部門）。

■主要著書　単著『摂関時代史論集』吉川弘文館、一九八〇。『藤原行成』吉川弘文館、一九九四。『平安王朝の宮廷社会』吉川弘文館、一九九五。史料註釈『日本後紀』集英社、二〇〇三、他共著等も多数。

■参考文献　朧谷寿「黒板伸夫先生の想い出」公益財団法人古代学協会編『古代文化　六七－三』公益財団法人古代学協会、二〇一五。黒板伸夫・永井路子編『黒板勝美の思い出と私たちの歴史探究』吉川弘文館、二〇一五。

（盛山隆行）

小泉信三

こいずみ・しんぞう

居住地：鎌倉市小町
明治二一年（一八八八）～昭和四一年（一九六六）

東京芝区出身の経済学者、文筆家。特にリカード*やマルクス経済学について研究を行った。また、皇太子明仁親王（当時・第一二五代天皇）の教育係としても知られる。

略　歴　一九一〇年に慶應義塾大学部政治科を卒業後、同学の教員となる。研究のためイギリス・ドイツなどに留学し、帰国後教授となる。三三年から四七年まで塾長を務めた。戦後は東宮御教育常時参与を務め、慶應義塾大学名誉教授、慶應義塾評議会会議長、東宮職参与、侍従職御用掛を歴任した。

学問的特徴　リカードを中心とする自由主義を論じ、マルクス主義に批判的な立場をとった。戦後もその立場は変わらず、冷戦下では日本が自由主義陣営に身を置くべきだと主張し、共産主義を批判した。

小泉信三と鎌倉　一九一六年から鎌倉に住むが、関東大震災*をきっかけに東京三田へ戻る。

学会・社会活動　スポーツを推奨し、慶應義塾大学で庭球部長を務める他、東京六大学野球の発展に貢献した。

横　顔　一九五二年初孫の死をきっかけに六三歳で洗礼を受け、クリスチャンになる。

終　焉　一九六六年五月十一日自宅で心筋梗塞により逝去。享年七八。

叙勲・受賞歴等　一九五九年文化勲章。七六年野球殿堂特別表彰。

■**主要著書**　単著『小泉信三全集　全二八巻』文藝春秋、一九六七～一九七二、他。

■**参考文献**　小泉妙著・山内慶太他編『父　小泉信三を語る』慶応大学出版会、二〇〇八。小川原正道『小泉信三―天皇の師として、自由主義者として』中央公論新社、二〇一八。

（志村　峻）

古宇田　實

こうだ・みのる

居住地：兵庫県神戸市・鎌倉市
明治十二年（一八七九）～昭和四〇年（一九六五）

略　歴　建築家、建築史家、庭園研究家。東京市出身。一九〇二年に東京帝国大学工科大学建築学科を卒業。大学院に進み、師の辰野金吾と天沼俊一の勧めにより、西洋と日本庭園を研究した。〇五年に東京美術学校教授に就任し（一九二九年まで）。〇七年より文部技師を兼任。一九年には文部省留学生として建築装飾研究のため海外留学、同二一年に帰国し、神戸高等工業学校教授を兼任したのち、二九年から神戸高等工業学校校長に就任した。三七年法隆寺国宝保存工事事務所長を兼任し、国宝保存会委員となる。四五年、神戸高等工業学校を退官後鎌倉に住し、五〇年に杉野学園女子短期大学学長となる。このほか、東京都立大学や、京浜女子短期大学にも関与した。

学問的特徴　『建築史』の翻訳で有名。奈良・京都・鎌倉などの文化財修復にあたり、また鐘楼の設計などを手がけている。代表作は、神戸松竹座や、石清水八幡宮エジソン記念碑などで、文化財修理では、上野東照宮五重塔ほかがある。

古宇田實と鎌倉　一九四七年頃から鎌倉に住み、鎌倉市文化財専門委員、神奈川県文化財委員を歴任した。鎌倉英勝寺、小田原勝福寺の修理、静岡清水寺本堂・鐘楼・庫裡の建築や釣鐘の設計などに携わった。

■**主要著書**　共訳　フレッチャー著『建築史』岩波書店、一九一九。

■**参考文献**　『日本建築協会八十年史』日本建築協会、一九九九。

（浪川幹夫）

古賀行義

こが・ゆきよし

居住地：鎌倉市大町
明治二四年（一八九一）～昭和五四年（一九七九）

熊本市の漢学者の家に生まれた心理学者で、日本の心理学会を牽引した研究者である。心理学の数量的研究、因子分析法*を専門領域とした。筆名は、坪井潔である。

略　歴　第五高等学校から東京帝国大学*文科大学哲学科へ、一九一五年同哲学科心理学専修を修了後、同大学法科大学経済学科に進学する。一〇年に卒業し、新設の旧制名古屋高等商業学校教授（現、名古屋大学大学院経済学科研究科）となる。二一年、渡米の後、英国へ渡りロンドン大学に入学し、カール・ピアソン（英国の数理統計学者・記述統計学者）から因子分析を中心とした数学の指導を受ける。この間、イギリス、アメリカ・ドイツの諸大学の心理学者と面談する。二四年にドイツを経て帰朝する。三〇～五六年まで広島文理大学教授（現、広島大学）、学長を務める。退官後は、日本大学文理学部教授、二松学舎大学教授、城西大学教授を務めた。

学問的特徴　日本で最初に因子分析法を取り入れた幅広い心理学の研究に携わった。さらに、漢学、文学芸術などにも及ぶ。中でも「肥後先哲」に関する研究も多く、坪井潔の筆名で熊本地方雑誌『日本談義』に寄稿している。

学会・社会活動　日本応用心理学会長、日本心理学会会長、日本学術会議会員、学術奨励審議会委員を歴任する。

叙勲・受賞歴等　一九七二年第二五回熊本県近代文化功労者。

■主要著書　単著『心理学概説』建文館、一八九一。『智能相関の研究』心理学研究会出版部、一九一八、をはじめとする著書・翻訳書十二冊、論文三七篇、辞典監修三冊と業績は多い。

■参考文献　山本多喜二「古賀行義氏追悼記」『心理学研究』五〇－三、日本心理学会編集委員会編、一九七九。『20世紀日本人名辞典』日外アソシエーツ、二〇〇四。

（青木　豊）

社家として郷土保存思想に徹した郷土史家

小坂藤若

こさか・ふじわか

居住地：鎌倉市大町
明治二八年（一八九五）〜昭和五四年（一九七九）

鎌倉町大町に鎮座する八雲神社の社家として、父多満喜、母エイの間に生まれる。八雲神社宮司を務める傍ら、鎌倉町（市）職員、青年団副団長として地域活動に努めた郷土史家。神奈川県神社庁の副長官・顧問を歴任する。

略　歴　一九一四年、東京皇典講究所神職養成部教習科（一年制）に入学し、神職資格を取得。同年十二月徴兵により近衛騎兵連帯に入隊し、一七年除隊により鎌倉に帰郷する。一八年に鎌倉町役場書記となっている。二八年、父多満喜の死去に伴い八雲神社の社裳を承継する。八雲神社奉職に伴い鎌倉町書記を辞するも、三八年鎌倉町に復職し市制施行準備事務を担当している。戦中、戦後は課長職を担い、後に民生部長を経て五七年に助役に選出される。五九年、助役任期満了に伴い六三歳で鎌倉市役所を退職している。

学問的特徴　八雲神社は、在地性の神社であるところから、その社家である小坂家は所謂「別荘族」とはことなり、郷土に対する思想・観念は異質であったであろうことは十分推測できる。

小坂藤若と鎌倉　一九二一年に、青年団副団長に就任している。『随筆　あとの鵐』は鎌倉町から鎌倉市への変遷のなかで、小坂の三〇年にわたる日記・ノート類を自身が纏めたもので近代史を考える上での史料価値は高い。さらに、石橋湛山編纂『鎌倉震災誌』は、役場の書記時代に小坂が大半を執筆したもので力作である。

■主要著書　単著『随筆　あとの鵐』自費出版、一九七〇。共編著『鎌倉震災誌』鎌倉町役場、一九三〇。編著「郷土を愛するが為に」福光四郎編『鎌倉　大正十五年四月創刊號』鎌倉右文社、一九二六、など。

■参考文献　岸本洋一「近代鎌倉の青年団による史蹟指導標の建碑　副団長の記録に見る建碑の詳細」『京都芸術大学大学院紀要』一、二〇二一。『鎌倉古社寺事典』吉川弘文館、二〇一一。

（青木　豊）

児玉淳一郎

こだま・じゅんいちろう

居住地：鎌倉市材木座
弘化三年（一八四六）～大正五年（一九一六）

長州藩士、児玉伝兵衛の第三子に生まれ、長州藩士を経て明治初期の大審院判事、貴族院議員。英米法を専門とした、日本初の近代的代言人（法廷弁護士）といわれる。

略　歴　長州藩藩校明倫館で学んだ後、長崎で英語を習い一八六九年長州藩留学生として渡米し法律を学ぶ。七〇年に一旦帰朝するも、翌月さらに太政官留学生として再び渡米している。七三年に帰朝し、司法省十等出仕に任じられたが、低い地位ゆえに辞職している。福澤諭吉の慶應義塾の出版局二階に寄宿し、英米法の臨時講義を行い慶應義塾法律科初代講師に就任している。代言人となり、九〇年には大審院判事となっている。また、九四から逝去する一九一六年まで貴族院勅選議員を務めた。

学問的特徴　一八九二年、当時の大審院長の児島惟謙をはじめとする司法官が、違法な弄花（花札）賭博をおこなっていた、司法官弄花事件の告発を主導するなどの業績を残した。

叙勲・受賞歴等　一八八五年従六位、一九一六年正四位。一六年勲三等瑞宝章。

■**主要著書**　訳述『人間交法 初編巻之一 夫婦之部』養如春舎、一八七三。

■**参考文献**　人事興信所編『人事興信録 初版』人事興信所、一九〇三。村上一博「近代的代言人の登場―児玉淳一郎と中定勝―」『博法律論叢』70－2・3合併号（千葉徳夫先生追悼号）明治大学法律研究所、一九九七。村上一「福澤諭吉と「近代的代言人」児玉淳一郎」『福澤諭吉の法思想とその展開』慶應大学出版会、二〇〇一。

（青木　豊）

ユダヤ人難民を保護したヘブライ学者

小辻節三

こつじ・せつぞう

居住地：鎌倉市大町　墓地：エルサレム
明治三二年（一八九九）～昭和四八年（一九七三）

略歴　ヘブライ語学博士。京都賀茂神社神官の家に生まれた。明治学院大学でキリスト教神学のほか、英語・ラテン語・ドイツ語等を学んだ。旭川や岐阜で教会の主任牧師を務めたのち、一九二七年、家族を伴いアメリカに留学。ニューヨーク州オーバンの大学で旧約聖書研究のためヘブライ語を学び、三一年帰国した。その後は青山学院で、さらに三四年には銀座に「聖書原典研究所」を開設、ヘブライ語と旧約聖書について教鞭を執った。ナチスドイツによるユダヤ人迫害が始まった頃、四〇年から満州鉄道調査部に勤務し、松岡洋右《まつおかようすけ》総裁の顧問となって、満州国境におけるユダヤ難民の調査を実施。当地で多くのユダヤ人に接し迫害の実態を知った。のちに迫害が劇烈になると、リトアニアで杉原千畝《すぎはらちうね》が発給したビザによって、シベリアを経由し来日した六千人ほどのユダヤ人難民の保護や滞在期間の延長などに尽力。四一年頃からアメリカ出国の手助けを行った。この前年から鎌倉に居住したが軍部に監視され、四四年秋には、スパイ容疑で憲兵隊に拘束され拷問を受けた。四五年家族を伴いハルピンへ。翌年引揚げ船で帰国した。戦後は赤十字社のほか、貿易会社などに勤務しながら、ユダヤ学に関する執筆活動を行った。五九年、六〇歳でユダヤ教に改宗し、同年八月にイスラエルを訪問。六一年日本に「ヘブライ文化研究所」を立ち上げ、知識・教養としてのユダヤを広く紹介した。没後は遺言により、エルサレムに埋葬された。

■**主要著書**　単著『ユダヤ民族の姿』民族文化叢書、一九四三、目黒書店、など。

■**参考文献**　山田純大『命のビザを繋いだ男　小辻節三とユダヤ難民』NHK出版、二〇一五。

（稲田笠悟）

明治政府の教育制度を確立した法学者

木場 貞長

こば・さだたけ

居住地：兵庫県神戸市・鎌倉市
安政六年（一八五九）～昭和十九年（一九四四）

文部次官、行政裁判所評定官を歴任した官僚で、法学者である。法学博士（ハイデルベルク大学）・哲学博士（*東京大学）で、貴族院議員を務めた。

略　歴　東京大学文学部を卒業し文部省御用掛となり、大日本帝国憲法作成を目的に一八八二年*国法学行政学研究を目的にドイツに留学する。八五年ハイデルベルク大学で、心理学、法学、政治学の博士課程を修了する。帰朝後は、文部省に戻り、九九年慶應義塾大学政治科教授に就任する。政治学・比較憲法を講ずる。一方で、東京帝国大学法学部、*東京高等師範学校で講師を務めた。一九〇六年*錦鶏間《きんけいのま》祗候《しこう》となる。

学会・社会活動　*国家学会、建築学会。帰国後、文部大臣森有礼文相のもとで文部参事官として、近代国家としての教育制度の確立に尽力し学制改革にたずさわった。高等教育会議、臨時教育会議の委員も務めた。

叙勲・受賞歴等　一八九七年従四位。一九二一年正三位勲一等瑞宝章、四〇年紀元二千六百年祝典記念章等。

■主要著書　単著『日本獨逸 合級小學校』博文堂、一八八八。『教育行政』金港堂書籍、一九〇二。『日本ドイツ合級小学校』銀河書籍、一九〇二。『明治神宮意義ある参拝』博文館、一九二二。

■参考文献　石川半山「文部次官法学博士 木場貞長君」『教育界』三－五、金港堂書籍、一九〇四。『*著作権台帳』一九六三年版、社団法人日本著作権協議会、一九七二。『日本近現代人名辞典』吉川弘文館、二〇〇一。「20世紀日本人名事典」日外アソシエーツ、二〇〇四。

（青木　豊）

小林秀雄

こばやし・ひでお

川端康成らと『文学会』を創刊した文芸評論家

居住地：鎌倉市扇ガ谷・雪ノ下
明治三五年（一九〇二）〜昭和五八年（一九八三）

東京都出身の文芸評論家。

略　歴　一九二八年、東京帝国大学仏文科卒後、雑誌「改造」の懸賞論文『様々なる意匠』で文壇に登場し、翌年から『文藝春秋』に文芸時評の連載を開始する。三三年、川端康成*らと『文学界』を創刊し、三五年『私小説論』を発表し、三九年には「ドストエフスキイの生活」を刊行した。文学批評、時事的発言、陶磁器に関するエッセーをはじめ、戦後は古典芸術に傾倒し、数多の音楽や美術を論じた執筆など、日本において本格的な近代批評を初めて確立した人物として評価されている。

横　顔　詩人、中原中也と盟友。妹の夫は『のらくろ』で知られる漫画家の田河水泡。長女・明子の夫は、白洲次郎・正子の次男・兼正。

終　焉　一九六七年三月一日、東京・信濃町の慶應病院で腎不全による尿毒症と呼吸循環不全により逝去。

叙勲・受賞歴等　一九六七年文化勲章。

■主要著書　単著『無常といふ事』創元文庫、一九四六。『ゴッホの手紙』新潮社、一九五二。『近代絵画』新潮社、一九五二。『本居宣長』新潮社、一九七七、他多数。

■参考文献　「小林秀雄　日本美術年鑑所載物故者記事」東京文化財、https://www.tobunken.go.jp/materials/bukko/10278.html（閲覧日20240109）。「小林秀雄　近代日本人の肖像」国立国会図書館、https://www.ndl.go.jp/portrait/datas/6089（閲覧日20240109）。染谷孝哉『鎌倉もうひとつの顔』蒼海出版、一九八〇、六七頁。

（奥野順子）

小牧近江

こまき・おうみ

居住地：鎌倉市稲村ガ崎
明治二七年（一八九四）～昭和五三年（一九七八）

略　歴　文学者、翻訳家、社会運動史家、社会科学者、法政大学教授。現、秋田市土崎港町に生まれた。本名近江谷駉《おうみやこまき》。一九一〇年十六歳で渡仏し、一八年パリ法科大学を卒業。当時、アンリ・バルビュス（一八七三～一九三五、作家・ジャーナリスト）を中心とした平和主義的な社会主義文化運動が広がっており、これに参加した。

小牧近江と鎌倉　戦後は、鎌倉に住んで主に文筆活動を行い、シャルル・フィリップ全集などを翻訳し、回想記を執筆した。そして、一九四九年には小牧や国木田虎雄《くにきだとらお》らが中心となって「鎌倉をよくする会」を発足。平和運動を展開し、鎌倉駅前にフランス大革命の「自由の木」にちなみ「平和の木」を植えた（七一年市庁舎敷地内に移植。現存）。また、鎌倉文学館庭園に「種蒔く人」の顕彰碑がある。

学会・社会活動　帰国後、一九二一年、金子洋文《かねこようぶん》・今野賢三《いまのけんぞう》らと『種蒔く人』を、二四年『文芸戦線』を創刊。反軍国主義とロシア革命を擁護し、反戦思想を唱えコミンテルン（当時の国際共産主義運動の指導組織）の紹介をした。一九二〇年代初頭の、日本における社会主義運動のなかで起こった「アナ・ボル論争」（アナルコサンディカリスム派（無政府組合主義）対ボルシェビズム派（レーニン主義））の最中には両陣営との接触を保った。また、戦時中は仏領インドシナで民族解放運動に関与した。五一年から法政大学教授。

■参考文献　『特別展 小牧近江』鎌倉文学館、一九九三。染谷孝哉『鎌倉　もうひとつの貌』蒼海出版、一九八〇。

（浪川幹夫）

小松 太郎

こまつ・たろう

居住地：鎌倉市大町
明治三三年（一九〇〇）〜昭和四九年（一九七四）

略歴　ドイツ文学者、翻訳家。大阪府出身。一九二一年、慶應義塾大学中退。二三年から私費でドイツに留学し、ベルリン大学言語学科でドイツ文学を学んだ。二六年に帰国した後は、雑誌『三田文学』を中心に創作や翻訳を行った。なお、鎌倉では、大町の妙本寺付近に住んでいた。

学会・社会活動　三越百貨店でドイツ書籍の輸入に携わった。のちに、三菱重工に転職。そこではドイツ語の翻訳や、図書室管理などを担当し、その傍ら同時代のドイツ文学の翻訳も次々と発表した。翻訳書にヨゼフ・ロオト著『新世界叢書　脱走者フランツ—涯しなき逃走』、『世界怪談叢書一　ドイツ篇』、エーリヒ・ケストナー著『少年探偵団』などがある。

■**主要著書**　翻訳　ヨゼフ・ロオト著『新世界叢書　脱走者フランツ—涯しなき逃走』天人社、一九三〇。共訳『世界怪談叢書一　ドイツ篇』先進社、一九三一。エーリヒ・ケストナー著『少年探偵団』新潮社、一九五〇、など。

■**参考文献**　『文藝年鑑』新潮社、一九四三。染谷孝哉『鎌倉　もうひとつの貌』蒼海出版、一九八〇。

（浪川幹夫）

小山富士夫

こやま・ふじお

居住地：鎌倉市二階堂　墓地：多磨霊園
明治三三年（一九〇〇）〜昭和五〇年（一九七五）

岡山県玉島町生まれの陶磁学者・陶芸家。

略　歴　一九二三年、東京商科大学を中退後、やきものに興味を持ち、瀬戸での轆轤修行の傍ら、古陶磁の研究を始める。その後、国内外で窯跡の発掘調査を精力的に行った。四八年から東京国立博物館調査課勤務、翌年に文部技官となる。五九年には文化財保護委員会無形文化課調査官となり、いわゆる「人間国宝」の選定に携わる。六一年、「永仁の壺事件*」の責任をとって文化財保護委員会を辞し、以降は作陶生活に専念した。

学問的特徴　古窯跡の発掘調査による考古学的成果を重視し、より実証性の高い陶磁研究の礎を築いた。

小山富士夫と鎌倉　一九六六年、鎌倉市の自宅に「永福窯」を開き、作陶を行った。

学会・社会活動　陶磁史を一般読者に普及させるため、関連書籍の刊行を進めた。また、日本陶磁協会理事、出光美術館顧問、佐野美術館理事、和光大学教授など要職を務め、多くの研究者を育てた。

終　焉　一九七〇年十月七日、土岐市の自宅にて心筋梗塞のため逝去。享年七五。

叙勲・受賞歴等　一九七一年勲三等瑞宝章。

■**主要著書**　単著『小山富士夫著作集　上中下』朝日新聞社、一九七七〜七九。共編著『日本美術大系六　陶芸』講談社、一九六〇。

■**参考文献**　「小山富士雄　大壺のごとき人生」『芸術新潮』五一－十二、新潮社、二〇〇〇。『角川日本陶磁大辞典』角川書店二〇〇二。

（中野雄二）

近藤 市太郎

こんどう・いちたろう

居住地：鎌倉市材木座
明治四三年（一九一〇）～昭和三六年（一九六一）

美術史家。東京帝室博物館（現、東京国立博物館）で、浮世絵の展覧会を担当するとともに、浮世絵版画について、展示や講演会などを通して、浮世絵版画の普及啓蒙活動を実践した。

略　歴　東京都出身。一九三一年東京帝国大学文学部美術史学科を卒業。三四年十一月東京帝室博物館研究員となり、四五年鑑査官となる。五一年に普及課長、その後資料課長。

学問的特徴　日本美術史に浮世絵版画の体系的位置づけを行った大家・藤懸静也*に師事し、浮世絵を新しい観点から研究を進め、広く一般の人々にも理解することを惜しまなかった。

学会・社会活動　浮世絵の展覧会を精力的に開催。東京国立博物館のみならず、同館を後援として各地で浮世絵展を開催し、浮世絵普及のために精力的に講演会活動を続ける。北斎生誕二〇〇年記念碑を、近藤らが中心となって、北斎の墓のある台東区浅草誓教寺に建立した。

横　顔　東京国立博物館で製作した映画「桃山美術」の脚本を担当。

終　焉　一九六一年一月六日、横浜市立大学附属病院で、心臓麻痺により逝去。享年五〇。

叙勲・受賞歴等　一九六一年従四位勲五等瑞宝章。

■主要著書　単著『清親と安治　明治の光の版画家達』アトリエ社、一九四四。『北斎』美和書院、一九五三。『女の表情』鱒書房一九五六。『浮世絵』至文堂、一九五九。『日本の女』鹿島研究所出版、一九六六。

■参考文献　「近藤市太郎　日本美術年鑑所載物故者記事」（東京文化財研究所）（閲覧日二〇一四年一月一〇日）。

（杉山正司）

近藤 良薫

こんどう・りょうくん

居住地：鎌倉市由比ガ浜
嘉永元年（一八四八）〜明治三五年（一九〇二）

三河国碧南郡鷲塚村（現、碧南市）出身の医師。

略　歴　一八七三年に慶應義塾に入社し、経済と英語を学ぶ。七〇年から横浜の静々舎*で実地医学を学び、七三年から横浜病院（十全病院）で診療を担当。国の制定した試験を経て医師になったわけではなかったが、勤務履歴によって免状を得たという。七八年、野毛山に賛育病院を設立。その後、地方検疫委員、横浜医学講習所会長、神奈川県医師会横浜支部会長を歴任し、横浜医師会を牽引した。「金満家」と評され、第七十四国立銀行の取締役にも就任している。

学会・社会活動　一九九七年には、長与専斎に協力して鎌倉海浜院*を創設し、その院長となった。海浜院の敷地の多くは近藤の名義であったという。

横　顔　福澤諭吉と親しく、仲人をしてもらうほどであった。また諭吉は、療養のため、近藤を伴って熱海温泉に二週間ほど滞在したこともあった。現存する福澤諭吉の書簡の中には、近藤宛のものが一〇通ほど確認されている。

終　焉　呼吸器の病変により、一九〇二年五月十九日に逝去。

■**参考文献**　平田恵美「鎌倉海浜ホテル追憶（その1）」『近代史資料室だより』鎌倉市中央図書館、二〇一三。横浜開港資料館「館報　開港のひろば」九六、二〇〇七。微妙楼主他『開業医立志編　横浜部』一八九〇。丸山信「福澤諭吉書簡の新資料―近藤良薫宛一太郎・捨次郎米国行を知らせるもの」『史学』五三、一九八二。

（大澤　泉）

日本の中世キリスト教研究に先鞭をつけた歴史学者

今野國雄

こんの・くにお

居住地：鎌倉市
大正十二年（一九二三）〜平成十三年（二〇〇一）

宮城県出身の歴史学者で、西洋中世史、中でも精神史やキリスト教史の研究で知られる。

略　歴　一九二三年に宮城県で生まれ、五〇年に旧制東京商科大学（現、一橋大学）で中世ヨーロッパ史を専門とする上原専禄に師事した。東京商科大学卒業後、関東学院大学経済学部助教授、および同教授を経て、八三年に青山学院大学文学部史学科の教授に就任し、九一年に同職を退任するまで教鞭をとった。

学問的特徴　我が国の中世キリスト教史研究において、先駆者として数多くの論著を残したことで知られる。中でも、修道院については一九七一年の『修道院』、八一年の『修道院　祈り・禁欲・労働の源流』の二著を執筆し、前者は概説書として、後者は修道士の祈りと禁欲と労働をキーワードに、修道院の歴史をより詳細に描いた研究である。また、H・グルントマンの『中世異端史』の翻訳のほか、複数の外国書籍を翻訳・出版し、海外のキリスト教史やその思想を日本に紹介したことでも知られる。

横　顔　妻は歌人の今野さなへ（国語学者山田孝雄の息女）、子息に日本語学者の今野真二（清泉女子大学教授）がいる。

終　焉　二〇〇一年五月二三日逝去。享年七九。

■**主要著書**　単著『世界史研究双書　修道院』近藤出版社、一九七一。『西洋中世世界の発展』岩波全書、一九七九。『巡礼と聖地　キリスト教巡礼における心の探求』ペヨトル工房、一九九一、他著書・論文多数。

■**参考文献**　田村晃一「今野國雄先生　年譜と業績」『青山史学』十二、一九九一。

（中島金太郎）

今野武雄

こんの・たけお

居住地：神奈川県川崎市
明治四〇年（一九〇七）～平成二年（一九九〇）

東京都出身の政治家、数学者、科学史研究者、政治家。また、イギリスの動物学者・ランスロット・ボグベンの『百万人の数学』を翻訳したことで知られる。

略　歴　一九三一年に*東京帝国大学理学部数学科を卒業後、*東京物理学校（現、東京理科大学）、慶應義塾大学、法政大学、陸軍気象部等で教鞭を執る。また、三三年に日本共産党に入党し、*唯研《ゆいけん》事件や第二次一斉検挙等により三度逮捕される。戦後は、読売新聞論説委員を務め、民主主義科学者協会の設立に加わり、常任理事や事務局長を歴任する。その後、*鎌倉アカデミア講師、専修大学教授を務める。四九年神奈川二区から衆院選に出馬し当選、一期務める。

学会・社会活動　数学研究所設立を提唱し、数学普及に尽力した。

終　焉　一九八〇年に逝去。享年八四。

叙勲・受賞歴等　一九七九年勲二等瑞宝章。

■主要著書　単著『補習微分学』陵友社、一九三四。『科学思想史』プレブス社、一九四八。『数の博物館』新潮社、一九五〇。『現代人の数学』日本評論新社、一九五六。共編著ランスロット・ホグベン著『百万人の数学：数学上の発明の社会史的背景に立脚せる数学入門書』日本評論社、一九三九～一九四〇。

■参考文献　『新訂　政治家人名辞典　明治～昭和』日外アソシエーツ、二〇〇三。

（有山佳孝）

紺野敏文

こんの・としふみ

居住地：鎌倉市今泉
昭和十三年（一九三八）〜平成三一年（二〇一九）

東京都出身の美術史研究者で、中でも日本彫刻史の研究で知られる。

略　歴　一九六二年に慶應義塾大学文学部哲学科を卒業。七九年年同大学院文学研究科博士課程（日本美術史専攻）。八〇年奈良県教育委員会文化財保存課技師。八四年慶應義塾大学文学部助教授。九〇年同教授。二〇〇四年に定年退官する。同大名誉教授。

学問的特徴　日本彫刻史の中でも、特に平安彫刻史を中心とした論考を発表する。論考では史料を精読するとともに、造形を含めて多角的に彫刻作品を論証するだけでなく、日本彫刻史を俯瞰的な視点で検討する緻密な論証も行った。

学会・社会活動　一九九八年から文化庁文化審議会文化財分科会専門委員として、文化財の国宝指定に関わる。また、千葉県文化財保護審議委員なども歴任し、自治体の文化財保護行政に尽力した。

終　焉　二〇一九年鎌倉市の病院にて逝去。享年八一。

叙勲・受賞歴等　二〇〇四年教育文化功労賞。

■主要著書　単著『日本彫刻史の視座』中央公論美術出版、二〇〇四。『仏像好風』名著出版、二〇〇四。『奈良の仏像』アスキー新書、二〇〇九。共編著『平等院大観』岩波書店、一九八七、等他。著書・編著書・論文多数。

■参考文献　『日本美術年鑑』二〇二〇年版、中央公論美術出版、二〇二三。

（有山佳孝）

三枝博音

さいぐさ・ひろと

居住地：鎌倉市山ノ内　墓地：東慶寺
明治二五年（一八九二）～昭和三八年（一九六三）

略歴　哲学者。思想史・科学史・技術史の研究者。広島県山県郡本地村（現、北広島町）出身。一九二二年に*東京帝国大学文学部哲学科を卒業した。在学中からマルクス主義に没頭し、卒業後は東洋大学、立正大学、法政大学などで教鞭を執った。三一年ドイツに留学。帰国後は同三二年に戸坂潤《とさかじゅん》らとともに唯物論研究会を創立、機関誌『唯物論研究』の初代の編集部長となったが、三三年思想弾圧により教職を辞した。この事件を機に日本哲学思想史の本格的研究を始め、敗戦直後は*鎌倉大学校（後の*鎌倉アカデミア）の創立に参画。のち、明治大学教授や、横浜市立大学教授・学長を務めたが、六三年十一月九日に発生した、国鉄横須賀線の三重衝突事故（鶴見事故）に巻き込まれて、逝去した。なお、蔵書は横浜市立大学学術情報センターに「三枝文庫」として収蔵された。

三枝博音と鎌倉　一九四六年鎌倉市材木座の光明寺境内に設立された鎌倉アカデミアで、第二代校長を務めた。

学会・社会活動　著書に『ヘーゲル・論理の科学　其把握の為めに』、『唯物論者の倫理』、『哲学史入門』などがあり、翻訳に『ヘーゲル弁証法（原文対訳）』などがある。

■主要著書　単著『ヘーゲル・論理の科学　其把握の為めに』刀江書院、一九三一。『唯物論者の倫理』中央公論社、一九四九。『哲学史入門』創元社、一九五二～三。翻訳『ヘーゲル弁証法（原文対訳）』人文書房、一九三〇、など。

■参考文献　前川清治『三枝博音と鎌倉アカデミア』中公新書、一九九六。染谷孝哉『鎌倉　もうひとつの貌』蒼海出版、一九八〇。

（浪川幹夫）

学際的視座で上代文学を研究した国文学者

西郷信綱

さいごう・のぶつな

居住地：東京都
大正五年（一九一六）～平成二〇年（二〇〇八）

大分県出身の国文学者で、上代文学・古代文学を専門とした。横浜市立大学名誉教授を務めた。

略　歴　*東京帝国大学英文科に入学するも、斎藤茂吉の短歌に大きく感化され同大学の国文科に転科し、同大学を一九三九年に卒業している。四九～七一年の間、横浜市立大学教授を長らく務める。定年後は、法政大学教授に就任し、七〇年の学生紛争を機に法政大学を退職する。この間ロンドン大学教授も務めた。

学問的特徴　従来の国文学研究に実証的な思想と方法論を加味し、日本文学研究に革新的研究の視座を提唱した。すなわち、日本古代文学研究を歴史社会学派の視点で探究した人物であった。したがって、人類学等の隣接諸科学の成果を取り入れて、作品としての『古事記』の記載文を基本としながらも、神話を総合学的に読み解いて『古事記の世界』一九六七、『古事記研究』一九七三、『古事記注釈』一九七五～八九などを著した。

西郷信綱と鎌倉　*鎌倉アカデミアの創設時から教授を務める。

学会・社会活動　日本文学協会に所属する。*九条の会。

叙勲・受賞歴等　一九九〇年『古事記注釈』で*角川源義賞。一九九五年文化功労者。

■主要著書　単著『続日本古典読本1　古事記』日本評論社、一九四七。『国学の批判』青山書院、一九四八。『日本古代文学史』岩波書店、一九五一。『日本文学史』国民図書刊行会、一九五二。『古事記の世界』岩波新書、一九六七。『貴族文学としての万葉集』至文堂、一九七五。『古事記注釈　四』一九七五～八九。『古代人と夢』平凡社、一九七二。『古事記研究』未來社、一九七三。『古典の影』平凡社ライブラリー、一九七九。『源氏物語を読むために』平凡社ライブラリー、一九八三。

■参考文献　染谷孝哉『鎌倉　もうひとつの貌』蒼海出版、一九八〇。『日本近現代人名辞典』吉川弘文館、二〇〇一。（青木　豊）

座田　司氏

さいだ・もりうじ

居住地：京都府京都市・鎌倉市
明治十八年（一八八五）～昭和三七年（一九六二）

京都府出身の神職で、神道の研究家、特に賀茂社の研究で知られる。

略　歴　上賀茂の社家に生まれ、京都帝国大学に学び、神職となる。内務省神社局考證官となったのちに筒岡八幡宮の宮司となる。その後、賀茂別雷神社の宮司になった。

学問的特徴　神社の研究に従事し、特に賀茂社について深い造形を持つ。その範囲は賀茂神社の祖神社から末社にも及び、著書に『賀茂社祭神考』がある。鶴岡八幡宮の宮司時代には『史都鎌倉』を発行するなど鎌倉についての造形も深い。

終　焉　一九六二年に逝去。

■**主要著書**　単著『一日の旅鎌倉』京文社、一九四三。『史都鎌倉』鶴岡八幡宮社務所、一九四六。『産土神の本質』神奈川県神社庁、一九四六。『神道概論』明治図書出版社、一九四八。『賀茂社祭神考』神道史学会、一九七二、他著書・編著書・論文多数。

■**参考文献**　座田司氏『賀茂社祭神考』神道史学会、一九七二。

（二葉俊弥）

天皇の生物研究の相手を務めたカニ研究者

酒井 恒

さかい・つね

居住地：鎌倉市岡本　墓地：覚園寺
明治三六年（一九〇三）～昭和六一年（一九八六）

動物学者で、甲殻類の研究を専門とした〝カニ博士〟の異名を持つ理学博士（京都帝国大学）であった。昭和天皇への相模湾産カニ類に関する御進講がご縁で、天皇の生物研究の相談相手を務めた。

略　歴　神奈川県大井町出身で、小田原中学を経て神奈川師範学校に入学、一九二九年東京高等師範学校理科第二部を経て、三二年に東京文理科大学動物学科を卒業する。東京文理科大学附属下田臨海実験所助手、岐阜県女子師範学校教諭、神奈川県師範学校教授を経て、四九年横浜国立大学学芸部教授となり、六九年横浜国立大学を定年により退官。以後、七九年まで東京家政学院大学教授を務める。

学問的特徴　採集と分類による研究姿勢を一貫したカニの世界的研究者で、学術書・論文に留まらず学術記録『神奈川葉山海岸』や東映作品「カニの生活」などの記録映像を監修し、視聴覚教育による社会啓蒙にも努めた。

学会・社会活動　一九六一年、世界で最初となる「日本甲殻類学会」を発足し初代会長となる。七二年、カニ類・タラバガニ類の膨大な収集資料を、細密画とともに現在の神奈川県立生命の星・地球博物館へ寄贈する。「神奈川県自然保護協会」会長、「鎌倉の自然をまもる会」会長等々を歴任する。

横　顔　小田原中学時代、県下中等学校生の横浜小田原間マラソン大会で、神奈川師範学校を破り優勝する。

叙勲・受賞歴等　一九七四年勲三等旭日中綬章。七三年紺綬褒章。五二年第一回神奈川文化賞。

■主要著書　単著『日本蟹類圖説』三省堂、一九三六。『相模湾産蟹類』丸善、一九六五、他多数。

■参考文献　伊藤十治「酒井先生への思い出」『CANCER』二、日本甲殻類学会、一九九二。

（青木　豊）

万葉集の社会への啓蒙に務めた国文学者

阪下圭八

さかした・けいはち

居住地：不詳
昭和二年（一九二七）〜平成二三年（二〇一一）

＊鎌倉アカデミアで、国文学者の西郷信綱（横浜市立大学名誉教授）の薫陶を受け、古代日本文学を専門とした文学研究者である。

略　歴　東京市に生まれ、一九五〇年に鎌倉アカデミア文学科の卒業を経て、法政大学文学部日本文学科に入学し、同大学を卒業する。五三年から日本文学協会勤務を経て、五九年に法政大学文学部助手となる。六二年に法政大学大学院博士課程単位取得満期退学し、東京経済大学専任講師に就任する。助教授を経て、七二年に教授となり、八八年の定年退職に伴い名誉教授となる。

学問的特徴　古事記・日本書紀・万葉集を中心とした上代文学の研究に留まらず、古典の社会への啓蒙を目的に左記の『注釈万葉集〈選〉』や『歴史の読み方』などを記した。

学会・社会活動　日本文学協会委員、上代文学会理事・古事記学会理事、日本歌謡学会評議員等を歴任した。

■主要著書　単著『初期万葉』（平凡社選書　五七）平凡社、一九七八。『歴史のなかの言葉―言葉のなかの歴史』朝日新聞社、一九八九。『歴史の読み方』朝日新聞社、一九九二。『ことばの散歩道―古事記からサラダ記念日まで―』朝日新聞社、一九九五、など。共編著『日本文学論　1』新日本出版社、一九七七。『防人歌の基礎構造』筑摩書房、一九八四。『記紀の世界―神話と歴史の間―』朝日新聞社、一九九二、など。共著は、二五冊を数える。論文多数。

■参考文献　村田郁夫「阪下圭八教授退任記念号の発刊に寄せて」『人文自然科学論集』No.一〇七　一九九九。「わが友阪下圭八さん」『日本文学』六一－四、日本文学協会。

（青木　豊）

佐佐木信綱

ささき・のぶつな

居住地：鎌倉市大町・静岡県熱海市　墓地：谷中霊園
明治五年（一八七二）～昭和三八年（一九六三）

略歴　歌人・国文学者・日本学士院会員等。現、鈴鹿市石薬師町に生まれた。一八八二年に上京、高崎正風《たかさきまさかぜ》（旧薩摩藩士・官僚・歌人（一八三六～一九一二））に歌を学ぶ。九六年、歌誌『いささ川』を創刊し、与謝野鉄幹らと新詩会をおこして、新体詩集『この花』を刊行した。また、木下利玄《きのしたりげん》、川田順、相馬御風《そうまぎょふう》ら歌人の育成にあたったほか、御歌所寄人《おうたどころよりうど》として、皇族への歌の指導や歌会始《うたかいはじめ》撰者を務めた。

学問的特徴　『元暦校本万葉集』『西本願寺本万葉集』などの古写本の探索にあたったほか、『日本歌学史』、『和歌史の研究』などを刊行して和歌の歴史体系を構築し、近代万葉集研究の礎を築いた。また、『萬葉集の研究 仙覺及び仙覺以前の萬葉集の研究』などで、鎌倉時代初期の万葉集研究を紹介したほか（仙覺（生没年未詳）は天台宗の学問僧で、万葉集諸本を校合し註釈を加え『萬葉集註釈』を編纂した）、『英訳万葉集』などを通じて海外にも万葉集を流布させた。

佐佐木信綱と鎌倉　佐佐木は、一九二〇年鎌倉大町に「溯川草堂」を設けて執筆の場とし、二年刊ほどここに住んだという。

■**主要著書**　単著『日本歌学史』博文館、一九一〇。『和歌史の研究』大日本学術協会、一九一五。『萬葉集の研究 仙覺及び仙覺以前の萬葉集の研究』岩波書店、一九四二、など多数。

■**参考文献**　佐佐木幸綱『佐佐木信綱』短歌シリーズ人と作品二、桜楓社、一九八二。染谷孝哉『鎌倉　もうひとつの貌』蒼海出版、一九八〇。

（浪川幹夫）

さ

佐藤　運雄

さとう・かずお

居住地：鎌倉市材木座
明治十二年（一八七九）～昭和二九年（一九六四）

東京市本所区出身の医学博士号を有する歯学者で、日本大学歯学部の創設者である。

略　歴　近藤緑次の三男として生まれ、一〇歳で東京日本橋の歯科医佐藤重の養子となる。東京府尋常中学校（現、日比谷高等学校）を経て、九八年に高山歯科医学院*（現、東京歯科大学）を卒業。一九〇〇～〇三アメリカに留学し、〇一年にレーキフォレスト大学歯学部（現、ロヨラ大学）でDDS（Doctor of Dental Surgery）を取得した後、〇三年にシカゴ大学・ラッシュ医科大学を卒業する。帰国後は東京歯科医学院・東京帝国医科大学講師に就任し、〇八～十二年まで南満州鉄道大連病院長兼南満医学堂教授。一六年に、東洋医師学校（現、日本大学歯学部）を設立し、二一年に創立された日本大学専門部歯科長に就任。四三年に日本大学学長・理事長。

学問的特徴　〝医歯一元論〟の思想のもと、歯科を単に歯科学の中で捉えるのではなく、医学全体での把握の必要性と、技術の習得のみならず広い視野と豊かな人間性の涵養を教育の基本理念として東洋医師学校を設立した。

学会・社会活動　日本歯科医師会会長、医道審議会委員、社会保障制度審議会、一九五七年～国際歯科学士院会員。

■主要著書　単著『歯牙充填学』歯科月報社、一九〇九。『歯科薬物学』歯科月報社、一九三四。『口腔と全身性疾患』日本歯科医師会、一九五三、など多数。共著『歯科薬理学』日大歯学部歯学研究部、一九五四、など。編著『医学歯学辞典：和・英・独・羅』日大歯学部歯学研究部、一九五八。

■参考文献　「日本大学歯学部創設者佐藤運雄先生の医術・歯科医術開業免状について」四八－三。工藤逸郎・三宅正彦・見崎徹・金山利吉・西山實・若松佳子・佐藤孜「東洋歯科医学専門学校の日本大学への合併迄の経緯とその後の展開―主な関係者を中心に―」『日本歯科医史学々誌』二四－二。

（青木　豊）

佐藤 善治郎

さとう・ぜんじろう

居住地：鎌倉市扇ガ谷
明治三年（一八七〇）～昭和三二年（一九五七）

千葉県出身の教育者、教育学者。

略　歴　一八八五年に地元小学校を卒業後、補助教員を経て千葉師範学校、東京高等師範学校と学び、卒業後は神奈川師範学校教諭、神奈川師範学校附属小学校主事、私立穂小浜高等女学校校長を歴任する。一九一四年に横浜実科女学校、二二年に精華小学校を設立するなど、自ら学校経営も担った。

学問的特徴　教鞭をとる傍ら、一八九九年には自らの社会教育論をまとめた『最近社会教育法』を出版するなど、教育学研究に精力的に取り組んだ。

学会・社会活動　長年の教育活動が認められ、文部省の依頼を受け一九三二年に約半年をかけて英国私立教育の視察旅行を敢行し、英国イートン校、ウエスト・ミンスター中学などを視察している。

横　顔　在住する神奈川県の郷土研究も精力的に行い、鎌倉時代史研究を盛んに行ったほか、一九〇六年には三浦半島初の観光ガイドブック『三浦大観』（一九〇六）を執筆、晩年は神奈川県史跡名勝天然記念物調査委員を務めた。

終　焉　一九五七年に逝去。享年八六。

■主要著書　単著『最近社会教育法』同文館、一八九九。『鎌倉武士』神奈川高等女学校、一九三八。『上代帝都の史蹟』三教書院、一九四〇。『かまくら：史跡めぐり』明治書院、一九五七、他多数。

■参考文献　佐藤善治郎『自叙伝』明治天皇聖徳奉讃会出版部、一九四三。

（桝渕彰太郎）

哲学に俗語の取り入れを主張した哲学者

佐藤信衛

さとう・のぶえ

居住地：鎌倉市極楽寺
明治三八年（一九〇五）～平成元年（一九八九）

茨城県水戸生まれの哲学者・文芸評論家・同人作家であり、文学博士（「考巻一新論理学」「考巻二科学の方法と分類」）である。

略　歴　一九二二年*旧制第一高等学校（現、*東京大学教養部）入学を経て、一九二八年東京帝国大学文学部哲学科卒業する。同年*東京女子高等師範学校（現、お茶の水女子大学）講師となり、三七年法政大学法文学部講師、四〇年同専任講師、五一年同文学部教授に就任。七二年に法政大学を定年退職し、同大名誉教授。

学問的特徴　ギリシャ哲学から西洋哲学に軸足を置きながらも、中国哲学を含めるなど広い視野での立ち位置が特徴であり、さらに哲学に俗語を取り入れることを主張した研究者であった。

学会・社会活動　*哲学会委員。一九三三年『哲学雑誌』（哲学会編緝、岩波書店発行）編輯者。三七年『文学界』同人となる。六九年大学在外研究員としてアメリカ・ヨーロッパ学術視察。

叙勲・受賞歴等　一九七六年勲四等瑞宝章。

■主要著書　単著『自然の認識に於ける原理 自然科学の基礎について』鉄塔書院、一九三二。『文化のため 評論集』日本評論社、一九三八。『岡倉天心（日本思想家選集）』新潮社、一九四四。『西田幾多郎と三木清』中央公論社、一九四七。『理知の人』中央公論社、一九三九、など多数。

■参考文献　竹内昭「佐藤信衛著作目録」『法政大学教養学部紀要　人文科学編』一九九〇。「20世紀日本人名事典」日外アソシエーツ、二〇〇四。

（尾崎雅子）

佐藤 正彰

さとう・まさあき

鎌倉ペンクラブを立ち上げた仏文学者

居住地：鎌倉市山ノ内　墓地：浄智寺
明治三八年（一九〇五）～昭和五〇年（一九七五）

東京生まれの仏文学者。*ボードレール、*ポール・ヴァレリー研究の第一人者。

略　歴　一九三二年に*東京大学仏文科を卒業。法政大学講師等を経て、四九年に明治大学教授となった後、渡仏を経験した。

学問的特徴　ボードレール、ポール・ヴァレリーなどの翻訳本を数多く出版し、フランス文学を紹介した先駆者の一人。

佐藤正彰と鎌倉　同大学の仏文科出身であった小林秀雄は学生時代からの友人で、鎌倉でともに活動した。また*鎌倉アカデミアで教鞭をとった中村光夫の他、小林秀雄の友人である中原中也、久米正雄以下鎌倉文士の面々とも親しくし、自身も文士の一人に数えられる。*鎌倉ペンクラブの発足時には林房雄とともに幹事を務めた。

終　焉　一九七五年十一月一日に、食道癌のため自宅で逝去。

叙勲・受賞歴等　一九七二年紫綬褒章。六〇年『千一夜物語』全二六冊（渡辺一夫、岡部政孝と共訳）で第十一回読売文学賞。七五年『ボードレール雑話』で第二六回読売文学賞。

■主要著書　単著『ヴァレリイ篇 世界文豪読本』第一書房、一九三八。『ボードレール 鑑賞世界名詩選』筑摩書房、一九五六。『ボードレール雑話』筑摩書房、一九七四。『フランス文学雑話』佐藤正彰文集刊行会、一九九七、他著書・翻訳多数。

■参考文献　染谷孝哉『鎌倉　もうひとつの貌』蒼海出版、一九八〇年。吉田凞生「佐藤正彰」項『日本近代文学大事典』一九八四。

（大澤　泉）

鎌倉大仏の研究を牽引した宗教学者

佐藤 密雄

さとう・みつお

居住地：鎌倉市長谷
明治三四年（一九〇一）～平成十二年（二〇〇〇）

富山県高島市生まれの宗教学者。

略　歴　京都の仏教専門学校（現、仏教大学）を卒業後、大正大学仏教学科の一期生となり卒業。四七年に大正大学教授、五五年には同大学図書館長となり、一九六〇年に学位を取得。六三～六六年まで同大学の学長を務めた。七二年に大正大学を退職すると、同年には仏教大学の教授、七七年からの三年間、総本山知恩院の副門跡となる。鎌倉高徳院の住職。

学問的特徴　律蔵研究を牽引し、特に戒律を中心に原始仏教教団、阿毘達磨などの研究を行った。

佐藤密雄と鎌倉　一九四一年に鎌倉高徳院の住職となり、九四年から半年の準備期間を経て、鎌倉大仏に関する総合的研究と資料収集を目指す「鎌倉大佛史研究会」を発足させ、当会の代表となった。

終　焉　二〇〇〇年六月十五日に逝去。

叙勲・受賞歴等　一九七二年勲三等瑞宝章。九一年仏道伝道功労賞*。

■主要著書　単著『原始仏教教団の研究』山喜房仏書林、一九六三。『仏教教団の成立と展開』教育新潮社、一九六七。『仏典講座四一』大蔵出版、一九七八。『無量寿経講話改版』山喜房仏書林、一九八一、他著書・編著書・論文多数。

■参考文献　真野龍海・宮林昭彦他「追悼　元知恩院副門跡鎌倉大仏の佐藤密雄上人逝く」『浄土』六六－九、二〇〇〇。小林正孝「佐藤密雄」『新纂浄土宗大辞典』浄土宗、二〇一六。

（大澤　泉）

佐成謙太郎

さなり・けんたろう

居住地：不詳
明治二三年（一八九〇）～昭和四一年（一九六六）

滋賀県彦根市出身の能楽研究者であり、国文学の大家。

略　歴　一八九〇年に佐成藤二郎の長男として誕生。一九一二年に東京高等師範学校*を卒業後、京都帝国大学文学部に入学。東京帝国大学大学院*を経て二四年に女子学習院の教授となり、六〇年の退官まで務めた。三九年には同校の教務課長となっている。この間、日本学術振興会委員を委嘱されたほか、戦後には大東文化大学の教授、四七年には鎌倉女学院の理事長に就任した。

学問的特徴　古代・中世の日本文学の著書を残した。特に謡曲文学を深く研究し、一九三〇～三一年に完成した『謡曲大観　全七巻』は、現在でも謡曲研究の基本図書に位置づけられている。また大正時代までの鎌倉を記録した『鎌倉名勝誌』を刊行している。

学会・社会活動　戦後の困難な時期に鎌倉女学院の理事長となり、その運営に尽力した。学制改革に伴い、一九四八年に鎌倉高等女学校を「財団法人鎌倉女学院」に改称。高等学校・中学校設立の認可を得た。続く五一年には学校法人鎌倉女学院設立し、戦後の危機を乗り越えた。

終　焉　一九六六年に逝去。享年七五。

■主要著書　単著『対訳源氏物語』明治書院、一九五一～五三。『増鏡通釈』星野書店、一九三八。『謡曲大観』明治書院、一九三〇～三一。『鎌倉名勝誌』鎌倉名勝誌発行所、一九一六、他著書・編著書・論文多数。

■参考文献　『鎌倉そして鎌女』鎌倉女学院、一九八一。『鎌倉市史』吉川弘文館、一九八五。

（大澤　泉）

実吉　安純

さねよし・やすずみ

居住地：鎌倉市大町
嘉永元年（一八四八）～昭和七年（一九三二）

薩摩藩士実吉安福の次男として生まれ、戊辰戦争・西南戦争に出征している。海軍軍医中将を務めた医学者で医学博士である。子爵で、貴族院議員も歴任している。

略　歴　薩摩藩医池上祥斎に入門し、一八六九年に下総佐倉の順天堂*への入塾を経て、大学東校*に入学する。八五七一年に海軍病院に出仕し、七九年イギリスへの留学でロンドンの聖トマス病院医学校で西洋医学を学ぶ。八五年に帰朝し八六年海軍軍医学校教授に就任している。九二年に海軍軍医総監に進級し、海軍中央衛生会議議長、八九海軍軍医学校長、九七年には海軍省医務局長、大本営海軍医務部長を歴任し、一五年に退役している。二〇年に、東京慈恵会医院専門学校校長（現、東京慈恵医科大学）に就任した。貴族院議員、日本赤十字社評議員、日本医師共済生命保険社長等を歴任している。

学問的特徴　慈恵医大の創設者である高木兼寛*と海軍の脚気撲滅に尽力したことで知られる。

叙勲・受賞歴等　一九〇〇年に日清戦争の功績により男爵、〇七年に日露戦争の功績により子爵に昇爵。一八七五年従七位、一九一四年正三位、三二年正二位。〇四年勲一等旭日大綬章、功二級金鵄勲章、一八九七年神聖スタニスラス星章付第二等勲章。

■**参考文献**　秦郁彦編『日本陸海軍総合事典』東京大学出版会、二〇〇五。外山操編『陸海軍将官人事総覧』芙蓉書房出版、一九八一。『20世紀日本人名事典』日外アソシエーツ、二〇〇四。島本千也『鎌倉別荘物語　明治・大正期のリゾート都市』私家版、一九九三。

（青木　豊）

佐野利器

さの・としかた

居住地：鎌倉市長谷
明治十三年（一八八〇）～昭和三一年（一九五六）

山形県白鷹町出身の耐震建築構造学者で、我が国での〝建築構造学〟を確立した研究者である。

略　歴　父山口三郎兵衛の死去に伴い佐野家の養子となり、名も保平から利器と改めた。一九〇三年に*東京帝国大学工学部建築科を卒業し、同大大学院を経て同大助教授となる。一五年に「家屋耐震構造論」により工学博士を授与される。一八年教授となり、四一年に退官し名誉教授となる。日本大学高等工学校（現、日本大学理工学部）の設立に関わり、初代校長に就任する。一方で、宮内省工務課長・帝都復興院理事・東京都建築局長・東京市政調査会理事・生活科学化協会長等々を歴任した。代表的設計建築は、明治神宮外苑競技場（一九二四）、旧岐阜県庁舎（一九一七）、神奈川県庁舎（一九二八）など。

学問的特徴　建築構造学を確立した一人で家屋耐震構造論は著名であったが、一九二三年九月に起こった*関東大震災の後、帝都復興院が設置されると理事兼局長として専門性を発揮した功績は特筆される。

学会・社会活動　日本建築学会長。五〇年学士院会員。

叙勲・受賞歴等　一九一八年勲六等瑞宝章。三〇年帝都復興記念賞。

■主要著作　単著『家屋耐震構造論』丸善、一九一四。『震災豫防調査会報告』八三－甲二、震災豫防調査會、一九一七。共著『現在都市の問題』冬夏社、一九二一。「我国将来の建築様式を如何にスベキヤ」『建築雑誌』一九一〇。

■参考文献　「佐野利器」『日本美術年鑑』一九五七。『佐野博士追想録』佐野博士追想録編集委員会、一九五七。

（青木　豊）

澤壽郎

さわ・じゅろう

居住地：鎌倉市
明治三六年（一九〇三）～昭和六三年（一九八八）

幼いころより鎌倉市に住み、鎌倉市役所に入り、中央図書館長も務めた郷土史家。

略　歴　東京生まれだが、五歳のころより鎌倉に住む。上智大学文学部独文学科を卒業。在学中に大仏次郎と知り合い、歴史物の資料収集を助けた。雑誌編集稼業ののち、五一年から鎌倉市役所に勤務。教育課長、社会教育課長、市立中央図書館長を歴任して四三年退職した。同年には神奈川文化賞（学術）を受賞。以後、鎌倉市教育委員会文化財保護課嘱託となる。

澤壽郎と鎌倉　鎌倉市内に現存する文書・記録などを旧村ごとにまとめた史料集『鎌倉近世史料』を編集し、鎌倉の近世研究に大きく貢献した。また『鎌倉古絵図・紀行』では、現存する鎌倉の古絵図について、詳細な検討を行っている。

■主要著書　単著『かまくらむかしばなし』かまくら春秋社、一九七五。『鎌倉史跡見学』岩波書店、一九七九。共著『鎌倉古絵図・紀行』東京美術、一九七六。編著『鎌倉近世史料』鎌倉市教育委員会、一九六七。『鎌倉　史蹟めぐり会記録』鎌倉文化研究会、一九七二。『ふるさとの想い出47写真集明治大正昭和鎌倉』国書刊行会、一九七九、他著書・編著書多数。

■参考文献　『鎌倉図書館百年史』鎌倉市教育委員会・鎌倉市中央図書館、二〇一一。

（山本みなみ）

わが国の西洋美術史の基礎を固めた研究者

澤木四方吉

さわき・よもきち

居住地：鎌倉市扇ガ谷　墓地：横浜市・総持寺（のち、郷里旧澤木別邸内の大龍寺に改葬）
明治十九年（一八八六）～昭和五年（一九三〇）

略　歴　西洋美術史家。慶應義塾大学部文学科、美術・美術史科の初代教授。筆名、澤木梢《こずえ》。秋田県男鹿市の出身。西洋美術史をわが国に初めて紹介し学問としての基礎を固めたほか、ミロのヴィーナスを紹介した。一九〇九年慶應義塾大学部文学科を卒業。一二～一六年まで、同大学海外留学生として渡欧し、ベルリン、ミュンヘンで同時代の新しい芸術運動に接して審美学を中心に学んだ。第一次世界大戦勃発後、ロンドン、パリを経てフィレンツェ、ローマに拠点を移しイタリア美術を学んだ。パリでは、島崎藤村と同じ下宿先に宿泊したという、留学中には山田耕筰、小牧近江らとも親交を深めた。帰国後は、研究対象がルネサンス美術からギリシャ美術に移った。慶應義塾大学を、現在に続く美術史研究の重要拠点に育てたとされる。一九年東京帝国大学講師*となり、ギリシャ美術史を講じたほか、『三田文学』に関与して、第二代主幹となった。なお、澤木は、留学時代からの病気が悪化したため、一時、藤沢市の、かつて芥川龍之介が居た家に住んだという。

■主要著書　単著『美術の都』日本美術学院、一九一七。「アフロディーテ（ミロのヴィーナス）の脱衣」『中央美術』中央美術社、一九一七・七。『西洋美術史研究 上　ギリシャの部』岩波書店、一九三一、など。

■参考文献　渡辺誠一郎『俊秀・沢木四方吉』秋田魁新報社、一九八五。

（浪川幹夫）

さ

渋江 二郎

しぶえ・じろう

明治四二年（一九〇九）～昭和四六年（一九七一）
居住地：不詳

長崎県平戸市生まれ。一九三四年、東京帝国大学文学部美学美術史学科卒業。鎌倉国宝館館長、美術史家。

略　歴　東洋陶磁研究所嘱託を経て、一九三九年帝室博物館第一回公募技手に採用され、四三年まで帝室博物館に勤務する。四三年四月陸軍省嘱託マレー軍政監部ペラ州政庁に配属、タイピン博物館長となる。四六年に帰国、鎌倉国宝館館長となり、現在の鎌倉国宝館の礎を築いた。鎌倉国宝館に奉職し、のちに京都国立博物館の技手となる漆芸史研究者灰野昭郎に「鎌倉彫」の研究を勧めたのは、当時の館長渋江であった。

学問的特徴　主に鎌倉を中心とする東国の彫刻史研究。

学会・社会活動　横浜国立大学講師、神奈川県文化財専門委員などを務めた。

横　顔　趣味であった絵をアマチュア画家集団の「デフォルメ会」で描き、時には仏像も彫った博物館人である。「現世を愛でながらその人生に対しては厳しく孤独な内省をいつも続けて来た哲人」とも評された。

終　焉　鎌倉国宝館現職時の一九七一年に逝去。享年六二。

■**主要著書**　単著『鎌倉・三浦半島の旅』社会思想社、一九六五。『日向薬師』中央公論美術出版、一九六五。『鎌倉の古絵図』鎌倉国宝館、一九六八～一九七〇。『鎌倉の歴史と美術』有隣堂、一九七二。『鎌倉彫刻史の研究』有隣堂、一九七四。

■**参考文献**
渋江二郎『鎌倉の歴史と美術』有隣堂、一九七二。灰野昭郎「私の漆」『学叢』二六、二〇〇四。

（落合広倫）

澁澤龍彦

しぶさわ・たつひこ

居住地：鎌倉市山ノ内　墓地：浄智寺
昭和三年（一九二八）～昭和六二年（一九八七）

略　歴　小説家、フランス文学者、評論家。本名、龍雄《たつお》。東京市芝区車町（現、東京都港区高輪）出身。渋沢栄一は龍彦の縁者である。旧制浦和高校時代から、フランス語を習得。一九五三年に東京大学文学部仏文科を卒業した。五四年、最初の訳書『大跨びらき』を上梓、この時初めて「澁澤龍彦」の筆名を用いた。五五年には友人の出口裕弘らと同人誌『ジャンル』を結成し、「撲滅の賦」などの小説を書いた。六一年、わいせつ文書販売および同所持の容疑で、当時の現代思潮社社長と共に在宅起訴され、以後九年間に亘っていわゆる「悪徳の栄え事件」（サド裁判）の被告人となった。

学問的特徴　マルキ・ド・サドを日本に紹介したひとりとして知られる。なお、三島由紀夫と親交があったほか、六五年には、雑誌『新婦人』でハンス・ベルメールの球体関節人形を紹介、人形作家四谷シモンは影響を受けて、球体関節人形を作りはじめたという。

澁澤龍彦と鎌倉　鎌倉では、明月院近くの山の中腹に住んだ。そこには、サドの書簡のほか、髑髏や四谷シモンの人形などが飾られていた。

■主要著書　単著『サド侯爵の生涯　牢獄文学者はいかにして誕生したか』桃源選書、桃源社、一九六五。『快楽主義の哲学　現代人の生き甲斐を探求する』光文社カッパ・ブックス、一九六五。『エロティシズム』桃源社、一九六七。翻訳　ジャン・コクトー『大跨びらき』白水社、一九五四、など多数。

■参考文献　『特別展　澁澤龍彦展』鎌倉文学館、一九九〇。

（浪川幹夫）

島津久基

しまづ・ひさもと

居住地：鎌倉市大町
明治二四年（一八九一）〜昭和二四年（一九四九）

略歴　国文学者、東京大学文学部教授。鹿児島県の出身。旧薩摩藩主島津家の分家筋である。一九一六年に東京帝国大学文科大学を卒業した。旧制第一高等学校教授ののち、東京帝国大学助教授を務めた（四〇年まで）。その後病を得て一時公職から退くが、再度公職に就き東洋大学教授となり、一九四三年からは東京帝国大学教授となった。

学問的特徴　『源氏物語』研究で知られ、古代・中世の伝説・説話・物語文学も研究した。

島津久基と鎌倉　『鎌倉つれづれ草』（矢島書房、一九四七）によれば、鎌倉では、一九四七年から鎌倉市「大町の仮寓に」住んだとある。ここは、大町九〇六番で、僅かな期間であったという。

■**主要著書**　単著『源氏物語 紫式部』中興館、一九二一。『中世文学選』中興館、一九二八。『紫式部』日本文学者評伝全書、青梧堂、一九四三、など。

■**参考文献**　『二十世紀日本人名事典』日外アソシエーツ、二〇〇四。染谷孝哉『鎌倉　もうひとつの貌』蒼海出版、一九八〇。

（浪川幹夫）

白井永二

しらい・えいじ

居住地：鎌倉市雪ノ下
大正四年（一九一五）～平成二〇年（二〇〇八）

略　歴　民俗学者、神職。愛知県豊橋出身。國學院大學国文科の卒業である。折口信夫《おりくちしのぶ》に師事して祝詞を研究したほか、鶴岡八幡宮に勤務して、のち同宮宮司となった。そして、一九八九～九五年まで神社本庁総長を務めた。

白井永二と鎌倉　鎌倉八幡宮宮司を務めるかたわら、江戸時代の本草学者、旅行家の菅江真澄《すがえますみ》（一七五四～一八二九）などの研究を行った。また、吉田神道の萩原兼従《はぎわらかねより》に学び、保科正之《ほしなまさゆき》（一六一一～七二）はじめとする諸大名に講説を行った、江戸時代の神道学者吉川惟足《よしかわこれたり》（一六一六～九四）が鎌倉に来遊したことを突きとめた。なお、惟足は、一六七九年『神代之系譜』や一六九二年に前田綱紀《まえだつなのり》に授けた秘伝書『翁之大事』（神代神楽の作法）を執筆した人物である。

■**主要著書**　単著「鎌倉に於ける吉川惟足」『國學院雑誌』七三－三、國學院大學、一九六二。『鎌倉市文化財資料 第一集 鎌倉神楽』鎌倉市教育委員会、一九六二。「鎌倉に於ける吉川惟足―補遺」『鎌倉』八八、鎌倉文化研究会、一九九九。『菅江真澄の新研究』おうふう、二〇〇六、など。

■**参考文献**　『現代物故者事典　二〇〇六～二〇〇八』日外アソシエーツ、二〇〇九。

（稲田笠悟）

白石　孝

しらいし・たかし

居住地：鎌倉市材木座
大正一〇年（一九二一）〜平成二五年（二〇一三）

東京日本橋生まれの経済学者。

略　歴　一九四三年に慶應大学経済学部経済科卒業。南汽船株式会社に入社するも兵役となり、戦後の四五年に慶應義塾大学旧制大学院に入学。副手・臨時講師を経て四九年に同大学商学部の教授となる。その後、留学を二度経験し、七五年に商学部長となる。八四年には杏林大学の設立にも尽力。社会科学部部長を兼任した。八七年に慶應義塾大学を退職し、名誉教授となった。江戸・東京の商業史に関する著書も多い。

学問的特徴　経済学の中でも、戦後の国際経済学や貿易学を牽引。学説史と貿易政策の歴史を追求し、その業績は国内外でも高く評価された。慶應大学商学部成立以来三〇年にわたって在任し、その発展に寄与した。

横　顔　大学卒業後に兵役。終戦後に焼け野原となった母校を訪れ、学問への郷愁を感じたことを契機に、学問の道へ進むことを決意したという。常に身なりを整え、スマートで典型的な慶應ボーイであったと評される。

終　焉　二〇一三年に逝去。享年九二。

■**主要著書**　単著『国際貿易の基礎理論』泉文堂、一九四九。『貿易政策要論』泉文堂、一九四九。『現代貿易新講』泉文堂、一九五二。『国際貿易論』東洋経済新報社、一九六九。『経済革新と競争の世界―経済発展と対外投資―』秀潤社、一九七六。『戦後日本通商政策史』税務経理協会、一九八三、他著書・編著書・論文多数。

■**参考文献**　白石孝「私と国際経済学　最終講義」。清水龍瑩「序」「白石孝名誉教授略歴および業績リスト」『三田商学研究』三〇―一、一九八七。

（大澤　泉）

ロシア・フランス文学に卓越した文学者

神西　清

じんざい・きよし

居住地：鎌倉市二階堂　墓地：東慶寺
明治三六年（一九〇三）～昭和三二年（一九五七）

東京府牛込生まれの露西亜文学者・文芸評論家・翻訳家である。英仏露の三ヶ国語に長じていたところから、訳書が多く認められる。

略　歴　一九一〇年に東京市麹町番長小学校を卒業し、一六年東京府立第四中学*（現、戸山高校）に入学する。二〇年に第一高等学校*理科甲類に入学し、当初は建築学志望であったが堀辰雄との知遇を得て文学への思いが高まり中退し、東京外国語学校露語部文科（現、東京外国語大学）へ転学する。二八年に同大学を卒業し、同年北海道大学図書館嘱託を務めた後、京電機日報社・ソ連通商部（一九二九～三二）を経て文筆活動に専念した。

学問的特徴　チェーホフ・ドストエフスキー・プーシキン・ガルシン・ゴーリキーなどのロシア・フランス文学の翻訳に卓越した業績を残した。

神西清と鎌倉　一九三四年に鎌倉へ転居する。四六年に鎌倉材木座光明寺に設立された鎌倉アカデミア*の講師を務める。六四年、鎌倉を舞台にした小説『鎌倉の女』を執筆する。

終　焉　一九五七年三月、舌癌により二階堂の自宅で逝去。享年五三。

叙勲・受賞歴等　一九三七年「翻訳の業績」で、第三回池谷信三郎賞。五一年芸術選奨文部大臣賞。神奈川県立近代文学館に遺稿等一括保存。兵庫県立美術館「ネットミュージアム兵庫文学館」で紹介。

■主要著作　単著『神西清全集（全六巻）』文治堂書店、一九七六。翻訳　ドストエーフスキイ著『永遠の夫』岩波文庫、一九五二。チェーホフ著『犬を連れた奥さん』春陽堂、一九三三、など多数。

■参考文献　石内徹編『神西清蔵書目録』日本図書センター、一九九三。

（青木　豊）

末松謙澄

すえまつ・けんちょう

居住地：鎌倉市扇ガ谷
安政二年（一八五五）〜大正九年（一九二〇）

豊前国京都郡前田村（現、福岡県行橋市）出身のジャーナリスト・政治家・歴史家である。幼名は千松（線松）で、別読みは謙澄《のりずみ》、号は青萍《せいひょう》と称した。文学博士・法学博士で子爵、衆議院議員を務め、逓信大臣・内務大臣などを歴任した。

略　歴　一八六五年、地元の碩学村上仏山の私塾水哉園*で漢学・国学を学び、七一年上京する。七二年に東京*高等師範学校に入学するも同年中に中退し、東京日日新聞に入社する。一九一一年に在英公使館書記となり、ケンブリッジ大学で学ぶ。帰国後、二〇年に内務省県治局長、二五年法制局長官、二九年には貴族院議員となる。三一年に第三次伊藤内閣逓相、三三年第四次伊藤内閣内相を歴任する。三九年には枢密顧問官に就任した。帝国学士院会員。

学問的特徴　源氏物語の英訳や演劇改良会を組織する等、文化面でも種々の活動をした。

叙勲・受賞歴等　一八九五年男爵、一九〇七年子爵。一八九五年勲三等旭日中綬章、八九年日本帝国憲法発布記念章、一九〇五年三九年勲一等旭日大綬章、一五年大礼記念章等。二〇年正二位勲五等瑞宝章、二〇年旭日桐花大綬章。

■**主要著書**　単著『義経再興記』競錦堂、一八八五。『修訂 防長回天史　全12冊』マツノ書店、一九一一〜二〇。『演劇改良意見』文学社、一八八六。『三教思想研究：文學上美術　上』審美書院、一九一八、など多数。

■**参考文献**　玉江彦太郎『青萍・末松謙澄の生涯』葦書房、一九八五。

（青木　豊）

菅虎雄

すが・とらお

居住地：鎌倉市二階堂
文久三年（一八六四）〜昭和十八年（一九四三）

略歴　独語学者・書家。久留米藩典医の子。*東京帝国大学医学部に学び、のち独文科に転じて日本におけるドイツ文学研究の嚆矢となった。夏目漱石（小説家）とは一高以来の友人で、一八八八年に円覚寺に参禅し、翌年再来した折に円覚寺派初代管長の洪川宗温《こうせんそうおん》（一八一六〜九二・号「蒼龍窟」）から「無為」の居士号を授けられた。一九〇二年から三二年まで*第一高等学校のドイツ語の教授を務め、芥川龍之介（小説家）や久米正雄《くめまさお》（小説家・劇作家）らを教えた。また、書家としては芥川の『羅生門』の題字や漱石の墓碑銘のほか、高徳院に建つ長与専斎《ながよせんさい》（医学者）の顕彰碑などを揮毫した。

菅虎雄と鎌倉　一九一〇年から由比ガ浜に住んだのち材木座に移り、三八年から没するまで二階堂に居住した。学友夏目漱石の、一八九四年十二月の円覚寺参禅や、一九一二年六月末の材木座における避暑について、逗留先を紹介したことは有名である。また、教え子の芥川龍之介が一六年十二月に*海軍機関学校の教授嘱託となった際、*鎌倉海浜ホテル隣りの「野間西洋洗濯店（野間栄三郎方）」の離れを下宿先として紹介し（現在の由比ガ浜四－六－九辺り）、二一年に東京帝国大学法学部政治学科を卒業した大佛次郎《おさらぎじろう》（小説家）には、私立の鎌倉高等女学校（現、鎌倉女学院）の教師の職を紹介した。

■参考文献　『鎌倉郡鎌倉町居住貴顕紳士名薄』一九一五、鎌倉町。原武哲『夏目漱石と管虎雄－布衣禅情を楽しむ心友－』教育出版センター、一九八四。

（浪川幹夫）

菅井 準一

すがい・じゅんいち

居住地：山形県山形市・鎌倉市
明治三六年（一九〇三）～昭和五七年（一九八二）

山形県山形市出身の科学者で、戦前の科学技術の振興と研究で知られる。

略　歴　山形高校を経て、*東京帝国大学物理学科卒業。卒業した当時は折からの就職難の時代であったが、同大学の田丸卓郎主任の尽力で空席であった同大学航空物理学講座の助手に就任する。一九三一年には*陸軍士官学校教授に就任。早くから科学史に関心が深く、雑誌『科学』の編集や科学技術の伸張に貢献した。科学史に造詣があったことで四一年には日本化学史学会の創立に尽力する。三六年に設立された昭和研究会に入会後、国政や国策に関わりを持つ。四〇年には大政翼賛会の文化副部長、*企画院技師を経て、参与官に就任する。四二～四六年にかけて文部省の視学官と科学官を務める。戦後は*公職追放となるが、*鎌倉アカデミア教授、東京都立大学、神奈川大学、学習院大学講師、専修大学などを経て、横浜商科大学教授となる。

終　焉　一九八二年に鎌倉で逝去。

■主要著書　単著『科学史の諸断面』岩波文庫、一九四一。『科学のこころ』中央公論社、一九四一。『現代科学史』平凡社、一九五七、他著書・編著書・論文多数。

■参考文献　都築洋次郎編『科学・技術人物事典』北樹出版、一九八六。黒岩俊郎「菅井準一先生―人とその業績」科学史科学教育研究所『専修経営学論集』四七、専修大学会、一九八九。

（二葉俊弥）

菅原壽雄

すがわら・ひさお

居住地：鎌倉市笹目
大正十二年（一九二三）〜平成二〇年（二〇〇八）

美術史家。常磐山文庫第二代理事長。根津美術館名誉館長。

略　歴　東京都出身。慶應義塾大学経済学部卒業。鎌倉開発を推進した実業家・菅原通濟の長男。父が設立した財団法人常磐山文庫第二代理事長。根津美術館館長、のち名誉館長。

学問的特徴　常磐山文庫の核のひとつである難解で一般には理解が難しい墨跡について、著作などを通して理解の普及に努めている。父存命中から若手研究者の育成や講演会開催、文庫所蔵の墨跡の体系化に努めた。『飛梅余香』所収の「墨跡ノート」では、自身も墨跡を知らなかったことを明かしながら、墨跡とは何か、禅宗との関わり、所蔵作品の作者と法脈における位置などについてわかりやすく、かつ学術的に説いている。

学会・社会活動　父の実業家・菅原通濟のコレクションを母体とした常磐山文庫の第二代理事長として、文庫の核となる墨蹟、中国の宋・元時代の絵画、日本の室町時代の水墨画の普及と、コレクションの拡充にあたる。文庫は、壽雄が理事長を継いだ翌年から消防法改正により、展示場の草庵「日祐庵」での公開が出来なくなった。しかし根津美術館館長を務めていたことから、常磐山文庫創立五〇周年記念の「茶席墨宝」展を同館で開催している。

終　焉　二〇〇八年三月三〇日、心不全のため、鎌倉市の自宅で逝去。

叙勲・受賞歴等　一九九二年藍綬褒章。

■主要著書　単著『飛梅余香』常磐山文庫、一九六八。

■参考文献　『常磐山文庫創立八十周年記念名品選　蒐集のまなざし』東京国立博物館、二〇一三。『常磐山文庫名品展』神奈川県立博物館、一九八三。

（杉山正司）

勝呂 忠

すぐろ・ただし

居住地:鎌倉市雪ノ下

大正十五年(一九二六)～平成二二年(二〇一〇)

東京出身の洋画家・舞台芸術家・美術教育者で『ハヤカワ・ポケット・ミステリー』の表紙で知られる。

略　歴　一九四六年に多摩帝国美術学校西洋画科(現、多摩美術大学)に入学し、五〇年同学校を卒業。その間、四九年に明治大学文学部仏文学科に編入学し、五二年に中退する。五四年に文化学院美術家講師、五七年多摩美術大学講師に就任し、六八年に多摩美術大学を辞職する。六一年には、イタリア政府給費留学生としてイタリアへ渡り、欧州を巡検し六三年に帰国している。七三年に再び渡欧し、七九年に京都産業大学教授となる。

学問的特徴　「純粋なる芸術運動のために、新しい方向を示す世代の優れた芸術家群によって21世紀への橋をかける役割を果たす機関として行動する」を趣旨のもとに結成されたモダンアート協会の基本理念に共感し、新しい方向を明示すべく制作活動を行った。イタリアでの触発により、帰国後はモザイク画による壁画も制作した。

叙勲・受賞歴等　一九五八年アメリカ探偵作家クラブ美術賞受賞。八五年モダンアート協会展第三五回記念展に「モニュメント」で作家対象。二〇一一年講談社出版文化賞。

■**主要著書**　単著『モザイク―楽しい造形』美術出版社、一九六九。『西洋美術史摘要―講義資料』啓文社、一九九二。『近代美術の変遷資料』啓文社、一九九五、など。平塚市美術館に、パンドラ(一九五三年制作)、太陽と人(一九五五年制作)、「古代幻想」(三枚組:一九六七年制作)をはじめとする油彩画一〇点が収蔵されている。

■**参考文献**　「勝野忠　日本美術年間所載物故者記事」東京文化財研究所 https://www.tobunken.go.jp/materials/bukko/28483.html(閲覧日二〇二三―七―四)

(青木　豊)

東京都立高校の学校群新制度を導入した教育学者

鈴木 清

すずき・きよし

居住地：鎌倉市山崎
明治三九年（一九〇六）～昭和五七年（一九八二）

静岡県生まれの教育学者で、教育心理学を専門とする。一九六一年に「自我意識の発達に関する研究」（東京大学*）で文学博士の学位を授与されている。

略　歴　一九二六年東京文理科大学*心理学科を卒業し、東京高等師範学校*、玉川大学、横浜国立大学教授を経て、七〇年に東京教育大学教授を定年による退官で名誉教授。退官後、八〇年まで東京女子体育大学教授に就任すると同時に、八一年まで学長を務める。玉川大学では、教授法・心理学・心理学特講及び演習を担当。

学問的特徴　生涯、教育学の中でも教育心理学のみを専攻し、当該分野での論著は多数認められる。

学会・社会活動　日本心理学会会長。一九七四年に東京都立高等学校入学者選抜研究協議会会長に就任し、学校群制度の廃止と新学区制度導入を決定した点が大きな業績の一つである。

叙勲・受賞歴等　一九七七年勲三等旭日中綬章。

■主要著書　単著『児童と社会生活』叢文閣、一九三七。「終戦後の教育に関する実態研究」『児童心理』2－1、一九四八。『新教育の心理と教育評価』玉川大学出版部、一九四九。『教育心理学』日本文化学社、一九五九。「運動の精神治療的効果」『体育の科学』十六－五、一九六六。『教育心理夜話』明治図書出版、一九七〇。「青年の道徳的判断の発達」『青年心理』六－一二、一九九五、など。共著・編著多数。翻訳　アラン著『人間論』白水社、一九四一。

■参考文献　『日本心理学者事典』クレス出版、二〇〇三。

（青木　豊）

日本ヤスパース協会を設立した哲学者

鈴木三郎

すずき・さぶろう

居住地：鎌倉市大町
明治四五年（一九一二）～平成九年（一九九七）

広島県出身の哲学者で、*カール・ヤスパース思想の研究を専門とする文学博士である。

略　歴　一九三六年に*東京帝国大学文学部哲学科を卒業後、関東州旅順に設置された拓務省所管の関東州立旅順高等学校教授となる。戦後、横浜大学助教授、横浜市立大学教授を務める。

学問的特徴　ドイツの精神科医でもある実存主義哲学者カール・ヤスパースを専門的に研究し、『ヤスパースの実存哲学』、『実存』、『実存の倫理』、『ヤスパース研究実存の現象学』などの著作を残した。ヤスパースの著作の翻訳も多く、ヤスパース著『実存哲学』、ヤスパース著『実存的人間』、『ヤスパース選集 第一 実存哲学改訂版』、ヤスパース著『哲学 第三 形而上学』などがあり、人は他者との関わりのなかで真の自己が形成されるとするヤスパース思想の普及と研究に貢献し、我が国における現在の人々の生き方在り方にも影響を与えている。

学会・社会活動　一九五一年、草薙正夫（神奈川大学）、武藤光朗（中央大学）、金子武蔵（*東京大学）らと、ヤスパース研究の進展と普及、研究者間の交流などを目的に日本ヤスパース協会（学術研究団体）を設立し、六四年理事長に就任する。日本ヤスパース協会は、国際ヤスパース協会連盟に加盟している。

■主要著書　単著『ヤスパースの実存哲学』報文社、一九四七。『実存』雄山閣、一九四八。『実存の倫理』理想社、一九五一。『ヤスパース研究　実存の現象学』創元社、一九五三。『現代哲学の展望』学芸書房、一九五七。編著『現代哲学の流れ』小峯書店、一九六五。翻訳　ヤスパース著『実存哲学』三笠書房、一九四〇。『ヤスパース選集 第一　実存哲学改訂版』理想社、一九六一。ヤスパース著『哲学 第三 形而上学』創文社、一九六九。共訳ヤスパース著『実存的人間』新潮社、一九五五、など。（森本　理）

鈴木大拙

すずき・だいせつ

居住地：鎌倉市山ノ内　墓地：東慶寺
明治三年（一八七〇）～昭和四一年（一九六六）

日本の禅や文化を海外に広く紹介。英文による多数の著書を執筆し、ノーベル平和賞候補にも選出された。

略　歴　石川県金沢市出身。第四高等中学校予科を卒業し本科中退、小学校の訓導英語教師を務めた後、上京し東京専門学校*に入学。その後、帝国大学文科大学（現、東京大学文学部*）哲学科選科に入学した一八九二年には円覚寺に参禅、釈宗演らに師事し大拙の居士号を受ける。九五年に帝国大学文科大学を中退、九七年に渡米、以後、長く欧米で仏教研究を深める。帰国後は東京帝国大学*文科大学の英語講師や学習院教授、真宗大谷大学教授などを歴任し、一九四四年に鎌倉円覚寺山内に移住。翌年、財団法人松ヶ岡文庫*を設立し、居宅、書斎などを併設する。その後も松ヶ岡文庫での研究生活を続け、コロンビア大学客員教授に就任する。

学問的特徴　禅における悟りの境地である「霊性の自覚」を探究し続け、その普遍性を海外に紹介する。また釈宗演老師生前の志を実現し、仏教研究の拠点として松ヶ岡文庫を設立、現在も研究者らの利用に供されている。

学会・社会活動　真宗大谷大学教授として学内にイースタン＝ブディスト＝ソサエティ（東方仏教徒協会）を設立。雑誌『イースタン＝ブディスト』や『カルチュラル＝イースト』などを創刊。一九四九年、日本学士院会員となる。

終　焉　一九六六年に逝去。享年九六。

叙勲・受賞歴等　一九四九年文化勲章、一九五五年に朝日文化賞、一九六四年にインドネシア協会から第一回タゴール生誕百年賞。

■主要著書　単著『鈴木大拙全集　全32巻』岩波書店、一九六八～七一。

■参考文献　久松真一・山口益・古田紹欽『鈴木大拙―人と思想―』岩波書店、一九七一。

（會田康範）

清田昌弘

せいた・まさひろ

居住地：鎌倉市大町
昭和六年（一九三一）～不明

鎌倉市出身で主に出版業に関わり、本人も俳句やエッセイを執筆した。また鎌倉の郷土史研究を行った。

略　歴　早稲田大学英文科を卒業後、一九五五年から三笠書房、五九年からは大修館書店に勤務する。また、鎌倉文学館専門委員や長野県軽井沢にある田崎美術館の評議員を務めた。

学問的特徴　出版社に務めながら、詩作やエッセイの執筆を行う他、出身地である鎌倉の郷土史について研究を行った。鎌倉の郷土史については、論文ではなく主に「鎌倉朝日新聞」の連載で執筆している。三笠書房時代に、ドイツ・スイスの詩人、作家であるヘルマン・ヘッセの全集を担当し、五七年からヘッセ本人およびニノン夫人と文通を行った。文通は、三笠書房を辞めた後も夫妻が亡くなるまで約一〇年間続き、ヘッセに関する著作を出版する他、八七年には鎌倉御成町の四季書林でヘッセの展示会を行っている。

学会・社会活動　日本出版学会、鎌倉文学史話会、鎌倉ペンクラブ*、大佛次郎研究会に所属した。鎌倉に住んでいた俳人石塚友二に師事し、石塚の主宰する俳誌「鶴」にも参加した。石塚の没後は、その伝記を執筆している。

■**主要著書**　単著『清田昌弘句集1952～1957』虹書房、一九五八。『一つの出版史』トラベラー同人会、一九七九。『ヘルマン・ヘッセと日本』私家版、一九八七。『私の出版年鑑』リーベル出版、一九九一。『石塚友二伝』沖積舍、二〇〇二、他著書・編著書・論文多数。

■**参考文献**　清田昌弘『かまくら今昔抄60話　一～三』冬花社、二〇〇九～一三。

（志村　峻）

関口 泰

せきぐち・たい

戦後の教育行政を再建した教育学者

居住地：鎌倉市山ノ内
明治二二年（一八八九）～昭和三一年（一九五六）

静岡県静岡市出身の教育家、ジャーナリスト。

略　歴　一九一四年に*東京帝国大学法科大学を卒業。一九年大阪朝日新聞社に入社し、調査部長、論説委員、政治部長を歴任し、三九年退社する。戦後、四五年教育研修所長兼文部省社会教育局長となる。その後、五〇年に横浜市立大学の初代学長に就任する。登山家としても知られ、槍ケ岳、穂高、妙高山、吾妻山を縦走する他、ユングフラウ（スイス）、モンテローザ（スイス）への登頂も達成した。また、日本山岳会誌『山岳』に研究・エッセイを発表する。

学会・社会活動　台湾総督府在任時は*一匡社《いっきょうしゃ》を結成し、雑誌『社会及び国家』に、政治・経済・国際問題等に関する時事評論を中心に論じている。戦後の文部省社会教育局長時代には、戦後の教育行政再建に尽力した。

終　焉　一九五六年四月十四日鎌倉市内の自宅にて逝去。享年六八。

■**主要著書**　単著『普選と新興勢力』日本評論社、一九二七。『時局と青年教育』巌松堂、一九三六。『新緑登高』那珂書房、一九三八。『国民の憲法』岩波書店、一九五二。『婦人の社会科』岩波書店、一九五三。『教育を守るために』柏林書房、一九五四。共著『新教育風土記』朝日新聞社、一九五四。

■**参考文献**　『20世紀日本人名事典』日外アソシエーツ、二〇〇四。

（有山佳孝）

関口鯉吉

せきぐち・りきち

居住地：鎌倉市山ノ内　墓地：浄智寺
明治十九年（一八八六）〜昭和二十六年（一九五一）

天文学者・気象学者。東京天文台（現、国立天文台）長。＊東京帝国大学名誉教授。帝国女子理学専門学校（現、東邦大学）校長。

略　歴　静岡県出身。＊旧制第一高等学校、東京帝国大学理科大学星学科卒業。朝鮮総督府観測所、神戸海洋気象台、中央気象台技師を経て、一九三六年東京帝国大学理学部教授兼東京天文台長、四六年定年退官。四九年まで帝国女子理学専門学校（現、東邦大学）校長。戦前、一時文部省専門学務局長も務める。初代静岡県知事関口隆吉の四男、次兄は言語学者の新村出、長女はノーベル物理学賞の朝永振一郎夫人。

学問的特徴　天文学的測定を気象学・海洋学に導入。富士山頂の高層気象観測を創始。戦後の大学教育に関して課題発見と探求の重要性についても言及もみられ、自然科学精神を育てる教育の重要性を考えている。

学会・社会活動　一九三〇年太陽大気の気象学で博士号。日本天文学会で二五年評議員、三七〜四五年まで理事長と副理事長を交互に務める。専門学務局長時代には、科学研究費を設定、科学振興調査会委員となるなど科学行政に尽力した。

終　焉　一九五一年八月一〇日、心臓麻痺により逝去。

■**主要著書**　単著『太陽』岩波書店、一九二五。『天体』岩波書店、一九二六。『天体物理学　観測と統計』岩波書店、一九三五。『太陽新説』国立書院、一九四八。『天文学入門』古今書院、一九四九、他。

■**参考文献**　「天文月報」四四－一〇、日本天文学会、一九五一。橋爪孝夫「「戦後教育改」期における「大学での教養教育と専門教育」—教育刷新委員会第五特別委員会での議論を中心に—」『山形大学高等教育研究年報』十三、山形大学、二〇一九。（杉山正司）

添田寿一

そえだ・じゅいち

日本興業銀行初代総裁をつとめた法学博士

居住地：鎌倉市坂ノ下
元治元年（一八六四）～昭和四年（一九二九）

福岡県遠賀町出身の明治・大正期の経済の専門家であり、明治期の経済学の教育・普及に尽力した。

略　歴　一八七六年に父の司法省就職に伴い、*東京英語学校に入学。八〇年に*東京大学予備門を経て、東京大学政治学理財学科に入学。八四年に卒業し大蔵省入省。英国に留学し、ケンブリッジ大学で*アルフレッド・マーシャルに政治経済学を学んだ後、ハイデルベルク大学で学ぶ。帰朝後は大蔵省に復帰し、主税局調査課に勤務。九〇年に大蔵省参事官、九一年大蔵大臣秘書官、九三年大蔵書記官兼参事官・官房第三課長となる。九七年大蔵省監督局長、九八年には大蔵次官となるも同年末に大蔵省を退職。九九年台湾銀行初代頭取となる。一九一三年に*中外商業新報社長、一五年に鉄道院総裁、一六年に報知新聞社長、二五年貴族院議員を歴任した。

学会・社会活動　*東京帝国大学、*東京専門学校などで教鞭をとる。一八八九年には、*日本法律学校の創立に参加。台湾銀行・日本興業銀行などの創設に参画し、初代頭取、初代総裁を務める。九〇年に英国で『エコノミック・ジャーナル』が創刊され日本通信員を委嘱される。

叙勲・受賞歴等　一八九〇年従六位。九八年・一九一五年大礼記念章、一六年勲一等瑞宝章など。

■主要著書　単著『豫算論綱』博文館、一八九一。『財政通論（上下編）』金港堂、一八九二。『法制経済大意（法制篇・経済篇）』金港堂、一八九九。『破壊思想と救治策』博文館、一九一一。『戦後國民經濟策』大鐙閣、一九一九、など。

■参考文献　大輪董郎『財界の巨人』昭文堂、一九一一。杉原四郎『日本のエコノミスト』日本評論社、一九八四。西村紀三郎「添田寿一」『国史大辞典』吉川弘文館、二〇〇九。

（青木　豊）

鶴岡八幡宮旧供僧の院家出身の出版人

相良国太郎

そら・くにたろう

居住地：鎌倉市雪ノ下・大町・長谷
安政二年？（一八五六）〜不明

略歴　鎌倉の絵図・案内記の編集・出版者。一八七〇年の『鶴岡八幡宮社務人戸籍』によれば、同宮初代宮司筥崎博尹《はこざきひろただ》（一八二九〜九七）の実子で、同年に同宮の旧「供僧大別当兼職相承院」の総神主相良亮太の養子となった。その後、上地令や神仏分離に関する政策などの明治政府による一連の動きのなかで、養父は七三年神職を離脱して居宅（旧相承院）を売却した。それで得た費用が国太郎の修学資金に充てられたということである。そして、これ以上のことは、史料がないので不明である。

相良国太郎と鎌倉　出版物として、鎌倉絵図に『鎌倉江之島案内図』（出版地「雪之下村三番寄留」、一八八二）、『鎌倉江之島一覧』（出版地「大町村」、一八八七）、『鎌倉江島名所旧蹟全図』（出版地「西鎌倉村長谷三十七番地」、一八九二）、同案内記に『鎌倉江島名所案内』（奥付「編集人兼出版人　神奈川県士族相良国太郎」・出版地「雪ノ下三番地寄留」、一八八二）、『鎌倉江島案内』（出版地「雪ノ下十六番地」、一八九八）などがある。相良の絵図や案内記が出版された場所が一定していないので、彼は鎌倉のうちで数回移転したらしい。また、彼が出版した絵図のほとんどは銅版図であったため、激動の時代にあって、鎌倉図で最初に銅版を使用した、常に新しいものを追求してやまない人物であったとの評価もある。

■**参考文献**　土肥誠「明治期の鎌倉絵図・案内記の作者　相良国太郎の出自」『鎌倉』五〇、鎌倉文化研究会、一九八五・一〇。

（浪川幹夫）

高野一夫

たかの・かずお

居住地：鎌倉市大町
明治三三年（一九〇〇）〜昭和五五年（一九八〇）

鹿児島県出身の薬学者で薬学博士である。参議院議員を二期務めた政治家でもある。

略　歴　一九二四年東京*帝国大学医学部薬学科を卒業し、満州稲畑産業専務、海南薬品工業社長、高野薬品社長を歴任する。その間、九州大学講師、徳島大学講師に就任し、薬学を講じ後進の育成に努める。五三年に、第三回参議院議員通常選挙と第五回参議院議員通常選挙に全国区から自由党所属で出馬して当選を果たし、参議院議員を二期連続務めた。議員活動では、自由民主党副幹事長、同国会対策副委員長、同政務調査会副会長等々の要職を歴任する。

学会・社会活動　福岡市薬剤師会目薬会会長・日本薬剤師会会長六期務める。顕著な活動は、一九六〇年の「新薬事法」と「新薬剤師法」の制定・公布に尽力した点があげられる。

終　焉　一九八〇年二月二三日心不全により鎌倉の自宅で逝去。享年八〇。

叙勲・受賞歴等　一九八〇年二月二三日（死没日）正四位。七〇年勲二等旭日重光章。

■主要著書　単著『新薬學』廣川書店、一九四三。『薬事法制』近代医学社、一九六六。

■参考文献　「（社）福岡市薬剤師会の歴史」『福岡市薬剤師会会報』一九七八。城下賢一「薬事法改正と行政・団体関係一九五六－一九六〇 ―自民党政権初期の政策決定過程の事例分析」立命館大学人文科学研究所紀要一二四、二〇二〇。『現代物故者事典 一九八〇〜一九八二』日外アソシエーツ、一九八三。日外アソシエーツ編『新訂政治家人名事典　明治―昭和』二〇〇三。

（青木　豊）

アイヌ文化の研究を行った工学博士

鷹部屋 福平

たかべや・ふくへい

居住地：愛知県岡崎市・鎌倉市山ノ内
明治十七年（一八八四）〜昭和二四年（一九四九）

愛知県額田郡（現、岡崎市）出身の工学者で、ラーメン構造*などの構造学の研究で知られる。

略　歴　岡崎藩士で画家の鷹部屋荘一郎の子。岡崎町立連尺尋常小学校を経て愛知県立第二中学校に入学。第八高等学校*卒業後、九州大学工学部土木工学科を卒業、同大学の講師となる。その後、助教授を経て、工学博士号を取得する。一九二五年には北海道帝国大学教授に就任した後、三〇年から欧州各国へ出張同大学では構造工学を担当する。四二年には日本大学工学科教授となり、軍事的な研究に従事する。戦後は九州帝国大学工学科教授を経て、保安大学校*（現、防衛大学校）教授となる。六六年には防衛大学校名誉教授、一九六七年には東海大学工学科教授となる。

学問的特徴　鷹部屋は工学の道を歩み、ラーメン構造で有名であるが三八年に北方文化研究室委員に就任した後アイヌ文化の研究にも尽力する。

横　顔　またテニスの腕前も一流で、五七年に鎌倉にて皇太子（上皇明仁）、山岸二郎と対戦している。

終　焉　一九七五年四月二四日、鎌倉にて死去。

叙勲・受賞歴等　一九三五年勲四等瑞宝章、三九年勲三等瑞宝章、六六年勲二等瑞宝章。

■主要著書　単著『高級桁梁論』岩波書店、一九二九。『ラーメン新論』岩波書店、一九三八。『アイヌの生活文化』アルス、一九四二。『アイヌの住居』彰国社、一九四三。『ペンとラケット』東海大学出版会、一九七一、他著書・編著書・論文多数。

■参考文献　進藤義郎・今尚之・葛西章「鷹部屋福平と三弦橋の技術思想」『土木学会北海道支部論文報告集』六四、二〇〇七。

（二葉俊弥）

会津藩士で、戊辰戦争で戦った明治時代の教育者

高嶺　秀夫

たかみね・ひでお

居住地：鎌倉市長谷
嘉永七年（一八五四）～明治四三年（一九一〇）

*ペスタロッチ主義教育の導入と師範教育の近代化を推進した教育学研究者。

略　歴　通常は一〇歳で入学する会津藩校日新館へ八歳で入学し漢学を学ぶ。卒業後、慶應義塾（現、慶應義塾大学）の塾生・教員を経て、学校教員養成を目的とする師範教育調査のため文部省からアメリカ合衆国へ派遣され、オスウィーゴ師範学校（現、ニューヨーク州立大学オスウィーゴ校 SUNY Oswego）に留学する。帰国後は、東京師範学校・*東京高等師範学校で教授・校長を務めた。晩年は、*女子高等師範学校、東京美術学校、*東京音楽学校校長を歴任する。

学問的特徴　アメリカ留学で学んだペスタロッチ主義教育（直観教育）の理論と方法を、東京師範学校及び同師範附属小学校で実践した。

高嶺秀夫と鎌倉　昭和十八年の*鎌倉保勝会の寄付金名簿に確認される。

学会・社会活動　東京高等師範学校教授時代に、帝国博物館の天産部長・歴史部長を兼ねる。

叙勲・受賞歴等　一九一〇年従三位、勲二等旭日重光章。〇三年勲三等瑞宝章。

■主要著書　共編著『動物比較解剖図解説　甲、乙、丙、丁』普及舎、一八八五。翻訳　ゼームス・ジョホノット著『教育新論』東京茗渓会国書刊行会、一九八〇。ウヰリアム・J・スペンセル著『工夫幾何学』普及舎、一八八五。

■参考文献　村山英雄「高嶺秀夫とオスウイーゴー師範学校：H・クリユージイの「回顧録」を中心として」『私学研修』四六、私学研修福祉会、一九七〇。水原克敏「東京師範学校の改革と教育」『近代日本教員養成史研究』風間書房、一九九〇。（青木　豊）

高山 一彦《たかやま・かずひこ》

居住地：鎌倉市極楽寺
大正十三年（一九二四）～平成二八年（二〇一六）

ベトナム生まれで、東京出身の歴史学者である。西洋史学者・フランス文化史を専攻し、中でも「ジャンヌ・ダルク」専門の研究者として知られる。

略　歴　一九四八年に、*東京大学文学部西洋史学科を卒業する。成蹊大学教授を長くつとめ、九五年に定年により退職し、名誉教授となる。

学問的特徴　西洋史学研究の中でも、大半の著作はジャンヌ・ダルクの研究を主とする点が特徴である。

学会・社会活動　フランス中部のオルレアン市立「ジャンヌ・ダルク研究センター」の名誉委員をつとめた。

終　焉　二〇一六年九月、誤嚥性肺炎のため逝去。享年九二。

叙勲・受賞歴等　一九八四年、フランス共和国パルム・アカデミック勲章。

■主要著書　単著「「意志的隷従」と「君主論」―ジョゼフ・バレールによるラ・ポエシー解釈の紹介」『東京学芸大学史学会』一〇、一九六三。「ジャンヌ・ダルク史料をめぐる若干の問題」『成蹊大学文学部紀要』一〇、一九七五。「ジャンヌ・ダルク研究の近況について」『成蹊大学文学部紀要』二六、一九九〇。『ジャンヌ・ダルクの神話』講談社現代文庫、一九八二。『ジャンヌ・ダルク』岩波書店、二〇〇五。『ジャンヌ・ダルク歴史を生き続ける「聖女」』岩波書店、二〇〇五他、多数。翻訳　ポール・ニコル著『英国史』白水社文庫クセジュ、一九五三。レジーヌ・ペルヌー編著『ジャンヌ・ダルク復権裁判』白水社、二〇〇二、等。

（青木　豊）

高山樗牛

たかやま・ちょぎゅう

居住地：鎌倉市長谷　墓地：清水市・龍華寺
明治三年（一八七一）〜明治三五年（一九〇二）

略　歴　評論家。鶴岡生まれ。本名高山林次郎。一八九三年*東京帝国大学（現、*東京大学）哲学科に入学。翌年、『読売新聞』の懸賞小説に応募した「瀧口入道」が入選し、文壇に進出した。九七年、『太陽』文芸欄の主筆として、日清戦争後の国家主義的な風潮に併せて日本主義や時代精神論を唱えたほか、写実主義の坪内逍遥《つぼうちしょうよう》（一八五九〜一九三五）との間で論争を行った。

高山樗牛と鎌倉　鎌倉方面には、九五年肺に異常を生じて、翌年転地療養のため逗子に滞在。一九〇〇年から療養生活のため、大磯、ついでその翌年鎌倉へ転地し、長谷寺境内に住んだ。当地で療養につとめる一方、日蓮宗系宗教家の田中智学《たなかちがく》（一八六一〜一九三九）とも親交し、日蓮上人崇拝への思想転換をして「日蓮上人とは如何なる人ぞ」等を認めた。また、当地では日蓮研究のほか、東京帝国大学での講義のため鶴岡八幡宮、建長寺、円覚寺等の寺宝を調査し史跡を訪ね、「鎌倉の話」を執筆した。没後、長谷寺境内に高山樗牛記念碑が建てられた。

横　顔　高山を診察したのは、平塚杏雲堂の医師河合亀太郎（一八七六〜一九五九）であった。彼はのちに「カワイ肝油ドロップ」の元となる「肝油ドロップ」を製品化した人である。河合製薬株式会社には、樗牛から河合亀太郎に宛てた書簡が現存する。

■参考文献　高山林次郎著・斎藤信策・姉崎正治編『樗牛全集　四』博文館、一九一三。

（浪川幹夫）

人文科学として美術史を提唱した美術学者

瀧 精一

たき・せいいち

居住地：鎌倉市材木座
明治六年（一八七三）～昭和二〇年（一九四五）

美術史学の基礎を築いた東洋美術史学者である。文学博士で、号は拙庵・節庵と称する。

略　歴　東京都出身で、一八九七年に東京帝国大学文化大学を卒業し、同大大学院美学専攻に入学する。九九年に東京美術学校嘱託を嚆矢に、京都帝国大学・東京帝国大学・東京女子高等師範学校の講師を経て、一九一四年には東京帝国大学文化大学教授に就任する。三四年に退官し、東京帝国大学名誉教授となる。なお、二〇年には、東宮御学問所御用掛をつとめている。

学問的特徴　人文科学としての美術史学を捉えると同時に、古社寺保存会・国宝保存会等の委員となり、重要美術品等調査会の創設にも尽力し古美術保存事業に努めた。

学会・社会活動　一方、社会活動では、一八九八年に帝室博物館列品英文解説事務嘱託から、国華社業務担当・東京勧業博覧会審査員・日英博覧会監査官・帝室技芸員選択委員・帝室博物館顧問・国宝保存会委員等々を歴任する。一九〇一年以来、創刊者であった岡倉天心の思想を継承し美術雑誌『国華』編集と、東洋学の研究拠点として設けられた外務省管轄の東方文化学院理事長・院長。二五年帝国学士院会員。

叙勲・受賞歴等　一九四五年勲一等瑞宝章。一九四〇年朝日文化賞。

■**主要著書**　単著『芸術雑話』金尾文淵堂、一九〇七。『文人画概論』改造社、一九二二。『瀧拙庵美術論集日本篇』座右宝刊行会、一九四三、をはじめ他多数。

■**参考文献**　「瀧精一」『日本美術年鑑』一九四四・四五・四六年版。

（青木　豊）

中国・朝鮮の音楽資料を収集した音楽研究者

瀧遼一《たき・りょういち》

居住地：東京都・鎌倉市
明治三七年（一九〇四）～昭和五八年（一九八三）

東京都京橋の出身で、東方文化、特に音楽の研究で知られる。

略　歴　日本美術史研究の権威で*東京帝国大学教授であった瀧精一博士の長男として東京の京橋で生まれる。一九二八年には東京帝国大学文学部東洋史学科に入学、同大学大学院へ進学する。三一年には*東方文化学院東京研究所助手に任じられ、翌年には研究員となる。三四年から三八年頃にかけて音楽関係の調査・資料収集のために中国や朝鮮、国内を旅する。四一年には文部省*国民精神文化研究所の嘱託を兼任するが翌年に同研究所は解散。新たに*教学練成所嘱託となる。四七年には*東京大学東洋文化研究所研究員となるが、四九年には東京水産大学の教授に就任。歴史や文化史、漁村文化の研究や講義を行う。六八年には東京水産大学を退官。体調不良となり自宅で療養する。七九年には東京水産大学名誉教授となるが、八三年に逝去。鎌倉に居を構えた人物であった。

叙勲・受賞歴等　一九八三年勲三等瑞宝章。

■主要著書　単著『支那の社会と音楽―文化史より見たる』東亜研究会、一九四〇。『大東亜音楽集成　一～四）』ビクター株式会社、一九四二、他著書・編著書・論文多数。

■参考文献　河田篤子、北島達雄、染谷周子編『東洋音楽学会寄託瀧遼一文庫目録』国立音楽大学附属図書館、一九八五。吉川英史「瀧遼一氏を偲ぶ」『東洋音楽研究』四八、東洋音楽学会、一九八三。

（二葉俊弥）

武田勝彦

たけだ・かつひこ

居住地：鎌倉市雪ノ下
大正八年（一九一九）〜平成十八年（二〇〇六）

東京市小石川出身の英文学者であり比較文学者でもあり、文芸評論家でもある。勝彦は筆名で、本名は春樹。

略　歴　立教大学を卒業した後、上智大学大学院修士課程を修了する。修了後は、慶應義塾大学講師、トロント大学、ハワイ大学助教授を経て、早稲田大学政治経済学部教授に就任する。インディアナ大学、ヴァンダービルト大学、ブラウン大学の客員教授も務める。早稲田大学政治経済学部名誉教授。

学問的特徴　本来の専攻学域は英文学であり、英語学習の著作、アメリカの小説家ジェローム・デイヴィッド・サリンジャーの翻訳、研究をおこなう。日本文学についても多視点から研究し、さらに特異な視座ともいえる日本文学の英語圏での受容に関する研究をおこなった。

叙勲・受賞歴等　二〇一〇年瑞宝中綬章。

■主要著書　単著『英文法の重点100粋』山海堂、一九五七。『アメリカのベストセラー』研究社出版、一九六七。『英語のニュアンス 現代英語へのアプローチ』評論社、一九六八。『キャッチフレーズ100年 秘められた日本人の心』潮文社、一九六九。『川端文学と聖書』教育出版センター、一九七一。『「日本的」なものの原点 文化と文明の狭間に』荒竹出版、一九七七。『戦中・戦後の文学と文壇』荒竹出版、一九八〇。『日本文学問はず語り』東京書籍、一九八二。『要点・応用英作文』受験の友社、一九九五。『比較文学の試み』創林社、一九八三。『松本亀次郎の生涯 周恩来・魯迅の師』早稲田大学出版部、一九九五。『漱石 倫敦の宿』近代文芸社、二〇〇二、など多数。

■参考文献　「武田勝彦教授略年譜〔含業績〕」『教養諸学研究』早稲田大學政治経済学部教養諸学研究会、二〇〇〇。染谷孝哉『鎌倉 もうひとつの貌』蒼海出版、一九八〇。

（青木　豊）

竹山道雄

たけやま・みちお

「ビルマの竪琴」の作者でドイツ文学者

居住地：鎌倉市材木座
明治三六年（一九〇三）～昭和五九年（一九八四）

評論家、ドイツ文学者、小説家。

略　歴　大阪市に生まれ。一九二六年に東京帝国大学文学部独文科を卒業。ドイツ語講師として旧制第一高等学校（現、東京大学教養学部）に勤務し、二八年からベルリンとパリに留学した。そして、三一年、第一高等学校の教授となった。なお、鎌倉では、光明寺近く豆腐川《とうふがわ》沿い（現在は暗渠になっている）に住んだ。戦後は、五一年に教授を退官し、のち上智大学など諸大学での講師を歴任し、ヨーロッパ各地やソ連を度々訪問した。堀辰雄らと『虹』という雑誌の同人となり、また「生成会」の同人として、その機関誌『心』（月刊誌　一九四八～八一）に参画。そのほか、『新潮』『自由』にも多数寄稿した。

学問的特徴　翻訳では、ニーチェ『ツァラトゥストラ』やヨハンナ・シュピリ『ハイジ』などがあり、とくにシュヴァイツァー『わが生活と思想より』の翻訳では、日本におけるシュヴァイツァーの紹介者としても知られている。また、小説では、敗戦直後の南方の姿を描いた『ビルマの竪琴』がとくに有名である。さらに評論では、一九四〇年、『独逸・新しき中世？』を発表してナチス・ドイツを批判。戦後は、わが国の社会主義賛美の風潮を批判するなど、中道的な自由主義を貫いた。

叙勲・受賞歴等　一九六二年読売文学賞、五八年菊池寛賞。

■**主要著書**　単著『ビルマの竪琴』中央公論社〔ともだち文庫〕、一九四八。翻訳　ニーチェ著『ツァラトゥストラ』等。

■**参考文献**　平川祐弘編『竹山道雄セレクション　全四巻』藤原書店、二〇一六～一七。染谷孝哉『鎌倉　もうひとつの貌』蒼海出版、一九八〇。

（浪川幹夫）

田代 三千稔

たしろ・みちとし

居住地：東京都
明治三一年（一八九八）〜昭和五九年（一九八四）

福岡県出身の英米文学者で翻訳家であり、ラフカディオ・ハーンの研究家でもあった。

略 歴 旧制福岡県立東筑中学校、*旧制第五高等学校を経て、一九二四年に*東京帝国大学文学部英文学科を卒業している。卒業後は、法政大学、日本大学、横浜市立大学、鶴見女子大学（一九七三年、鶴見大学に改称）などで教授を歴任した。

田代三千稔と鎌倉 *鎌倉アカデミア教授をつとめた。

■主要著書 単著『著書自由解放の詩人バイロン』水谷書房、一九四六。『アメリカ近代作家論』水谷書房、一九四七。『エアルアルの悲劇：詩人シェリの生涯』健文社、一九四八。『愛と孤独と漂泊と小泉八雲』月曜書房、一九四八。『概観イギリス文学史』南雲堂、一九五四。『イギリス名作物語』研究社出版、一九五六。『アメリカの作家たち／ハーンの世界』英宝社、一九八一、など。共著『アメリカ技術史』天然社、一九四九、など。翻訳 ラフカディオ・ハーン著『日本の面影』愛宕書房、一九四三。ロジャー・バーリンゲイム著『アメリカ技術文化史』文松堂、一九四四、をはじめ極めて多数。

■参考文献 宮田幸一「中村敬・田代三千稔教授略伝・研究業績」（田代教授定年退職記念記録）。「田代教授定年退職記念記録 II 田代三千稔教授研究業績」『鶴見大学紀要』第2部（13）外国語・外国文学編、鶴見大学、一九七六。西尾光一「近代文学文庫について」『近代文学文庫目録』山梨大学附属図書館、一九六八。染谷孝哉『鎌倉 もうひとつの貌』蒼海出版、一九八〇。

（青木 豊）

田代　元彌

たしろ・もとや

居住地：鎌倉市材木座
大正八年（一九一九）～不明

教育学者で、社会教育学を専門とする。*野間教育研究所研究員を経て、横浜国立大学教授を務めた。

略　歴　一九四二年、*東京帝国大学文学部教育学科を卒業し、同帝大大学院に進学し四八年に大学院を修了する。四七～五〇年の間、野間教育研究所所員を務める。五〇年青山学院大学助教授となり、翌五一年には横浜国立大学文芸学部教授に就任している。國學院大学講師も務める。六七年神奈川県立衛生短期大学教授となり、八四年に同短期大学を定年退職し、大東文化大学文学部教育学科教授となっている。

学会・社会活動　野間教育研究所での一九四七・四八年度の研究題目は、「社会教育方法論の研究」「学校教育と社会教育」を挙げている。『月刊公民館』編集委員会委員長を務めている。日本教育学会、日本教育社会学会、全国公民館連合会、日本通信教育学会。

■**主要著書**　単著『新しい教授法』新教育叢書、野間教育研究所、一九四七。「行事に現れた社会教育の問題」「公民館の成立と運営―実態調査をもとにして―」『野間教育研究所紀要―特集社会教育実施の研究―　二』講談社、一九五〇。『社会教育実態の研究』野間教育研究所、一九五〇。「社会教育の社会学―序説―」『教育社会学研究』六‐六、日本教育社会学会、一九五四。『日本人の社会形成―社会教育改造計画』誠信書房、一九六一。『国づくりの教育―教育の総合計画―』誠信書房、一九六三。「臨教審第1次答申に関する考察」『大東文化大学紀要　社会科学』一九八六。『生涯学習と公民館―新時代に向かう公民館の必然的進路―』学文社、一九九三など多数。共編著『新社会教育論』第一法規、一九七二。

■**参考文献**　『新潟県公民館月報』新潟県公民館連絡会六月号、一九八五。染谷孝哉『鎌倉　もうひとつの貌』蒼海出版、一九八〇。『*著作権台帳』一九六三年版、社団法人日本著作権協議会、一九七二。

（青木　豊）

田中寛一

たなか・かんいち

居住地：鎌倉市極楽寺
明治十五年（一八八二）～昭和三七年（一九六二）

教育心理学者。*東京文理科大学名誉教授、玉川大学初代学長。

略　歴　岡山県出身。京都帝国大学文学部哲学科卒業。*東京帝国大学大学院に進学し文学博士の学位取得。東京高等師範教授、東京文理科大学（現、筑波大学）教授、同名誉教授、日本大学教授を経て玉川大学初代学長。日本経師研究所所長。

学問的特徴　初期の研究は、基礎的実験研究として心的作業能率や疲労に関することから、教育測定の研究に進む。その後、知能研究に移り、知能検査法を完成させた。特に「田中B式知能検査」は言語の影響を排除した数字、図形、符号を元にした検査法で、諸民族の知能を比較することを行う。

学会・社会活動　一九五三年教育の科学化の必要性から、我が国初の民間教育研究所として田中教育研究所を設立。その後、文部省から財団法人として認可される。

横　顔　幼い頃から聡明で、優等賞や皆勤賞、優良児にも選ばれた。村の裁縫所で作った当時珍しかった洋服を村一番のよい子に着せることになり寛一が選ばれ、両親から褒美に洋服に合わせ靴を買いそろえてもらったという。

叙勲・受賞歴等　一九六〇年文化功労者。一九五七年紫綬褒章。一九六二年勲二等旭日重光章。一九一九年文学博士。

■主要著書　単著『人間工学―能率研究―』右文館、一九二一。『日本の人的資源』蛍雪書院、一九四一。『田中・びねー式知能検査法』日本文化科学社、一九五四。『心理学』松邑三松堂、一九二七。

■参考文献　玉川学園五十年史編纂委員会編『玉川学園五十年史』一九八〇。「一般社団法人　田中教育研究所HP」。金子尚弘「白梅学園の先駆者たち⑮　田中寛一―日本民族の力を信じた心理学者―」『地域と教育　十七』白梅学園。

（杉山正司）

田中 吉備彦

たなか・きびひこ

居住地：鎌倉市
明治三六年（一九〇三）～昭和二三年（一九四八）

岡山県生まれの函館地方裁判所検事正の田中秀夫の次男であり、最高裁判所長官田中耕太郎の実弟でもあった民法学者で弁護士である。また、音楽評論家でもあり、オルガニストでもあった。

略　歴　一九二七年、東京帝国大学法学部を卒業し、四九年より法政大学法学部教授を務めた。詳細については不明である。一九六六年、法政大学図書館内に「田中吉備彦文庫」が創設されている。

学会・社会活動　松川事件の被告弁護団で弁護士として活動。

横　顔　我が国でのバッハ研究の先駆けをなし、後掲の『バッハ傾聴』はヨハン・ニコラス・フォルケルバッハによる伝記の邦訳と田中自身の考察を加味した、我が国での音楽史上初めての歴史的著書である。

■主要著書　共著『現代音樂論』八雲書店、一九四八。『近代選書4　世紀の人アルベルト・シュワイツェル』新教出版社、一九四八。翻訳　ヨハン・ニコラス・フォルケル著『ヨハン・セバスティアン・バッハの生涯、芸術および作品に付いて』みすず書房、一九四九。『教養選書十九　バッハ傾聴』法政大学出版局、一九六九。

■参考文献　田中吉備彦「明らかに無実の人たちが」神奈川県松川事件対策協議会・松川闘争史編纂委員会編『神奈川県松川闘争史』神奈川県松川事件対策協議会、一九六四。『著作権台帳』一九六三年版、社団法人日本著作権協議会、一九七二。『日本近現代人名辞典』吉川弘文館、二〇〇一。『20世紀日本人名事典』日外アソシエーツ、二〇〇四。

（青木　豊）

た

田中惣五郎

たなか・そうごろう

居住地：東京都
明治三三年（一九〇〇）～昭和四八年（一九七三）

新潟県中頸城郡（現、新井市）生まれの歴史家で、近現代史を専門とする。

略　歴　高田師範学校（現、新潟大学教育学部）を卒業し、一九一四年小学校訓導となる。二二年に上京して私立順天中学の教員となる。四九年に明治大学講師となり、五三年明治大学教授に昇格し、六一年まで教鞭を執る。

学問的特徴　明治維新史を中心とした維新期の歴史的人物・政治家を研究対象とした。戦後には、左派的立場に立脚した歴史観で、反政府的人物や自由民権運動家、社会主義者などの近現代史上の人物を対象とした研究に傾注した。

田中惣五郎と鎌倉　鎌倉アカデミア*の創立期より教授として参画する。

学会・社会活動　明治文化研究会に所属。

叙勲・受賞歴等　一九六〇年『北一輝』で毎日出版文化賞。

■主要著書　単著『日本叛逆家列伝』解放社、一九二九。『東洋社会党考』一元社、一九三〇。『大久保利通』千倉書房、一九三八。『近代軍制の創始者大村益次郎』千倉書房、一九三八。『指導者としての西郷南洲』千倉書房、一九三八。『明治維新運動人物考』東洋書館、一九四一。『近代日本官僚史』東洋経済新報社出版部、一九四一。『日本官僚政治史』世界書院、一九四七。『日本の自由民権』雄山閣、一九四七。『天皇の研究』河出書房、一九五一。『日本ファシズム史』河出書房新社、一九六〇、等々。

■参考文献　染谷孝哉『鎌倉　もうひとつの貌』蒼海出版、一九八〇。

（青木　豊）

田中智学

たなか・ちがく

居住地：鎌倉市扇ガ谷
文久元年（一八六一）～昭和十四年（一九三九）

略歴　日蓮宗系宗教家。本名は巴之助。江戸日本橋に生まれた。一八七〇年一〇歳で僧になり、東京一之江（現、江戸川区一之江）の日蓮宗妙覚寺智境院で得度し、智学の名を授かった。維新後の仏教会の混乱と、従来からの教学に疑問を抱いて独学し、七九年、十九歳で還俗《げんぞく》、翌年横浜に蓮華会をおこした。八四年には東京で立正安国会を創立、檀家制度によらない信者組織を形成したほか、日蓮主義運動を展開して日本国体学を創始し、八六年日本橋蛎殻町に本部「立正閣」を創建した。さらに、八九年には『仏教僧侶肉妻論』を執筆するなど幅広く活動し、高山樗牛や姉崎正治（文筆家・宗教学者）らの支持を得た。

田中智学と鎌倉　教学を広めるため日蓮の故地鎌倉に学舎の建設を計画、一八九六年扇ガ谷の亀ヶ谷坂沿いに師子王文庫を設立（のちの鉱泉旅館香風園。現、マンション）、一九〇一年には小町の辻説法の霊蹟を建立した（現存）。同文庫は、一〇年頃まで当地にあって、その後東京に移転した。なお、辻説法の霊蹟は、高山樗牛の「日蓮上人」に「先づ小町通りに日蓮腰掛け石といへるあり。（中略）昨年田中智学氏の発起にて其処に立派なる紀念碑を建てて是の聖跡を表彰せり」とある。なお、著書『宗門之維新』は学者や知識人の間に広められ、高山樗牛らが影響を受けた。田中門下には、宮沢賢治（一八九六～一九三三・詩人、童話作家）らがいる。

■**参考文献**　高山樗牛「鎌倉の話」『改訂註釈　樗牛全集　三』博文館、一九二六。『特別展 鎌倉と明治文学者 漱石 独歩 樗牛 天知』鎌倉文学館、一九九三。

（浪川幹夫）

田辺新之助

たなべ・しんのすけ

居住地：鎌倉市材木座　墓地：寿福寺
文久二年（一八六二）～昭和十九年（一九四四）

漢詩人であり教育者。逗子第二開成学校（現、逗子開成中学校・高等学校）及び鎌倉女学校（現、鎌倉女学院）の創立者。

略　歴　一八六二年に唐津藩士田辺幸左衛門正周の次男として深川の唐津藩下屋敷に生まれる。六八年に唐津に戻ると、唐津で英語教員をしていた高橋是清に学んだ。七八年には高橋是清が教える東京大学予備門*に入学。八一年に修了し、私立共立学校*の英語地理教授となった。九七年には開成尋常中学校の校長となり、一九〇三年には逗子に第二開成学校を設立、初代の校長を務めた。また女子教育にも尽力し、〇四年には鎌倉に鎌倉女学校を設立し、三四年まで初代校長を務めた。幼い頃より漢学に親しんだことから、上京後は漢籍を学び、校長を辞した後には、漢詩・漢籍の研究に邁進した。漢詩人としては田辺松坡を号し、名を馳せている。

学会・社会活動　明治時代末頃に鎌倉へ移ると、鎌倉の教育や文化の向上にも大きく寄与した。一九一五年に発足した「鎌倉同人会*」の名は、田辺の命名によるものである。また鎌倉青年団が鎌倉の名勝旧跡に建てた石碑の銘文も多く手がけている。田辺の蔵書は鎌倉市中央図書館に寄贈され、松坡文庫として整理が進められている。

終　焉　肺炎により、一九四四年に逝去。墓所は鎌倉の寿福寺にある。

■**主要著書**　単著『万国地理新書』富山房、一八九二。編著『明十家詩選』寶永館書店、一九〇一。『二松庵詩抄』一九二五、『梅潭詩鈔』一九〇二、他多数。

■**参考文献**　「田辺松坡と松坡文庫」松坡文庫研究会。『鎌倉そして鎌女』鎌倉女学院、一九八一。『学祖田邊新之助』逗子開成学園校友会、二〇〇三。『鎌女回想』鎌倉女学院、二〇〇四。

（大澤　泉）

田野辺　富蔵

たのべ・とみぞう

居住地：鎌倉市小町
明治四〇年（一九〇七）～平成十三年（二〇〇一）

栃木県宇都宮市生まれの医学者であり、中でも眼科を専門とする医学博士である。同時に、江戸艶本・浮世絵の研究者でも知られる。

略　歴　生家は、江戸時代より十三代を数える医者の家系であり、先祖から和本を収集、保管していた。一九三一年に東京帝国大学医学部を卒業し、現在の岩手医科大学の前身である財団法人岩手医学専門学校教授に就任する。戦後に岩手医科大学を辞し、鎌倉に田野辺眼科診療所を開設する。以後九三歳での逝去直前の頃まで地域医療に努めた。

学問的特徴　先祖からの蔵書を基盤に、医学の専門知識に基づく研究方法で独自な学術分野を開拓した。成果としては、蔵書の中の江戸時代艶本の翻刻出版はまさに当該分野で先鞭を付けたものと評価できよう。

■主要著書　単著『現代養生訓』かまくら春秋社、一九八六。『医者見立て　至福の人生』一九八九、『医者見立て　江戸の枕絵師』一九九五、『医者見立て　好色絵巻』一九九五、『医者見立て　英泉「枕文庫」』一九九六、『医者見立て　江戸の性典』一九九六、『医者見立て　幕末の枕絵師』一九九七、『医者見立て　江戸吉原再見』一九九八、『医者見立て　江戸艶本の粋』二〇〇一までの〝医者見立て〟シリーズ八冊を上梓（全て河出書房新社）。共著『日本眼科全書』金原出版、一九五四。

■参考文献　編集部「追悼」『医者見立て　江戸艶本の粋』河出書房新社、二〇〇一。

（青木　豊）

た

中鉢正美

ちゅうばち・まさよし

人間の経済行動や生活構造の学際的研究で知られる

居住地：鎌倉市山ノ内
大正九年（一九二〇）〜平成二五年（二〇一三）

東京都出身の経済学者で、人間の経済行動や生活構造を学際的に研究した。

略　歴　一九四〇年、慶應義塾大学経済学部に入学し、自然科学と経済行為の関係を研究する経済心理学を専攻する。五一年、慶應義塾大学経済学部助教授、五七年、慶應義塾大学教授に就任し、六四年、ミシガン大学日本研究センターに派遣される。六九年から七一年、慶應義塾大学経済学部長を務める。

学問的特徴　一九五六年、籠山京（慶應義塾大学医学部卒業）に師事し、籠山の医学的知見と経済学を総合し、人間の経済行動の研究に取り組む。五〇年代には、厚生省の中央賃金審議会・厚生統計協議会・医療保障委員など、行政の各種諮問委員として幅広く活動する。六六年には、社会政策学会代表幹事に就任し、厚生省衛生局による原爆被爆者生活実態に関する面接調査を広島にて実施する。また、厚生省家内労働委員会、東京都公衆浴場料金協議会・同環境衛生適正化審議会、文部省学術審議会諮問委員、総理府婦人に関する諮問調査会・同社会保障制度審議会・同婦人問題企画推進会議などを歴任し、日本の社会政策の進展に寄与する。

横　顔　一九四九年、鎌倉に転居し鎌倉アカデミア第二代校長三枝博音*（後の横浜市立大学学長）の知遇を得る。

■**主要著書**　単著『現代日本の生活体系』ミネルヴァ書房、一九七五。『家計調査と生活研究』光生館、一九七一。共著『老齢保障論』有斐閣、一九七五。『家庭経済論』国土社、一九五〇。編著『高齢化社会の家族周期 老齢者世帯生活調査・中高年者生活総合調査』社会保障研究所研究叢書、至誠堂、一九七五。『生活学の方法』ドメス出版、一九六六、他多数。

（森本　理）

辻新次

つじ・しんじ

居住地：鎌倉市由比ガ浜
天保十三年（一八四二）〜大正四年（一九一五）

松本藩医辻大渕介如水の次男として生まれた、明治時代の文部官僚である。教育行政を専門とし、近代日本の教育体制の構築に尽力したところから、「文部省の辻か、辻の文部省か」「教育社会の第一の元老」「明治教育界の元勲」などと評された。初代文部次官、*大学南校校長などを歴任した。号は信松。男爵で貴族院勅選議員。

略歴　藩校崇教館で朱子学と蘭学を学び、一八六一年に江戸に出て蘭学・英学・西洋兵学を学ぶ。幕府の蕃*書調所に入所する。六三年に、*開成所精錬方世話心得、六六年に開成所化学教授手伝、六八年*開成学校教授試補。六九年大学少助教となる。七一年には、文部省設置に伴い文部権少丞兼大助教、学制取調掛、学校課長、地方学務局長、普通学務局長、初代文部次官を歴任。七二年学制公布に伴い、大学南校校長に就任する。九二年に文部省退官後は、貴族院勅選議員、高等教育会議議員、教育調査会委員のほか、仁寿生命保険、諏訪電気、伊那電車軌道のそれぞれの社長を務めた。九三年には、東京女学館初代館長に就任している。

学会・社会活動　*東京大学の設立に従事したほか、文部大輔田中不二麿のもとで日本初の教育令の制定に参画した。*明六社、大日本教育会（後、帝国教育会）、仏学会、伊学協会の各会長に就任した。

叙勲・受賞歴等　一九〇八年男爵。一五年従二位。〇三年旭日重光章、〇六年勲一等瑞宝章受章、一五年旭日大綬章他。外国勲章佩用允許　一八八九年イタリア王冠勲章、レジオンドヌール勲章コマンドゥール。

■**参考文献**　唐沢富太郎編『図説教育人物事典：日本教育史のなかの教育者群像　下巻』ぎょうせい、一九八四。中野実『男爵辻新次翁』大空社、一九八七。

（青木　豊）

辻 達也

つじ・たつや

居住地：鎌倉市御成町
大正十五年（一九二六）～平成七年（二〇二二）

日本近世史研究者。近代日本における実証主義歴史学の基礎を築いた辻善之助の次男。

略　歴　一九二六年七月に東京で生まれ、四三年年三月、成蹊高等学校尋常科を修了、同年四月に同高等学校高等科文科乙類に進学。四五年三月に同校卒業、四月に*東京帝国大学文学部国史学科入学、四八年三月に卒業。四月に*東京大学大学院入学、翌年八月に退学し、九月より横浜市立大学商学部助手に就任。五二年に文理学部助手、翌年四月に同講師、五五年に助教授、六八年より教授となる。在職中は学長職務代理者補佐や評議員などを歴任し、八六年三月に同大学を定年退職し名誉教授となる。その後、一九九七年まで専修大学教授を務める。この間、立教大学、学習院大学、國學院大學大学院で講師を兼任。

学問的特徴　実証主義に基づき江戸時代の幕政史を中心に研究し、日本近世史研究の進展に大きく貢献する。

学会・社会活動　一九四九年に財団法人史学会評議員、七二年に古河市史編纂委員会監修者。七三年に日光杉並木街道保存委員会委員、八三年から同委員長。八二年より神奈川県文化財保護審議会委員などを歴任。

叙勲・受賞歴等　一九九四年に中央公論社『日本の近世』全十八巻（朝尾直弘と共編）で毎日出版文化賞。

■**主要著書**　単著『徳川吉宗』吉川弘文館、一九五八。『享保改革の研究』創文社、一九六三、など多数。

■**参考文献**　『横浜市立大学論叢（人文科学系列）』三七―二・三合併号、一九八六。『専修人文論集』六〇、一九九七。

（會田康範）

津田塾大学を創設した日本最初の女子留学生

津田梅子

つだ・うめこ

居住地：鎌倉市極楽寺
元治元年（一八六四）～昭和四年（一九二九）

福澤諭吉らと欧米視察に同行した幕府外国奉行の通弁で、後に*学農社農学校を設立し『農業雑誌』を創刊した父津田仙の次女として、一八六四年に江戸牛込南町に生まれる。七一年の岩倉具視使節に同行した我が国最初の女子留学生で、津田塾大学を創始し日本女性のための高等教育に力を尽くした。

略歴　北海道開拓使派遣の女子留学生として、使節団とともに満六歳で米国へ出発。*チャールズ・ランメン夫妻に預けられ、一八八二年に*アーチャー・インスティテュートを卒業、帰国する。伊藤博文の勧めで、八六年には*華族女学校教授となる。一九〇〇年、私立女子高等教育の先駆的機関「女子英学塾」（現、津田塾大学）を創設する。

学問的特徴　プリンマー大学で生物学を専攻し、イギリスの学術雑誌に論文を発表、日本人女性初の掲載となる。

学会・社会活動　日本女性を留学させるための奨学金制度「日本婦人米国奨学金」委員会を設立する。万国婦人クラブ連合大会の日本婦人代表で出席し、ヘレンケラーとナイチンゲールから刺激を受ける。

横　顔　喘息の持病があった梅子にとって、一九〇七年頃に建てられた極楽寺の津田別荘は楽しい閉居であった。夏はいつも鎌倉で過ごし、遠足に訪れる学生の昼食や、休養の場としても使われた。別荘は大震災で倒されたが、一九二九年に新築され、七月二〇日に移り住むも、八月十六日の夕脳溢血のため六五歳で逝去する。

叙勲・受賞歴等　一九一五年勲六等宝冠章、二八年勲五等宝冠章、一九年ベルギー王国勲章。

■参考文献　創立九〇周年記念事業出版会『津田梅子と塾の九十年』一九九〇。吉川利一『津田梅子』中公文庫、一九三〇。

（落合知子）

農業の近代化と農民救済運動に奔走

津田仙

つだ・せん

居住地：鎌倉市大町　墓地：青山霊園
天保八年（一八三七）〜明治四一年（一九〇八）

農学者、教育者。中村正直・新島襄とともにキリスト教界三傑。女性地位向上に尽力した津田梅子の父。

略　歴　下総国佐倉藩堀田家中小島良親の三男として生まれ、一八六一年津田初子と結婚し婿養子となる。佐倉藩校・成徳書院で学び、江戸で蘭学塾・又新堂で語学を学ぶ。外国奉行の通訳となり渡米。維新後、ウイーン万国博覧会へ田中芳男とともに佐野常民に随行。七五年、米国メソジスト教会で妻とともに洗礼をうける。七六年東京麻布に西洋野菜などの農産物栽培や出版を行う学農社を設立。農学校も併設し、キリスト教指導を行う。

学問的特徴　ウイーン万博でオランダ人農学者・ダニエル・ホイブレイクの指導を受け、近代的西洋農法を学び、帰国後、学農社*農学校で西洋野菜や果樹の導入と普及を進める。その根底には、常に新しい技術と知識を共有して新たな時代へ対応する精神の必要を認識していた。「農は百工の父母」、「自由を重し」の精神は各地へ伝播していった。娘梅子の活動に見られるように、女子教育にも目を向け、キリスト教主義教育にも重要な役割を果たす。

学会・社会活動　ウイーン万博から持ち帰った偽アカシアの種子が、一八七五年に大手町に植えられ東京最初の街路樹となる。青山学院、同志社、普連土女学校、東京盲唖学院など明治のキリスト教主義学校の創立に関与している。足尾鉱毒事件では、農民救済運動にも奔走。田中正造を鎌倉に招待し懇談。また米国産トウモロコシ種で、日本で最初といわれる通信販売を行う。

終　焉　一八九七年に事業から引退して晩年は、鎌倉で過ごしていた。東海道本線車内で、脳溢血で死去。

■**主要著書**　単著『農業三事　上・下』青山清吉、一八七四。『農業雑誌』学農社、一八七六。『酒の害』東京婦人矯風会、一八八五。

■**参考文献**　高崎宗司『津田仙評伝 もう一つの近代化をめざした人』草風館、二〇〇八。

（杉山正司）

津田利治

つだ・としじ

居住地：鎌倉市由比ガ浜
明治三七年（一九〇四）～平成十一年（一九九九）

東京都出身の法学者で、中でも会社法の研究で知られる。

略　歴　一九二六年に慶應義塾大学法学部法律学科を卒業後、慶應義塾大学法学部助手として勤務する。三四年に慶應義塾大学法学部助教授、三六年に慶應義塾大学法学部教授となる。六〇～六六年まで慶應義塾評議員を務め、七一年慶應義塾大学を定年により退職する。

学問的特徴　法学の中でも、商法学の研究を行った。我が国では自由法学の立場をとる法学者が多い中、フィリップ・ヘック*が創始した利益法学*の立場から論を展開した。

学会・社会活動　一九五四年から法務省法制審議会商法部会委員となる。日本私法学会に設立委員の一人として参加し、六一年より日本私法学会理事を務める。

終　焉　一九九九年二月二五日鎌倉市の自宅で老衰により逝去。享年九五。

叙勲・受賞歴等　一九五一年義塾賞。

■**主要著書**　単著『横槍民法総論 法人ノ部（慶應義塾大学法学研究会叢書66）』慶應義塾大学出版会、一九九六。『会社法以前（慶應義塾大学法学研究会叢書72）』慶應義塾大学出版会、二〇〇三。共編著『神戸寅次郎民法講義（慶應義塾大学法学研究会叢書60）』慶應義塾大学出版会、一九九六、他多数。

■**参考文献**　津田祥子『つむじまがりの一世紀―義父 津田利治から聞いたこと』エムアンドエス経営研究所、一九九九。

（松田佑斗）

つ

堤　信久

つつみ・のぶひさ

居住地：不詳
大正一〇年（一九二一）～不明

金属組織の定量的測定と金属の諸特性の関連性についての研究の中で、鋳造鏡である柄鏡の研究をおこなう。

略　歴　鎌倉市生まれ。一九四三年、早稲田大学理工学部応用金属学科を卒業し、早稲田大学に勤務する。海軍見習尉官に任官され、海軍技術大尉として広島海軍工廠、海軍兵学校に勤務する。終戦後の四五年に早稲田大学へ復帰し、四九年同大学助教授に昇格し、六一年に教授に就任している。八一～八六年には、早稲田大学材料技術研究所第八代所長をつとめ、一九九二に定年で退職している。

学問的特徴　鋳造資料であるがゆえか江戸時代の柄鏡を収集し、鋳造学の立場から独自の鏡研究を行った。

学会・社会活動　日本鋳造工学会名誉会員。

■主要著書　単著『標準金属工学講座　八』コロナ社、一九六〇。『可鍛鋳鉄の実験的研究』松原書店、一九六〇。「鋳造欠陥とその考え方」『鋳物』六一－十二、一九八九。『江戸時代の柄鏡とその鑑賞』トミタ孔版、一九九二。「機械工作法（総論）鋳造工場における環境管理」『鋳造工学』六九、一九九七。「廣海軍工廠における鋳物技術」『鋳物』八四－四、二〇一二。共著『新編機械工学講座　一、二』コロナ社、一九六八。「球状黒鉛鋳鉄における爆発状黒鉛の生成について」『日本鋳物協会全国講演大会講演概要集（鋳物）』一九八五。『江戸時代の柄鏡とその鑑賞』トミタ孔版、一九九二。

（青木　豊）

銅直　勇

どうちょく・いさむ

居住地：鎌倉市西御門
明治二二年（一八八九）～昭和五四年（一九七九）

大分県出身の社会学者で、成城学園理事・成城高等学校校長など学校経営や教育にも携わる。

略　歴　一九一二年、広島高等師範学校国語漢文部卒業後、和歌山県立粉河中学校に勤務したが、一七年、京都帝国大学文科大学哲学科に入学する。同哲学科の米田庄太郎教授から純正社会学の指導を受ける。同大学卒業後、京都市役所や大原社会問題研究所などに勤務し、社会問題や労働問題について実践的に取り組む。二一年、京都帝国大学大学院に入学し、米田庄太郎教授や西田幾多郎教授らの指導を受けて社会学を深め、龍谷大学などで社会学関係の講師も務める。二六年に成城高等学校教授となる。戦後、熊本県に移り、四九年まで熊本師範学校長を務めた後、横浜国立大学、日本大学、明星大学の各大学でそれぞれ教授を歴任する。

学問的特徴　社会と社会現象を区別して、前者を心と心の結合とみなし、後者を結合に加えて反対や衝突、分離も含むものと見なしたうえで、社会学は社会現象を対象とする一般的科学でなければならないと主張する。さらに、社会学を「社会哲学」「純正社会学」「文化社会学」の三つに分類する。「社会哲学」や「純正社会学」は、米田庄太郎教授の社会学の方法論としての「組織社会学」と「総合社会学」に共通する部分があり、すべての社会現象に含まれる事実を探究するという姿勢は、米田庄太郎教授を経て銅直に受け継がれる連続性が見られる。

■主要著書　単著『純正社会学概論』玉川学園出版部、一九二九。『社会学（上）』明星大学、一九六六。『社会学学習指導書』明星大学、一九六六。『社会科学概論』明星大学、一九六六、他多数。

■参考文献　高島秀樹「銅直勇教授の社会学（補遺1）―教育論と教育実践(1)」明星大学社会学研究紀要四三、二〇二三。

（森本　理）

遠山 茂樹

とおやま・しげき

居住地：鎌倉市
大正三年（一九一四）～平成二三年（二〇一一）

東京都中央区月島出身の日本近代の歴史学者で、中でも、自由民権運動、明治維新などの研究で知られる。

略　歴　一九三八年に東京帝国大学文学部国史学科を卒業後、文部省維新史料編纂事務局に勤務し、『維新史』の編纂に従事する。四二年に東京帝国大学史料編纂所、その後、東京大学教職員組合委員長などを経て、五八年に横浜市立大学文理学部教授となる。六二年からの四年間、歴史学研究会委員長を務め、七九年に横浜市立大学を退官した後は、専修大学法学部教授、横浜開港資料館の初代館長となる。

学問的特徴　遠山の研究は、幕末維新期から戦後史に及ぶ広範囲にわたるが、その関心は日本近代史に留まることはなかった。歴史学研究会委員長などを務めていた遠山は、東洋史、西洋史の研究者と交流する機会が頻繁にあり、このような関係から、日本近代史だけではなく、広く歴史学界全体についても深い関心を寄せていた。

学会・社会活動　一九五五年に岩波新書より発刊された『昭和史』は一大ベストセラーとなるが、その叙述をめぐり、昭和史論争を引き起した。この論争は、当時の歴史認識の問題とも関与し、大きな反響を呼んだ。

終　焉　二〇一一年八月三一日に老衰により逝去。享年九七。

■主要著書　単著『明治維新』岩波全書、一九五一。『戦後の歴史学と歴史意識』岩波書店、一九六八。『自由民権と現代』筑摩書房、一九八五。『明治維新と天皇』岩波書店、一九九一。共編著『昭和史』岩波新書、一九五五、他著書・編著書・論文多数。

■参考文献　原口清「遠山茂樹さんを偲ぶ」『日本歴史』八〇〇、二〇一五。

（鈴村楓実）

ムラージュ製作技術を伝えた医学者

土肥 慶蔵

どひ・けいぞう

居住地：鎌倉市大町
慶応二年（一八六六）～昭和六年（一九三一）

皮膚医学の開祖と称される医学者で、医学博士である。また、漢詩文にも素養が有り、鶚軒《がっけん》と号し多数の作品を遺した。

略　歴　一八八〇年に上京し、下谷の進學舎でドイツ語を学び、同年東京外国語学校（現、東京外国語大学）に入学。八五年、*帝国大学医科大学予科に入学し、九一年に卒業する。附属第一医院外科医局に入局し、お雇い外国人教師の外科医*スクリバ博士の助手となる。九三年、ドイツへ留学し外科学を修得。ウィーン大学で皮膚科学と黴毒学を学び、さらにパリ大学で泌尿器科学を学び、九八年帰国。同年*東京大学医科大学に新設の皮膚病梅毒学講座主任教授に就任し、一九二六年まで研究を続けた。鶚軒文庫　東京大学総合図書館には医学・本草、国立国会図書館には文学・語学が、以外は東京医科歯科大学附属図書館バークレイ校にも収蔵。

学問的特徴　皮膚病の理学的療法などの新治療法を考案し、皮膚科泌尿器科学の研究と研究者の育成に携わった。標本ムラージュ（蝋細工）を伝えた。本技術は医学教育・博物館でも大きな役割を果たした。

学会・社会活動　日本皮膚科学会、日本性病予防協会（現、性の健康医学財団）を創立し会頭に就任する。

叙勲・受賞歴等　一九一七年正四位、二三年従三位。〇八年勲四等瑞宝章。二七年帝国学士院賞。

■**主要著書**　単著『世界黴毒史』形成社、一九二一。『乙丑周遊記』私家版、一九三一。『鶚軒先生遺稿　上』・『鶚軒先生遺稿　下』戊戌会、一九三二、等々。編著『日本皮膚病黴毒圖譜』朝香屋書店、一九一〇。共著『彩色皮膚病圖譜』南山堂、一九四四。

■**参考文献**　柳下彦雄編『土肥先生追悼録』柳下病院、一九三二。土肥慶蔵先生生誕百年記念会編『土肥慶蔵先生生誕百年記念会誌』一九六七。鈴木昶『日本医家列伝』大修館書店、二〇一三。

（青木　豊）

富永惣一

とみなが・そういち

居住地：鎌倉市山ノ内
明治三五年（一九〇二）～昭和五五年（一九八〇）

略　歴　美術史家、美術評論家。東京市出身。実業家・政治家で男爵の安場末喜（一八五八～一九三〇）の孫である。一九二六年東京帝国大学文学部美学美術史学科を卒業し、二九年に学習院教授となり、三一年から三三年にかけて、宮内省在外研究員として欧米に留学した。戦後は、四九年、学習院大学文学部教授に就任した。五四年に創立された日本美術評論家連盟の初代会長となり、五七年からは同大文学部長を務めたほか、多摩美術大学、早稲田大学文学部などで教鞭を執った。そして、これ以降は美術の国際交流に努めて、ヴェネツィア・ビエンナーレ展国際審査員に二回選ばれた。五九年、新設された国立西洋美術館の初代館長に就任した。その後は、六八年から大阪万国博覧会美術館館長に就任したほか、共立女子大学教授を務めた。

富永惣一と鎌倉　鎌倉では、現JR横須賀線の権兵衛踏切付近、作家高見順*の近所に住んでいた。

叙勲・受賞歴等　一九六九年シュヴァリエ・ド・ラ・レジォン・ドヌール勲章。

■主要著書　単著『希臘彫刻』一九三九、アトリヱ社。『ミケランジェロ　世界伝記全集』一九五九、講談社。翻訳『スタンダール・イタリア絵画史』一九四三、河出書房、など。

■参考文献　染谷孝哉『鎌倉　もうひとつの貌』蒼海出版、一九八〇。「富永惣一　日本美術年鑑所載物故者記事」東京文化財研究所　https://www.tobunken.go.jp/materials/bukko/10252.html（閲覧日 20240101）

（浪川幹夫）

航空機内からカメラまでのデザイン研究者

豊口　克平

とよぐち・かつへい

居住地：鎌倉市玉縄
明治三八年（一九〇五）～平成三年（一九九一）

秋田県鹿角市出身のインテリアデザイナーで、武蔵野美術大学名誉教授である。

略　歴　一九二八年東京高等工芸学校図案科（現、千葉大学工学部）卒業後、デザイナー活動に入り、「形而工房」を結成する。三三年には、商工省工芸指導所（現、産業技術総合研究所）に入所し、三四年には武蔵野美術大学教授に就任する。五五年には専門学校桑沢デザイン研究所教授となる。五九年には自身の豊口デザイン研究室を設立（翌年、豊口デザイン研究所に改称）する。七六年武蔵野美術大学を定年退職し、同大学名誉教授。

学問的特徴　一九五八年日本航空DC-9機インテリアデザイン、六〇年第1回モスクワ日本産業見本市会場デザイン、六九年大阪万国博覧会協会ディスプレイデザイン顧問、六三年オリンパスオート35㎜デザイン等々。

学会・社会活動　人間工学的な視点で家具をとらえ、新しい生活様式に合致した家具のデザインを模索した。第二次世界大戦後は、航空機内のインテリアデザインやカメラ、顕微鏡等の精密機械のデザインにも及んだ。一九五四～七三年まで日本インダストリアルデザイナー協会理事、七四年日本インダストリアルデザイナー協会・日本インテリアデザイナー協会双方の名誉理事。一九七四年工芸財団の理事長等を歴任した。

叙勲・受賞歴等　一九九一年従四位。七六年勲三等瑞宝章。五九年第五回毎日産業デザイン賞、七一年内閣総理大臣顕彰、九〇年第一回通産省デザイン功労賞、国井喜太郎*産業工芸賞。

■**主要著書**　単著『デザイン戦術―中堅企業と工業デザイン―』ダイヤモンド社、一九六五、など。共著『現代家具製作の知識』東学社、一九三六。『型而工房から：豊口克平とデザインの半世紀』美術出版社、一九八七、等多数。

■**参考文献**　『日本美術年鑑』一九九二年版、東京文化財研究所。

（青木　豊）

と

鳥野幸次

とりの・ゆきつぐ

居住地：鎌倉市
明治六年（一八七三）～昭和三六年（一九六一）

福井県丸岡町出身の国文学者で文学博士であり、宮中御歌所寄人を務めたことでも広く知られる。

略　歴　十八歳で上京し、一八九二年國學院大學国文学科を卒業する。九七年学習院大学助教授を経て、教授となっている。その後、母校國學院大學文学部教授に就任している。一九二三年宮中御歌所寄人に召され、四四年には皇后陛下と歌会「奥の研究会」を発足させた。宮内庁では、侍従事務嘱託・侍従職御用掛・大正天皇御製編纂員・貞明皇后御歌集編纂員・明治天皇昭憲太后御集編纂会常任委員等を歴任した。四九年の相模女子大学創設に関しては、学芸部長・理事・学監・大学部長などの複数の役職を果たした。

学問的特徴　幼少期から和歌や文学を嗜好し、『古事類苑』の編纂委員でも知られる古典学者の今泉定介の薫陶を受けて国文学を究める。

学会・社会活動　文部省中等教育検定試験国語科委員をはじめ、各地での歌会の選者を積極的に務める。また、『文集・春光』『文集・彩雲』を刊行する。

叙勲・受賞歴等　正三位。勲二等瑞宝章。

■**主要著書**　単著『東関紀行詳解』明治書院、一九〇二。『保元物語評釈』明治書院、一九一二。『校註土佐日記』明治書院、一九二六、など多数。

■**参考文献**　『現代物故者事典　一九八〇～一九八二』日外アソシエーツ、一九八三。

（青木　豊）

内藤 壽七郎

ないとう・じゅしちろう

居住地：鎌倉市大町
明治三九年（一九〇六）～平成十九年（二〇〇七）

東京生まれの医学者で、小児科医を専門とする。生涯大学と距離を置き常に野にあって第一線で医療活動に従事し、小児科医療の第一人者として知られる。「育児の神様」と尊称された。

略　歴　父が熊本出身の軍医であった関係で、県立熊本中学校（現、熊本県立熊本高等学校）、旧制第五高等学校*までを熊本で過ごした。一九三一年に東京帝国大学医学部*を卒業し、東京帝国大学小児科教室に勤務する。同教室を経て、日本赤十字社中央病院小児科部長となる。五六年愛育病院*院長・愛育研究所*所長に就任する。七九年愛育病院名誉院長、日本小児科医会名誉会長、ソニー教育財団理事などを歴任した。

学会・社会活動　国連環境計画特別顧問や日中育児研究会会長を務めた。一九八四年、日本小児科医会の初代会長となり、九七年に日本小児科医会名誉会長となる。

終　焉　二〇〇七年十二月十二日、腎不全のため聖路加病院で逝去。享年一〇一。

叙勲・受賞歴等　一九六八年藍綬褒章。八四年日本医師会最高優秀功労賞、八五年毎日出版文化賞、八六年国際小児科学会賞。九二年国際的社会貢献者に贈与される〝シュバイツァー博愛賞〟を日本人として初めて受賞。

■**主要著書**　単著『育児の原理』は、アメリカや中国でも出版され国際的な評価を受けた。『新「育児の原理」あたたかい心を育てる 赤ちゃん編』角川ソフィア文庫、二〇一七。『新「育児の原理」あたたかい心を育てる 幼児編』角川ソフィア文庫、二〇一七など著書多数。

（青木　豊）

な

長岡 半太郎

ながおか・はんたろう

土星型原子模型を考案した物理学者

居住地：東京都・鎌倉市大町　墓地：青山霊園
慶応元年（一八六五）～昭和二五年（一九五〇）

我が国を代表する物理学者の一人で、鈴木梅太郎、本多光太郎と共に理研の三太郎として知られる。

略　歴　一八八六年に東京帝国大学理学部を卒業後、大学院に進学し、九〇年に東京帝国大学助教授となり、九六年から一九二六年まで東京帝国大学教授を務める。一七年には理化学研究所の研究員となる。その後初代大阪帝国大学総長、貴族院議員、日本学術振興会理事長、帝国学士院院長、技術院参与等を歴任する。

学問的特徴　磁気歪の研究や長岡式原子模型と呼ばれる世界で初めて土星型原子模型を提唱した。さらには電磁気学、分光学、地球物理学などの幅広い分野で業績を上げ、我が国の物理学発展の基礎を築いた。

終　焉　一九五〇年十二月十一日文京区西片町の自宅で脳内出血により逝去。享年八五。

叙勲・受賞歴・記念館等　一九〇六年勲四等瑞宝章、一〇年勲三等瑞宝章、二八年勲二等旭日重光章、三二年勲一等瑞宝章、三七年第一回文化勲章。長岡半太郎記念館・若山牧水資料館　所在地：神奈川県横須賀市長沢二-六-一八　沿革：一九八一年に京浜急行電鉄株式会社より現在の土地と建物の寄付があり、横須賀市役所北下浦支所の分室として受領した。八八年に若山牧水の資料の寄贈を受け、長岡半太郎記念館・若山牧水資料館として開館し現在に至る。

■**主要著書**　単著『ラヂウムと電気物質観（物理学叢書一）』大日本図書、一九〇六。『田園銷夏漫録並に震後雑感』岩波書店、一九二四。『原子力時代の曙』朝日新聞社、一九五一、他多数。

■**参考文献**　板倉聖宣・木村東作・八木江里『長岡半太郎伝』朝日新聞社、一九七三。

（松田佑斗）

中川善之助

なかがわ・ぜんのすけ

家族法の権威者と称された民法学者

居住地：東京都　墓地：東慶寺
明治三〇年（一八九七）〜昭和五〇年（一九七五）

東京府神田区（現東京都千代田区）出身の、昭和を代表する民法学者。

略　歴　一九二一年に東京帝国大学法学部*を卒業。翌年に新設された東北帝国大学法文学部（現、東北大学法学部）の助教授となる。その後留学を経て二七年に教授となり、六一年に退官。同年に学習院大学政経学部の教授、六七年に金沢大学学長を歴任したほか、四〇年から没年まで、仙台法経専門学校の校長を務めた。専修大学図書館神田文館に旧蔵図書七五七八冊、資料一九〇〇点、雑誌六五誌、学習院大学には中川善之助収集史料として仙台藩・会津藩関係史料など四九七点が所蔵されている。

学問的特徴　家族法の権威と称される民法学の泰斗。終戦後の民法典大改正の際は、改正案の起草に指導的役割を果たした。

学会活動・社会活動　東北大学には、中川を慕う学生等によって植樹された「中善並木」という桜並木があり、「若き日の友情と感激のために」と刻んだ揮毫の石碑が立つ。また鎌倉の東慶寺には書物形の墓碑が教え子等によって建立され、「身分法学の父であり新民法の母であり学生を限りなく愛した先生を敬慕して」と刻まれる。

終　焉　一九七五年三月二〇日、上野駅中央改札口付近で狭心症ため急逝。享年七七。

■**主要著書**　単著『身分法の基礎理論』河出書房、一九三九。『身分法の総則的課題』岩波書店、一九四一。『家族法研究の諸問題』勁草書房、一九六九。『相続法』有斐閣、一九二二、他著書・編著書・論文多数。

■**参考文献**　向井健「中川善之助」項『国史大辞典』吉川弘文館。『東北大学法学部同窓会会報』一九七五。

（大澤　泉）

中島太郎

なかじま・たろう

戦後の日本教育制度史をまとめた教育学者

居住地：鎌倉市浄明寺
明治三七年（一九〇四）〜昭和四五年（一九七〇）

埼玉県出身の教育学者で、教育原理・教育財政、教育制度を専門分野とし、さらに我が国の教育制度史の研究でも知られる。

略　歴　一九二八年に、東京帝国大学文学部教育学科を卒業している*。戦後の五〇年に、横浜国立大学教授となり、五二年には東北大学教授に就任し、六七年に東北大学を退官している。退官後は、清泉女子大学教授となっている。

学問的特徴　日本の教育制度・教育行政の研究は、基より『戦後日本教育制度成立史』は全九八四頁、『近代日本教育制度史』は全一〇一三頁の大著を著し、教育学の体系を構築した。

学会・社会活動　清泉女子大学内に中島太郎教授記念奨学会金を設立し、当該年度に教職課程の履修を開始した学生を対象に、強く教職を希望する成績優秀者に給付している。

■**主要著書**　単著『学級編成の諸問題』目黒書店、一九三一。『教育行政』岩崎書店、一九五〇。『社会教育行政論』有斐閣、一九五五。『あたらしい日本の教育制度』有斐閣、一九五九。『戦後日本教育制度成立史』岩崎学術出版社、一九七〇。『近代日本教育制度史』岩崎書店、一九六六。『教員養成の研究』第一法規、一九六一。『教育制度論』福村書店、一九六〇。

■**参考文献**　伊藤和衛「近代日本教育制度史」『教育学研究』三三―四、一九六六。皇至道「書評　中島太郎著「戦後日本教育制度成立史」」『教育学研究』三八―二、一九七一。『20世紀日本人名事典』日外アソシエーツ、二〇〇四。

（青木　豊）

長洲一二

ながす・かずじ

居住地：鎌倉市稲村ガ崎
大正八年（一九一九）〜平成十一年（一九九九）

東京都千代田区神田出身の政治家・経済学者である。

略　歴　一九三七年に安田商業高校卒業後、日本銀行に勤務する。三九年に退職し、四一年に横浜高等商業学校（現、横浜国立大学）を卒業。四四年には、東京商科大学（現、一橋大学）を卒業し、三菱重工業に勤務、同年大日本帝国海軍に入隊し、四五年海軍経理学校を卒業し、四六年から極東軍事裁判所に勤務した。四七年横浜国立大学に着任し、六三年同教授、七〇年まで経済学部長、七四年退官した。七五年神奈川県知事に当選し、九五年まで五期二〇年神奈川県知事を務めた。

学問的特徴　経済学者であるが、政治、社会、教育などの分野で幅広く活躍した。

学会活動・社会活動　一九四七年から七四年まで出身大学の横浜国立大学で経済学等を講じ、後人の育成に努めた。また、神奈川県知事を七五年から九五年まで五期二〇年務め、革新統一候補として、神奈川県に先進的な政策を行い、県の発展に貢献した。

終　焉　一九九九年五月四日脳梗塞により逝去。享年八一。

叙勲・受賞歴等　一九九九年従三位叙位。一九九六年勲一等瑞宝章。

■主要著書　単著『現代マルクス主義論』弘文堂、一九五九。『日本経済入門：世界一の成長がもたらすもの』光文社、一九六〇。『構造改革論の形成』現代の理論社、一九七三。【地方の時代をきりひらく　燈燈無尽】ぎょうせい、一九七九。共編著『経済学入門』三一書房、一九六五。『資源はどこにいく』東洋経済新報社、一九七五、他著作多数。

■参考文献　YNUプラウド卒業生文庫、長洲一二。

（菅原日出人）

中西　功

なかにし・つとむ

居住地：鎌倉市雪ノ下
明治四三年（一九一〇）～昭和四八年（一九九六）

三重県多気郡西外城田村土羽（現、多気町）出身の政治評論家であり、中国問題を専門とする共産主義運動の活動家であった。日本共産党参議院議員をつとめた。

略　歴　三重県で学んだ後、一九二九年に、三重県県費生として上海の東亜同文書院大学*に入学する。日支闘争同盟・中国共産主義青年団などの団体に参加し、反日本帝国主義の反対学生活動を盛んに行い、三〇年に上海で検挙されている。三二年の蔣介石による上海クーデター*で受けて帰国し、プロレタリア科学研究所*で中国研究に没頭。三四年に満州鉄道に入社し中国の大連への赴任により、再び大陸の土を踏んだ。満鉄調査部の名のもとに調査執筆活動に邁進する。公然活動としては、満鉄の調査業務として「支那抗戦力調査委員会」の主たる人員としての立場から中国の抗戦力を高く評価するなど、日本の軍事活動を牽制する報告をまとめた。非公然活動では、中国共産党指導部へ情報を伝達するなどの反戦活動、抗日活動を内部から援助したと言われている。

学問的特徴　確固たる共産主義思想の持主。

■主要著書　単著『中国革命と中国共産党』上人民社、一九四六。『中国共産党史』北斗書院、一九四六。『ソヴェート革命時代』北斗書院、一九四六。『社會民主主義と新民主主義』伊藤書店、一九四八。『日本ファシズムをめぐる理論的諸問題』潮流社、一九四九。『中国革命と毛沢東思想：中国革命史の再検討』青木書店、一九六九。『死の壁の中から 妻への手紙』岩波書店、一九七一。『現代中国の政治』青木書店、一九七四。『中国革命の嵐の中で』青木書店、一九七四、等。

■参考文献　福本勝清「中西功と中国農村社会論」『明治大学教養論集　三二九』。

（青木　豊）

永野藤夫

ながの・ふじお

居住地：鎌倉市大町
大正七年（一九一八）～平成十四年（二〇〇二）

福島県出身のドイツ文学者で、キリスト教文学、ドイツ演劇を専門とした文学博士（東京大学）*である。

略歴　一九四一年に東京帝国大学*独文科を卒業後、横浜国立大学助教授、同大学教授を歴任する。

学問的特徴　総合芸術としての演劇の流れを独創的に考察した『宗教改革時代のドイツ演劇 その史的発展の考察 Ⅰ・Ⅱ』は名著とされる。『世界の演劇文化史 人類史の生のリズムを映す世界劇場』では、古代から現代に至るまでの各時代の名作を中心に世界演劇文化を総合的に掘り下げたことで知られる。

学会・社会活動　民衆教育の父とされるイタリアの教育実践者ペスタロッチの『ペスタロッチ隠者の夕暮』を翻訳し、知・徳・体の調和的発達の重要性や、人々が貧困から抜け出すには教育が重要とするペスタロッチ思想を我が国に紹介した功績は大きいとされる。また、ヘルマン・ヘッセの『荒野の狼』の翻訳では、既成の価値観への生き方や在り方に対する苦悩や逡巡などを示し、一九七〇年代の若者世代に大きな影響を与えた。

叙勲・受賞歴等　一九九一年勲三等旭日中綬章。

■主要著書　単著『宗教改革時代のドイツ演劇 その史的発展の考察 Ⅰ・Ⅱ』創文社、一九六二。『世界の演劇文化史 人類史の生のリズムを映す世界劇場』原書房、二〇〇一。翻訳 ハンス・アンデルセン著『絵のない絵本』大学書林、一九五七。ペーター・ヴースト著『不安と冒険』創文社、一九五七。ロマーノ・グァルディーニ著『パスカル キリスト教的意識』創文社、一九五七。ロマーノ・グァルディーニ著『ドストエーフスキイ 五大ロマンをめぐって』創文社、一九五八。共訳 オットー・ボルスト著『中世ヨーロッパ生活誌 1・2』白水社、一九八五。『ペスタロッチ隠者の夕暮』世界人生論全集、筑摩書房、一九六三。『荒野の狼』講談社、一九七二、他多数。

（森本　理）

鎌倉の衛生医学者・ジョン万次郎の息子

中浜東一郎

なかはま・とういちろう

居住地：東京都・鎌倉市長谷
安政三年（一八五七）～昭和二年（一九二七）

略　歴　ジョン万次郎こと中浜万次郎（一八二七～九八・米国帰りの旧幕臣）の長男である。医師、医学者。衛生医学を究めて防疫対策の第一線で活躍した。一八七三年第一大学医学校（現、東京大学医学部*）に入学、ドイツ人医学者ベルツ（一八四九～一九一三）らに師事。同期生に森林太郎（鷗外・一八六二～一九二二）がいた。卒業後は福島県医学校長兼教諭、岡山、金沢各医学校教授兼病院長を歴任。八五年欧洲に遊学し、帰朝後は内務省技師に任命されて、各地の防疫に努めた。九〇年には東京衛生試験所長となるが、のち官を辞して麹町に回生病院を設立したほか、鎌倉大仏近くに鎌倉病院を創建して、その顧問になった。一方で、永いこと中央衛生会委員を務め、医事衛生上に貢献した。九二年から病後の療養のために来鎌し、九三年には長谷に別荘を新築。この頃別荘地や保養地として開け始めた鎌倉に彼が別荘を建設したことは、衛生医学者として当然の成行きであったと考えられる。

学問的特徴　中浜は一八九一年八月十八日から一九二七年三月十三日に至るまで膨大な日記をのこした。これは『中浜東一郎日記』として知られており、わが国の医学や保険衛生の発展過程のほか、国内外の事件などを克明に記録したものである。

■参考文献　浪川幹夫「中浜東一郎と鎌倉―『中浜東一郎日記』を中心に―」『郷土神奈川』三七、一九九九、神奈川県立図書館。

（浪川幹夫）

中村 光夫

なかむら・みつお

居住地：鎌倉市扇ガ谷　墓地：染井霊園
明治四四年（一九一一）～昭和六三年（一九八八）

文芸評論家、劇作家、小説家で本名は木庭一郎。西洋近代文学との比較から日本近代文学の私小説批判を展開し、戦後の文芸評論に大きな影響を与えたことで知られる。

略　歴　一九三一年に東京帝国大学法学部に入学するが、六月に退学する。三二年に東京帝国大学文学部仏文学科に再入学し、三五年に卒業。鎌倉アカデミアで教鞭を執って、四九年に明治大学教授となり、定年により退職する八一年まで務める。

学会・社会活動　一九四八年に鎌倉在住の吉川逸治や吉田健一らと鉢の木会を結成し、季刊文芸誌『聲』を刊行する。五五～八五年までの長きに亙って芥川賞選考委員を務める。六二年に日本近代文学館理事、七四～七五年まで第六代日本ペンクラブ会長、日本芸術院会員等を歴任する。

終　焉　一九八八年七月十二日鎌倉市の自宅で肺炎により逝去。享年七七。

叙勲・受賞歴等　一九三六年池谷新三郎賞、五一・五八・六四年読売文学賞、六〇年岸田演劇賞、六七年日本芸術院賞・野間文芸賞、八二年文化功労者。

■**主要著書**　単著『二葉亭四迷論』進路社、一九四七。『風俗小説論』河出書房、一九五〇。『谷崎潤一郎論』河出書房、一九五二。『志賀直哉論』文藝春秋新社、一九五四。『パリ繁昌記』講談社、一九六一。『贋の偶像』筑摩書房、一九六七、他多数。

■**参考文献**　「近代日本文芸に鋭い評論中村光夫氏が死去」読売新聞一九八八年七月十三日朝刊。

（松田佑斗）

長与専斎

ながよ・せんさい

居住地：長崎県・藤沢市鵠沼　墓地：青山霊園
天保八年（一八三八）～明治三五年（一九〇二）

略　歴　江戸末期から明治時代の医学者。我が国の予防・衛生医学の基礎を創った人物で、雑誌「白樺」の同人として活動した善郎《よしろう》（小説家、劇作家）の父である。一八五四年大坂の緒方洪庵の適塾*に入門後、六一年長崎でポンペ・マンスフィルドから西洋医学を学ぶ。維新後は七一年に文部少丞・中教授となり、同年岩倉遣欧使節に随行して西欧の医学教育と医事行政を視察した。帰国後は、文部省医務局長のほか、七五年に東京医学校*校長、七八年から九一年まで内務省衛生局長を、八六年からは元老院議官や貴族院議員を務めた。

長与専斎と鎌倉　長与は、一八八四年から現、由比ガ浜四丁目六番九号辺りに別荘を所有した。そこは、洋風保養施設「海浜院」*の並びであったという。明治時代、鎌倉は保養地・別荘地として栄えたが、当地に初めて医療施設が造られたのは、八七年八月、由比ガ浜の松林に開院した洋風の保養所「海浜院」であった。長与が中心となって、横浜の富商茂木惣兵衛らの援助により建設された。結核療養所（サナトリウム）として知られていたが、洋風色が濃かったためか日本人はなじめず、二年を待たずにホテルに代わっている。

なお、長谷・高徳院に、独文学者で書家の菅虎雄が揮毫した、長与の顕彰碑「松香長與先生紀功之碑」が建っている（一九一九年建碑）。

■参考文献　島本千也『鎌倉別荘物語』私家版、一九九三。

（浪川幹夫）

奈良本 辰也

ならもと・たつや

居住地：鎌倉市
大正二年（一九一三）〜平成十三年（二〇〇一）

略　歴　旧制岩国中学を経て旧制松山高等学校を卒業後、一九三八年に京都帝国大学文学部国史学科を卒業、旧制兵庫県立豊岡中学教諭として勤務した後、四八年より立命館大学教授に就任する。その後、大学紛争に当面して同大学を去った後は京都イングリッシュセンター（現、京都国際外国語センター）学院長、学校法人瓜生山学園理事長などを務めた。

学問的特徴　日本中世史、幕末史を専門とし、中でも一九六〇年代以降には戦国時代の一般書を多く出版し、戦国史の啓蒙者の一人としても知られる。

学会・社会活動　立命館大学教授時代には、同和問題と呼ばれる部落差別問題に取り組み、部落問題研究所初代所長を務めるなど、その解消に向けて尽力した。

終　焉　二〇〇一年三月二二日に逝去。享年八六。

叙勲・受賞歴・記念館等　一九六二年毎日出版文化賞特別賞、八六年京都市文化賞功労賞、九五年京都府文化賞特別功労賞。奈良本辰也記念文庫（京都府京都市左京区北白川瓜生山町二−一一六、学校法人瓜生山学園京都芸術大学芸術文化情報センター内）自身の蔵書約一万二千冊を没後に遺族が寄贈したことがきっかけで開設された。

■主要著書　単著『日本近世史研究 明治維新の歴史的諸問題』白東書館、一九四八。『維新史の課題 日本近世史研究』白東書館、一九四九。『部落問題』潮文社、一九五五。『歴史の旅情』河出書房新社、一九六三。『明治維新論』徳間書店、一九六八。『もう一つの維新』新潮社、一九七四、他著書・編著書・論文多数。

■参考文献　『20世紀日本人名事典』日外アソシエーツ、二〇〇四。

（桝渕彰太郎）

西田幾多郎

にしだ・きたろう

居住地：鎌倉市稲村ガ崎　墓地：東慶寺
明治三年（一八七〇）～昭和二〇年（一九四五）

近代日本を代表する哲学者で、京都学派の創始者として著名。

略　歴　加賀国河北郡森村（現、石川県かほく市森）出身。石川県師範学校予備科卒業、第四高等中学校中退後、一八九四年に帝国大学文科大学哲学科選科修了。その後、石川県能登尋常中学校七尾分校教諭、九六年に*旧制第四高等学校講師、一九〇九年に学習院教授。翌年、京都帝国大学文科大学助教授、のちに教授。その他、慶應義塾大学などでも教鞭をとる。『善の研究』ほか多くの著書を刊行、その学問は「西田哲学」と称される。

学問的特徴　高校の同級生であった鈴木大拙の影響を受け、禅と仏教への関心を深めた。哲学だけでなく、物理学・生物学・文学などに卓越した碩学。また、西洋化した日本と東洋思想とを融合する京都学派の中心であった。

横　顔　琵琶湖疏水分線（京都府京都市左京区）に沿った歩道は、西田が京都帝大在職中に毎日歩き思索したということから「哲学の道」と呼ばれていることは著名である。約一・五キロメートルの沿道には種々の樹木が茂り、対岸の桜並木や秋の紅葉は絶景で日本の道一〇〇選に選出されている。また晩年は鎌倉に居を構え、京都と鎌倉を行き来した。鎌倉の旧宅は一九七六年に西田家より学校法人学習院に寄贈、現在は西田幾多郎博士記念館（寸心荘）と名付けられ、関係資料の収集保存や調査研究を行うとともに、教育・研究・思索の場として利用されている。

叙勲・受賞歴等　一九四〇年文化勲章。

■主要著書　単著『善の研究』弘道館、一九一一、他多数。

■参考文献　中村雄二郎『西田幾多郎』岩波書店、一九八三。大橋良介『西田幾多郎』ミネルヴァ書房、二〇一三。

（會田康範）

西村 文太郎

にしむら・ぶんたろう

居住地：鎌倉市材木座
不明～昭和十五年（一九四〇）

近代の経済学者で、ドイツの経済学・財政学に立脚した独自の理論を展開する。

略　歴　一九一三年に明治大学法学部を卒業し、ドイツで経済学・財政学を研究するためにベルリン大学に留学、第一次世界大戦の影響により最後の一年間をロンドン大学で研究し、一六年に帰国する。その後、明治大学法学部専任講師を経て、大学令による商学部が同大学に設立されると、商学部教授（法学部兼任）となり、政治経済学部が独立するとともに、同学部の専任教授となる。三二年に、明治大学より経済学博士を授与される。

学問的特徴　明治大学在学中に指導を受けた小林丑三郎の影響を受け、ドイツの歴史学派に傾倒する。

学会・社会活動　明治大学に一九〇一年に導入された留学制度で留学し、帰国後に専任講師となったことで、明治大学における留学制度で専任講師となる礎を西村は築いた。また、明治大学で教鞭をとり、経済学、財政学の講義を担当し、後進となる専任講師や、研究者の養成に尽力したことで、同大学の専任教員は、明治期には同大学以外の出身者で占められていたが、大正期には同大学出身者が専任教員として多く採用される。

■**主要著書**　単著「銀行類別の学理的根拠」『国家及国家学』五－八、一九一七。「『国民経済学の主要原理論』を通してなすシュパンの一考察」『明治大学創立満五十年記念論文集　政治経済学篇』明大学会、一九三一。『国民経済の意義』明大学会、一九三三、他著書・論文多数。

■**参考文献**　秋谷紀男「明治期から大正期に至る明治大学の経済学・財政学の系譜」明治大学大学史料委員会、二〇一一。

（鈴村楓実）

新渡戸稲造

にとべ・いなぞう

居住地：鎌倉市稲村ガ崎　墓地：多磨霊園
文久二年（一八六二）～昭和八年（一九三三）

略　歴　教育者・思想家。農業経済学・農学者。陸奥国岩手郡盛岡城下（現、岩手県盛岡市）、盛岡藩士の家に生まれた。一八七三年から東京英語学校*（現、東京大学教養学部*）、七七年から札幌農学校（現、北海道大学）で学んだ後、創立間もない帝国大学（現、東京大学）を中退して、八四年米国に私費留学。ジョンズ・ホプキンス大学に入学した。この間、最初の著作である『日米通交史』が同大学から出版され、そこで名誉学士号を得た。九一年同大学を中退して帰国し、札幌農学校助教授に任命された（九七年退官）。

一九〇〇年、『武士道』の英文初版を出版。パリ万国博覧会の審査員を務めた。〇三年京都帝国大学法科大学教授、〇六年東京帝国大学農科大学*教授、一八年東京女子大学初代学長などを経て二〇年から国際連盟事務次長（二六年退任）。その後貴族院勅選議員となり、二八年東京女子経済専門学校（現、新渡戸文化短期大学）の初代校長に、また、二九年には太平洋調査会理事長に就任した。同三三年、カナダ・バンフにて開催の第五回太平洋会議に出席し、ビクトリア市にて客死した。

新渡戸稲造と鎌倉　明治期に極楽寺（現、稲村ガ崎三丁目五番）別荘を所有。外遊するまで、ここに住んだ。

■**参考文献**　草原克豪『新渡戸稲造 1862-1933　我、太平洋の橋とならん』藤原書店、二〇一二。島本千也『鎌倉別荘物語』私家版、一九九三。染谷孝哉『鎌倉　もうひとつの貌』蒼海出版、一九八〇。

（浪川幹夫）

貫達人

ぬき・たつと

居住地：鎌倉市材木座　墓所：材木座霊園
大正六年（一九一七）～平成二一年（二〇〇九）

鎌倉在住の日本中世史研究者で、『鎌倉市史』編纂委員や鎌倉国宝館長を務めるなど鎌倉との関係が深い。

略歴　熊本県士族*・東京帝国大学文学部教授であった宇野哲人の三男として東京都小石川に誕生し、のち貫正雄の養子となる。一九三五年旧制*第一高等学校文科に入学。四一年譲状八〇〇通を分析した「惣領制の研究」を提出し、東京帝国大学文学部国史学科を卒業。翌年東京帝国大学史料編纂所の嘱託となったが、結核を患い、療養生活を送る。社会生活ができるまで快復した五〇年、大学院に入った。五二年より七年間、『鎌倉市史』の編纂に従事。五五年から東洋大学に勤め、五七年助教授。文部省教科書調査官にも任命され六年間在任。五九年から、神奈川県文化財専門委員（古文書）を務め、六五年には県立博物館設立の準備事務局業務部長に就任。翌年県立博物館（現、神奈川県立歴史博物館）設立とともに初代学芸部長となる。六八年より青山学院大学文学部史学科教授、八二年副学長。八六年定年を迎え、退官とともに名誉教授となる。七二年より八三年まで鎌倉国宝館長を兼務。

貫達人と鎌倉　『鎌倉市史』の編纂では、『大日本史料』の総めくりから始まり、円覚寺文書の採訪、編纂、印刷、出版と進んだ。鎌倉国宝館長を務め、同館に「親玄譲状」などの歴史資料を寄贈。鎌倉の海岸で青磁片を拾うのが日課で、採集した青磁片は質・量ともに優れており、神奈川県立歴史博物館に寄贈されている。

■主要著書　単著『畠山重忠』吉川弘文館、一九六二。「承久変論」高柳光寿博士頌寿記念会編『戦乱と人物』吉川弘文館、一九六八。『鶴岡八幡宮寺』有隣堂、一九九六。共編著『鎌倉廃寺事典』有隣堂、一九八〇、他多数。

■参考文献　「貫達人先生・年譜と業績」『青山史学』一〇、一九八八。

（山本みなみ）

野上豊一郎

のがみ・とよいちろう

居住地：東京都　墓地：東慶寺
明治十六年（一八八三）〜昭和二五年（一九五〇）

英文学者であり、能楽研究者、小説家、文芸評論家としても活躍。臼川《きゅうせん》と号し、四六年から五〇年まで第七代法政大学総長を務める。夫人は同郷の小説家野上弥生子。

略　歴　一八八三年に大分県海部郡福良村（現、臼杵市）に生まれ、臼杵中学、第一高等学校*を経て一九〇八年に東京帝国大学*文科大学英文科を卒業。一高、大学で夏目漱石に英文学を学んだ漱石門下の一人。大卒後、国民新聞社に入社、その後、〇九年に法政大学講師、二〇年に教授。学内の紛争により三四年に辞職したが、その後、復職し四六年に学長を経て総長となり、戦後の法政大学再建に尽す。

学問的特徴　アイルランド出身の文学者バーナード・ショーと親交し、イギリス演劇の研究とともに能楽を学問的に研究し海外に紹介する。逝去後、法政大学はその功績により「野上記念法政大学能楽研究所」を設立する。

学会・社会活動　一九三八年九月、外務省より日英交換教授としてケンブリッジ大学に派遣され、能楽を講義。

横　顔　法政大学予科科長時代には旧友である漱石門下の内田百閒、和辻哲郎、安倍能成らを教員に招聘。その後、安倍が京城帝国大学*へ移ると聞いた際、「僕はきっと法政をいい大学にしてみせる」という決意を語ったという。総長就任の際、文部大臣・学習院院長を務めた安倍を理事の一人に迎え入れ、大学再建に協力を要請する。

叙勲・受賞歴等　レジョンドヌール勲章（オフィシェ）（フランス）。

■**主要著書**　単著『能　研究と発見』岩波書店、一九三〇。『世阿弥元清』創元社、一九三八、など多数。

■**参考文献**　稲垣信子『野上豊一郎の文学』明治書院、二〇一五。法政大学百年史編纂委員会編『法政大学百年史』法政大学、一九八〇。

（會田康範）

昇曙夢

のぼり・しょむ

居住地：鎌倉市稲村ガ崎　墓地：多磨霊園
明治十一年（一八七八）～昭和三三年（一九五八）

鹿児島県大島郡実久村（瀬戸内町）出身のロシア文学者で翻訳家。戦後の奄美群島本土復帰運動の指導者。

略　歴　一八九四年に大島高等小学校西校（篠川）卒業後、修学のため、鹿児島に上り、ギリシャ正教の洗礼を受ける。九六年にニコライ正教神学校に入学、一九〇三年に卒業し、同校講師となる。〇五年に大阪朝日新聞社嘱託、一二年に*陸軍中央幼年学校講師嘱託、一五年に*陸軍士官学校講師嘱託、早稲田大学講師に就任し、大阪朝日新聞社嘱託を辞職する。一六年に陸軍士官学校教授に任命され、三二年に退官。その間二二年に日本大学講師に就任し、三九年に内閣嘱託となり*企画院に勤務するが同年辞職。四六年にニコライ露語学院院長に就任。

学問的特徴　ザイツェフ、ソログープらロシア現代主義文学を紹介し、民話やトルストイ、クプリーンなど二〇世紀初頭の作家の作品の翻訳と紹介に努め、その訳業はほとんど全作家に及んだ。

学会・社会活動　一九一六から三二年まで、陸軍士官学校でロシア語などを講じ、早稲田大学等でも後進の育成に努めた。太平洋戦争後、アメリカ軍政下の故郷のために『大奄美史』を出版し、本土復帰運動を主導した。

終　焉　一九五八年十一月二二日鎌倉市稲村ガ崎の自宅で夫人藤子にみとられ逝去。享年八〇。

叙勲・受賞歴等　一九三二年正五位勲四等。一九五五年日本芸術院賞・第七回読売文学賞受賞。

■主要著書　単著『露國文豪ゴーゴリ』春陽堂、一九〇四。『大奄美史 奄美諸島民俗誌』奄美社、一九四九。『ロシヤ・ソヴェト文學史』河出書房、一九五五。翻訳『露国新作家集　毒の園』新潮社、一九一二、他多数。

■参考文献　田代俊一郎『原郷の奄美　ロシア文学者 昇曙夢とその時代』書肆侃侃房、二〇〇九。

（盛山隆行）

神奈川県立音楽堂建設を推進した音楽学者

野村光一

のむら・こういち

居住地：鎌倉市材木座
明治二八年（一八九五）～昭和六三年（一九八八）

大阪府生まれの音楽評論家で、我が国内で権威と伝統を持つ〝日本音楽コンクール〟の創設で知られる。

略歴　京都府立第二中学校（現、京都府立鳥羽高等学校）を経て、一九二〇年に慶應義塾大学文学部哲学科を卒業。二一年に英国に留学し、ロンドンの王立音楽アカデミーでピアノを学ぶ。二三年に帰国し、新聞や雑誌で評論活動に従事する。四四年、毎日新聞社に入社。後に、学習院大学講師、東京家政大学教授をつとめる。一九八九年、神奈川県立図書館に野村氏旧蔵の多様な音楽関係資料が寄贈され、野村光一文庫が創設。

野村光一と鎌倉　一九二三年、材木座に転居する。〝音楽活動はまず自分の町から〟を持論に四六年に「鎌倉音楽クラブ」*を創設する。八八年「野村賞」を新設し、鎌倉の音楽文化の向上に努めた。

学会・社会活動　一九一六年、日本最初の音楽評論雑誌『音楽と文学』を創刊。三二年、大田黒・堀内らと「音楽コンクール」を創設し、審査委員長と理事を務める。五四年、当時〝東洋一の響き〟と絶賛された神奈川県立音楽堂の建設、以後も運営協議会委員。六二～八一年の間、日本ショパン協会会長を務めた。

叙勲・受賞歴等　一九六八年勲四等旭日小綬章、六七年紫綬褒章。六一年NHK放送文化賞、六七年神奈川文化賞。六七年フランス芸術文化勲章、ポーランド復興十字章他。

■**主要著書**　単著『レコード音樂讀本』中央公論社、一九三四。『名曲に聴く　上・下』創元社、一九四〇。『音楽青春物語』湖山社、一九五〇。『ピアノ音楽史』音楽之友社、一九五一。『レコードに聴くピアノ音楽』音楽之友社、一九五三。『ピアニスト』音楽之友社、一九七三。『批評から見た音樂二十年』音樂評論社、一九四八。『ピアノ回想記：ピアノに憑かれて七〇年』音楽出版社、一九七五。

■**参考文献**　『著作権台帳』*一九六三年版、社団法人日本著作権協議会、一九七二。

（青木　豊）

野村淳治

のむら・じゅんじ

居住地：鎌倉市雪ノ下
明治九年（一八七六）～昭和二五年（一九五〇）

石川県生まれの法学者で、法学博士。行政法・憲法を専門とし、首相公選論を提唱したことで知られる。

略　歴　一九〇〇年に東京帝国大学法科大学法律学科卒業の後、大学院に進学する。高等文官試験*に合格し、東京帝国大学法科大学助教授に就任し、国法学講座*を担当する。〇二年に、国法学研究のためドイツ・フランスに留学している。帰朝後は、東京帝国大学法科大学教授に就任し、三七年に退官し、早稲田大学・中央大学・法政大学で教鞭を執り、四二年に東京帝国大学名誉教授となる。四二年にサイゴンに設立された南洋学院*院長を歴任し、四六年には貴族院勅選議員となり無所属倶楽部に属したが、公職追放令*に該当し同年に辞職している。

学問的特徴　一九四五年十二月に、幣原内閣の松本烝治国務大臣を主任とする憲法問題調査委員会において「野村意見書」と呼ばれる「憲法改正に関する意見書」を提出した。当該意見書は、憲法改正の必要性を訴え、土地や一部企業などの国有・国営化などを求める等、極めて革新的内容であった。中でも、我国初となるアメリカ型の大統領制を取り入れた首相公選論を提唱した。

叙勲・受賞歴等　一九二六年正四位・勲二等。四六年学士院会員。

■**主要著書**　単著『憲法提要・上巻』有斐閣、一九三二。帝国憲法基本書現代語叢書五『憲法講義』附録「憲法改正に関する意見書」デザインエッグ社、一九四五、他。

■**参考文献**　『20世紀日本人名事典』日外アソシエーツ、二〇〇四。衆議院・参議院編『議会制度百年史　貴族院・参議院議員名鑑』大蔵省印刷局、一九九〇。戦前期官僚制研究会編『戦前期日本官僚制の制度・組織・人事』東京大学出版会、一九八一。（青木　豊）

野村 正七

のむら・しょうしち

居住地：鎌倉市雪ノ下
大正四年（一九一五）〜昭和六〇年（一九八五）

地理学者で、地図図法の研究を行い、本格的な地図帳を作成したことで知られる。

略　歴　一九三九年東京高等師範学校文科第四部を、四一年に東京文理科大学地学科を卒業し渡満する。満州国軍官学校で助教授として三年間勤務し、四五年三月から終戦時まで京城帝国大学附属理科教員養成所教授を務める。四六年に神奈川師範学校教授、四九年に横浜国立大学助教授を経て、六三年に横浜国立大学教授となる。七九年に横浜国立大学学長に就任し以後八五年まで務める。

学問的特徴　地図学の中でも地図投影法の研究を行った。小中学校の社会科教師に向けた『地図学習法』や『指導のための地図の理解』を著し、わが国の地図教育の振興に貢献した。

学会・社会活動　一九五一年、日本地理教育学会の創立に参画して理事・顧問となる。六二年、日本国際地図学会創設の発起人の一人として、学会設立後は評議員・常任委員を経て八一年から会長を務める。国際地図学協会では、七二年から八年間にわたり副会長として国際地図学界の振興に尽くした。

終　焉　一九八五年五月十一日講演旅行先の新潟県上越市でくも膜下出血により逝去。享年七〇。

叙勲・受賞歴等　一九八五年勲二等旭日重光章。

■**主要著書**　単著『指導のための地図の理解』中教出版、一九七四。『地図投影法』日本地図センター、一九八三。共著『地図学習法』同学社、一九五六。共編著『アトラス現代世界』昭文社、一九八二、他多数。

■**参考文献**　伊倉退蔵「野村正七先生の逝去を悼む」『地理学評論』五八－一〇、一九八五。

（松田佑斗）

灰野昭郎

はいの・あきお

居住地：不詳
昭和十七年（一九四二）〜平成二〇年（二〇〇八）

漆芸史研究者。新潟県生まれ。

略　歴　一九六七年早稲田大学第一文学部美術専修を卒業。同六九年から、鶴岡八幡宮境内にある鎌倉市立の鎌倉国宝館に学芸員として勤務し、漆工芸に関する展覧会開催のほか、同館の発展に寄与した。七六年京都国立博物館に転職して、資料管理研究室長、工芸室長等を歴任した。同館では「日本の意匠―工芸にみる古典文学の世界」展（七八年）、「蒔絵　漆黒と黄金の日本美」展（九五年）などの特別展開催のほか、漆工芸関係の研究に従事した。九九年から奈良大学文学部文化財学科教授、二〇〇四年からは、昭和女子大学人間文化学部歴史文化学科大学院生活機構学専攻担当教授などを務めた。

灰野昭郎と鎌倉　一九七三年に、鎌倉国宝館図録第十九集『鎌倉彫』を執筆。特別展「鎌倉彫」の開催（同年）などを担当した。同館在職中は、古くからの鎌倉彫作品のほか、現在まで受け継がれて来た技法等の詳細にわたる調査を行い、その研究成果を『鎌倉彫』に結実させている。本書は、もっとも充実した鎌倉彫の研究成果物として、現在も高く評価されている。

■**主要著書**　単著『鎌倉彫』一九七七、京都書院。「漆工―近世編」『日本の美術　二三一』至文堂、一九八五。『近世の蒔絵―漆器はなぜジャパンと呼ばれたか』中公新書、一九九四。『漆―その工芸に魅せられた人たち』講談社、二〇〇一、など。

■**参考文献**　「灰野昭郎」『日本美術年鑑』二〇〇九年版。「灰野昭郎　日本美術年鑑所載物故者記事」東京文化財研究所。https://www.tobunken.go.jp/materials/bukko/28433.html（閲覧日 20231219）。

（稲田笠悟）

は

垪和為昌

はが・ためまさ

居住地：鎌倉市極楽寺
安政三年（一八五六）〜大正三年（一九一四）

備中浅尾藩出身の明治・大正時代の化学者で、我が国の黎明期の化学の発展に大きく貢献した。中でも、無機化学の分野において、多くの成果をあげたことで知られる。理学博士で、東京帝国大学名誉教授。

略　歴　備中浅尾藩校で学んだ後、一八七二年に十五歳で共立学校*、開成学校*、外国語学校*などで語学を学ぶ。七五年工学寮に入り、エドワード・ダイヴァース*に実験無機化学を学ぶ。八一年に工部大学校*を卒業し、工部省に出仕する。八六年、ダイヴァーズと共に東京帝国大学理科大学助教授となり、無機化学を講義する。九六年より、フランス・ドイツ・イギリスに留学し、九八年に帰国。翌九九年にダイヴァーズの帰国により東京帝国大学理学部の無機化学第二講座教授となる。しかし、病気を患い辞退している。一九一四年、東京大学名誉教授*となる。

学問的特徴　液体の電気分解での電流の強さと電解質の濃度との関係を解明し、液体の電気分解理論を構築。

叙勲・受賞歴等　一九一四年正四位勲三等。

■主要著書　単著「鹽酸加里及過鹽酸加里」『東京化學會誌 Vol. 8 No. 10』一八八七。「ペルオキシルアミン、スルフオン酸及びヒドロキシル、アミンスルフオン酸の構造並に亞硝酸と亞硫酸との反應」『東京化學會誌 Vol. 25 No. 10』東京化學會事務所、一九〇四、など多数の論文が確認される。

■参考文献　柴田雄次「Edward Divers 先生と垪和為昌先生」『化学』十六-九、化学同人、一九六一。東京大学理学部化学教室雑誌会『東京大学理学部化学教室の歩み』二〇〇七。

（青木　豊）

学習のテスト効果を研究した教育学者

橋本重治

はしもと・じゅうじ

居住地：鎌倉市雪ノ下
明治四一年（一九〇八）〜平成四年（一九九二）

長崎県島原市出身の教育学者で、一九六四年に「学習におけるテストの効果に関する実験的研究　特に生徒側からみた効果について」で、東京教育大学から教育学博士号を取得する。

略　歴　旧制東京文理大学（現、東京教育大学）心理学科を卒業後、東京教育大学教授に就任し、一九五二年に大学附属として国内唯一の肢体不自由児を対象とする東京教育大学附属初代桐ヶ丘養護学校校長（現、筑波大学附属桐ヶ丘特別支援学校）を兼任する。

学問的特徴　「テストあって教育なし」「テストあって授業なし」の批判に、テストの本義は過去に関する知識を求めて過去の経験を将来に活かすことであり、「テスト無くして教育無なし」とテスト有用論を唱えた。

叙勲・受賞歴等　肢体不自由教育の発展に貢献した功績により、高木賞*を受賞。

■主要著書　単著『教育評価法』（教育心理学全書）金子書房、一九五〇。『学力検査法』（教育文庫）金子書房、一九五二。『教育評価入門』金子書房、一九五三。『教育評価概説』（大学教職課程シリーズ）金子書房、一九五四。『教育評価法総説』金子書房、一九五九。『教師自作テストのつくり方 思考・創造・理解・技能などの作問法』日本図書文化協会、一九七四。『学習評価の研究効果的な学習評価の基礎理論』日本図書文化協会、一九七四。『新・教育評価法総説』金子書房、一九七五。『到達度評価の研究 その方法と技術』日本図書文化協会、一九七六。『新・教育評価法概説』金子書房、一九八一。『続・到達度評価の研究』日本図書文化協会、一九八三。

■参考文献　「高木賞を受賞された　橋本重治博士」『総合リハビリテーション』十一―三、一九八三（「教育とテスト」『教育研究所所報』四、佐賀県教育研究所）。

（青木　豊）

橋本節斎

はしもと・せっさい

居住地：鎌倉市小町
明治元年（一八六八）〜昭和十五年（一九四〇）

津藩藤堂家の蘭方医橋本一斎の長男として生を受けた医学者。呼吸器病を専門とし、「博士号を持たずして大成した医師」と言われた。*小石川病院を設立する。

略　歴　一八九五年*東京帝国大学医科大学を卒業し、翌九六年に同医科大学副手と同附属医院の医局員となる。一九〇二〜一二年の間、東京帝国大学医科大学助教授に就任し、内科学第一講座を担当。東京市が特に伝染病専門病院として設置した東京市立駒込病院長を兼務。また、この間*東京市養育院（東京市小石川区大塚辻町）医長をつとめる。〇七年には、小石川病院を設立した。

学問的特徴　ドイツ等では、減少傾向の肺結核が増加傾向であることから、その研究に傾倒した。研究姿勢は、研究室内に留まらず現地調査を優先した。例えば、一八九六年の三陸地方を襲った大津波の被害調査。一九〇〇年、関西で流行したペスト対策のため、大阪府に出張調査。〇一年、福島県師範学校に肺結核忠者が続出に関する現地調査。〇二年、足尾銅山鉱毒問題による十二脂腸蟲との関係を現地調査、などが挙げられる。

橋本節斎と鎌倉　鎌倉に旅館組織の療養所を設立する。

学会・社会活動　一八八三年内閣恩給局常務顧問医を嘱託、九七年*医術開業試験委員となる。

■主要著書　単著『新内科全書　二』南江堂、一九一一〜一二。『近世診断学』南江堂、一九一七。『和獨羅譯掌中醫學新辭典』金原商店、一九四一、などがある。

■参考文献　杉野大澤（安西安周）「東都掃苔記　二七」賀古家之墓・橋本家之墓：『日本醫事新報』十六、一六〇九、一九五五。（青木　豊）

長谷川 如是閑

はせがわ・にょぜかん

居住地：鎌倉市十二所
明治八年（一八七五）～昭和四四年（一九六九）

東京市深川区出身の評論家、文明批評家、ジャーナリスト、小説家などの極めて多才な人物で大正デモクラシー期を代表する一人である。「如是閑」は、雅号で本名は萬次郎。日本芸術院会員、帝国芸術院会員であった。

略　歴　一八八一年、深川区公立明治小学校に入学し、翌年下谷区御徒町の私立島本小学校へ転校する。八五年には、本郷の坪内逍遥の塾生となる。神田の共立学校*に一時期在籍し、八九年に明治法律学校（現、明治大学）予科に転校する。翌九〇年東京法学院*予科に転校。九二年東京英語学校*焼失のため、国民英学会*に転学している。九三年東京法学院英語法学科に入学し、九六年に同学院邦語法学科へ再入学し、九八年に東京法学院*を卒業する。卒業後は、一九〇三～〇六年まで日本新聞社に勤務し、〇六年に陸羯南の退職と同時に退社し、〇八年に大阪朝日新聞社に入社。四六年、制度上での最後の貴族院勅選議員となり、四七年の貴族院廃止まで在任した。

学問的特徴　進歩的、反権力的な思想で、大正デモクラシー期をある意味で創造推進した。

長谷川如是閑と鎌倉　一九三九年に十二所での生活が始まり、四五年の空襲で中野の家を失ってから喜寿記念で小田原に移るまでの間定住した。四七年「鎌倉をよくする会」会長となり文化活動を行う。

叙勲・受賞歴等　一九四八年文化勲章受章。五一年文化功労者、五四年東京都名誉都民。

■主要著書　単著『現代国家批判』弘文堂書房、一九二一。『現代社会批判』弘文堂書房、一九二二。『日本ファシズム批判』大畑書店、一九三二、など多数。他に、『長谷川如是閑選集（全七巻＋補巻）』栗田出版会、一九六九・七〇。『長谷川如是閑集　全八巻』岩波書店、一九八九・九〇。『如是閑文芸選集　全四巻』岩波書店、一九九〇・九一。

■参考文献　『長谷川如是閑　人・時代・思想と著作目録』中央大学出版部、一九八五～八七。

（青木　豊）

畑井新喜司

はたい・しんきし

居住地：鎌倉市由比ガ浜
明治九年（一八七六）～昭和三八年（一九六三）

神経生理学研究による哲学博士を有する国際的生物学者で、ミミズや白ネズミ（albino rut）の研究で知られる。中でも白ネズミの研究成果により、白ネズミが実験動物として使用されるようになった。

略　歴　青森県平内町に生まれ、東奥義塾*に進学後、一八九二年に東北学院理科専修部に編入学。九九年、シカゴ大学へ留学し神経生理学を研究し博士号を取得する。一九二〇年ペンシルベニア大学附属ウィスター研究所教授、翌二一年に帰国し東北帝国大学理学部教授となり生物学教室の創設にあたる。三八年に同帝国大学を退官後名誉教授となり、東京家政大学初代学長に就任する。

学問的特徴　生物学の研究体制の導入と確立を理念とした研究者で、ウィーン大学のハンス・モーリッシュ博士の招聘やロックフェラー財団との提携等を行う。浅虫臨海実験所・八甲田山植物実験所・農学研究所を設立する。

学会・社会活動　斎藤報恩会*の評議員、研究総務部長、博物館長。パラオ熱帯生物研究所長・陸軍司政長官・南洋庁熱帯産業研究所顧問・フィリピン科学局顧問・太平洋学術会議委員長等を歴任。

終　焉　一九六三年四月十九日、鎌倉の自宅にて逝去。享年八八。

叙勲・受賞歴等　一九三〇年勲三等瑞宝章、三七年勲二等瑞宝章。二五年帝国学士院賞、二八年大礼紀年章。

■**主要著書**　単著『みみず』改造社、一九三一。『牡蠣の生理』岩波書店、一九三一。『みみず』サイエンティスト社、一九八八、他多数。

■**参考文献**　蝦名賢造『畑井新喜司の生涯』西田書店、一九九五。米澤晋彦「畑井新喜司による東北帝国大学における学術研究体制の整備」『東北大学史料館紀要』十三、二〇一八。

（青木　豊）

鎌倉アカデミアで教鞭をとった近代史学者

服部之総

はっとり・しそう

居住地：鎌倉市鎌倉山
明治三四年（一九〇一）〜昭和三一年（一九五六）

島根県那賀郡出身の歴史家。特に日本近代史研究を専門とした。

略　歴　浄土真宗正蓮寺の住職を父に持つ。一九二五年に*東京大学社会学科を卒業し、副手となる。翌年には東洋大学の講師、二七年に*産業労働調査所の所員、二九年には中央公論社に入り、三一年には*プロレタリア科学研究所の所員となった。三六年には花王石鹸株式会社に入るが、唯物論研究会の活動によって検挙され、釈放後中国大陸に渡った。終戦の日に辞職して歴史学会に戻り、四六年には*鎌倉大学校（後の*鎌倉アカデミア）の歴史学の教授となった。五一年には日本近代史研究会を設立している。

学問的特徴　マルクス主義の立場から日本近代史研究を牽引。特に幕末の日本経済を、マルクスの「厳密な意味でのマニュファクチュア時代」に相当すると捉える「幕末厳マニュ時代説」を提唱し、論争を巻き起こした。

横　顔　鎌倉山の家には、星野立子、河合嵯峨、田中絹代、三笠宮、乾孝、木村彦三郎等、鎌倉の文化人が集い、学問の域を超えて交流を深めた。二階の一室は「皆槐書屋」と名付けられ、書斎や茶室として使用されていた。

終　焉　一九六五年三月四日、順天堂病院で逝去。享年五四。

■主要著書　単著『明治維新史』上野書店、一九二九。『近代日本外交史』白揚社、一九三三。『黒船前後』大畑書店、一九三三。共著『日本資本主義發達史講座』岩波書店、一九三二。『服部之総著作集　全七巻』理論社。『服部之総全集　全二四巻』福村出版、他著書・編著書・論文多数。

■参考文献　『鎌倉山夜話　俳句日記』河出書房、一九五六。中村政則「服部之総」項（『国史大辞典』吉川弘文館）。

（大澤　泉）

は

羽仁五郎

はに・ごろう

居住地：鎌倉市長谷
明治三四年（一九〇一）～昭和五八年（一九八三）

群馬県出身の歴史学者で、マルクス主義歴史学を構築した、革命理論家。戦後は参議院議員もつとめた。

略　歴　一九一三年桐生北尋常小学校卒業し、*東京府立第四中学校に入学。一八年に*旧制第一高等学校独法科を経て、二一年に*東京帝国大学法学部に入学するも三ヶ月で中退。翌二二年リッケルトの歴史哲学を学ぶためにドイツハイデルベルク大学哲学科に入学。二四年に帰国して、東京帝国大学文学部国史学科に再入学。二七年、東京帝国大学を卒業し、同大史料編纂所に嘱託として勤務し、日本大学・自由学園の講師となる。二八年日本大学教授に就任し史学科を創設。三三年、四五年の二度にわたって治安維持法容疑で検挙され、三三年に留置中に日本大学教授を辞職。四七年の第一回参議院議員選挙で、全国区から立候補して当選し、五六年まで活動した。

学問的特徴　反ファシズムを貫き、唯物史観に基づくマルクス主義歴史理論体系を樹立した。晩年は、新左翼の革命理論家的存在となり、学生運動を支援し三里塚闘争の支援も行った。

学会・社会活動　一九二八年、三木清・小林勇と雑誌『新興科学の旗のもとに』を創刊。四九～五一年まで、日本学術会議会員として「学問思想の自由の保障の委員会」の委員長を務めた。国立国会図書館の設立に尽力し、参議院図書館運営委員長を歴任した。

叙勲・受賞歴・記念館等　藤沢市総合市民図書館に、羽仁五郎文庫が設立。

■主要著書　単著『歴史学批判叙説』鉄塔書院、一九三二。『ミケルアンヂェロ』岩波書店、一九三九。『都市の論理—歴史的条件現代の闘争』勁草書房、一九六八。『羽仁五郎歴史論著作集　全四巻』青木書店、一九六七、など多数。

■参考文献　羽仁五郎著『自伝的戦後史』講談社、一九七六。『羽仁五郎文庫開設記念展記録』一九八七。

（尾崎雅子）

漁業経済学・漁業経済史を確立した研究者

羽原 又吉

はばら・ゆうきち

居住地：鎌倉市大町
明治十五年（一八八二）～昭和四四年（一九六九）

大分県出身の経済学博士で、漁業経済学や漁業経済史の新しい研究分野を確立する。

略　歴　一九〇九年、東京帝国大学理科大学動物学科卒業後、北海道水産試験場調査部主席に就職する。一八年、農商務省遠洋漁業に関する事項調査及び水産講習所の嘱託を受ける。三一年、水産講習所（現、東京海洋大学）教授に就任し、また、四二年、慶応義塾大学経済学部講師の嘱託を受ける。五〇年、文部省学術奨励審議会委員に任命され、東京大学講師として日本漁業経済史特別講義の嘱託を受ける。

学問的特徴　一九五〇年、漁業史料や古記録の収集・調査による江戸時代の漁業や漁民生活の研究で経済学博士（慶応義塾大学）の学位を受ける。さらに、幕末明治初期の過渡的漁業・北海道漁業の発展過程・漁業法の制定と施行後の諸問題などに関する先覚的研究で、漁業経済学や明治漁業史、現代水産行政に大きな影響を与えた。

学会・社会活動　一九五一年、日本各地の生活文化や水産史研究を進める日本常民文化研究所常務理事を務める。自ら収集した膨大な史料や文献などを東京海洋大学に寄贈し、同附属図書館に羽原文庫として収蔵されている。

叙勲・受賞歴等　一九五五年日本学士院賞（日本漁業経済史）、五一年朝日文化賞（日本漁業経済史の研究）。

■**主要著書**　単著『漁港及魚市場論』水産書院、一九一四。『アイヌ社會經濟史』白揚社、一九三九。『支那輸出日本昆布業資本主義史』有斐閣、一九四〇。『日本古代漁業経済史』改造社、一九四九。『日本漁業経済史　全四冊』岩波書店、一九五二。『日本近代漁業経済史』岩波書店、一九五七、他多数。

■**参考文献**　大久保利謙「日本近代史学事始め―一歴史家の回想―」岩波書店、一九六六。

（森本　理）

林　茂

はやし・しげる

居住地：鎌倉市極楽寺
大正元年（一九一二）～昭和六二年（一九八七）

和歌山県生まれの歴史学者で、近代日本政治史を専門とした。

略　歴　一九三二年に*旧制第一高等学校文科乙類を卒業し、*東京帝国大学法学部政治学科を経て同大学院に入学する。三七年に衆議院憲政編纂事務嘱託・貴族院五〇年史編纂事務嘱託となり、翌三八年に大学院を中退。四二～四六年は、*京城帝国大学法文学部助教授を務めるも、四三年に陸軍に臨時招集される。四六年には、*東京大学社会科学研究所嘱託となり、四七年に東京帝国大学社会科学研修所翻訳官、四八～五六年の間は東京大学社会科学研究所助教授を、五六～七三年は東京大学社会科学研究所教授を務め、七三年に退官し東京大学名誉教授となる。退官後は、神奈川大学法学部教授、七六年に津田塾大学学芸部教授に就任し、八一～八六年は津田塾大学学芸部準専任教授となっている。八二～八四年には、オックスフォード大学ニッサン・インスティチュート教授・オックスフォード大学・聖アントーズカレッジ日本研究所教授を歴任した。

学問的特徴　日本近代外交史を研究対象とし、戦後は当該分野の先駆者として後進を育成した。

■**主要著書**　単著『近代日本の思想家たち—中江兆民・幸徳秋水・吉野作造』岩波新書、一九五八。『湯浅倉平』湯浅倉平伝記刊行会、一九六九。『近代日本政党史研究』みすず書房、一九九六、など。共著『現代日本史研究』三笠書房、一九三八。編著書『人物・日本の歴史（14）戦争の時代』読売新聞社、一九六六。『明治文学全集（13）中江兆民集』筑摩書房、一九六七。『昭和初年』平凡社、一九七五、など。

■**参考文献**　『*著作権台帳』一九六三年版、社団法人日本著作権協議会。

（青木　豊）

林　達夫

はやし・たつお

居住地：藤沢市鵠沼
明治二九年（一八九六）〜昭和五九年（一九八四）

思想家・評論家。中央公論社や平凡社の役員として活躍の傍ら学際的に活躍した。

略　歴　東京都出身。幼少期は外交官である父の領事館赴任に伴いアメリカのシアトルで過ごす。京都市立第一中学を経て一九一六年第一高等学校第一部丙類に入学するが中途退学する。翌年九月京都帝大文学部哲学科に入学し、二二年に美術史を修了した。二四年、東洋大学文化科教授となり文化史を講ずる。四五年、中央公論社理事・出版局長となる。四六年五月、鎌倉大学校文学科長に選出され文芸学と西洋文化史を講ずる。五六年、明治大学文学部教授兼大学院文芸科教授となる。五八年より平凡社顧問を務める。

学問的特徴　西洋精神史、文化史、文明史などを論じる。各種翻訳にも携わった。

学会・社会活動　一九三二年唯物論研究会が発足し幹事の一人となる。第二次世界大戦直後に、隣家邦枝完二や長谷川巳之吉らと協力して藤沢市鵠沼在住の文化人から蔵書提供を受け貸本屋の湘南文庫を開設する。さらに芥川比呂志らによる演劇公演などを行う鵠沼夏期自由大学を開設する。

終　焉　一九八四年四月二五日、老衰により自宅で逝去。享年八七。

叙勲・受賞歴等　一九七二年朝日賞文化賞受賞。

■主要著書　単著『ルソー』岩波書店、一九三六。『共産主義的人間』月曜書房、一九五一、他多数。

■参考文献　久野収編『回想の林達夫』一九九二。

（青木里紗）

反国体論で同志社大学を追われた法学者

林 信雄

はやし・のぶお

明治三八年（一九〇五）～平成七年（一九九五）
居住地：鎌倉市佐助

民法理論、労働法理論および法の一般理論を専門とする。法律における「信義誠実」（信義則）論の究明に法学者としての生涯大半を捧げる。

略　歴　一九〇五年一月、兵庫県姫路市で生まれ、一一六年年四月に同志社専門学校高等商業部から同志社大学法学部へ進み、二九年に大学を卒業し大学院に進学、翌年、同志社大学大学院私法学専攻を修了。その後、同志社大学教授、巣鴨高等商業学校（現、千葉商科大学）教授、早稲田大学教授を経て四九年に横浜市立大学教授に転じ、七〇年三月に同大学を定年退官。その間、同大学評議員や商学部長、学長職務代理者などを歴任、また、早稲田大学、日本大学、明治学院大学、国士舘大学等の講師も兼任し、六六年の横浜商科短期大学創立時には名誉学長となる。

学問的特徴　戦時期において信義則論は反国体論とされ同志社大学を追われ、戦後の家永教科書裁判に関しては第二次訴訟第一審での国家の教育権に関し、いわゆる「杉本判決」に異論を唱える。

学会・社会活動　一九六〇年に社団法人近代的労使関係研究協会を創立、理事・副会長となる。七〇年には「裁判の独立を守る会」理事に就任。その他、司法試験考査委員や神奈川県公営事業協議会会長などを歴任。

横　顔　学生スポーツの発展にも貢献し、特に日本学生氷上競技連盟の再建や日本スケート連盟副会長を務める。

■主要著書　単著『転形期における私法理論』巌松堂、一九三八。『労働法入門』正統社、一九四八、など多数。

■参考文献　『横浜市立大学論叢（社会科学系列）』二一－三・四合併号、一九七〇。『横浜商科大学紀要　二』一九七七。

（會田康範）

原 亨吉

はら・こうきち

パスカルを研究したフランス文学者

居住地：鎌倉市　墓地：箕面墓地公園（大阪府箕面市）
大正七年（一九一八）～平成十四年（二〇〇二）

昭和から平成時代を代表するフランス文学者でパスカル研究で知られる数学史家。

略　歴　京都市出身で姫路市で育つ。旧制第一高等学校理科乙類を卒業し、一九三八年に京都帝国大学哲学科入学。四〇年退学し、東京帝国大学仏文科へ転学、四二年卒業、同年陸軍少尉として入営し、四五年終戦後、陸軍中尉。翌年復員。四七年に同志社女子専門学校教授、四九年に関東学院大学経済学部助教授就任、五五年に大阪大学文学部助教授、六三年パリ大学に留学し、六五年に博士号を取得し、帰国。七〇年に大阪大学教授。七四年に評議員となる。八二年に定年退官し名誉教授となり天理大学教授就任。

学問的特徴　近世ヨーロッパ数学史を専攻し、フランスの数学者・パスカルの研究を行い、『大阪大学文学部紀要』第21巻（一九八一）に論文「L'ŒUVRE MATHÉMATIQUE DE PASCAL（パスカルの数学的業績）」として発表し、国際的にも数学史研究者として高い評価を受けた。ポール・ヴァレリーらフランスの詩人の作品の翻訳を行いながら、フランス語教育にも尽力。

叙勲・受賞歴等　一九七四年パルム・アカデミーク勲章、八九年勲二等瑞宝章。八二年恩賜賞・日本学士院賞。

■**主要著書**　編著「第Ⅱ部　近世の数学　無限概念をめぐって」『数学史（数学講座18）』筑摩書房、一九七五。翻訳『アラン　人間論』白水社、一九六〇、他多数。

■**参考文献**　大阪大学フランス語フランス文学会『GALLIA　XXI-XXII』（原亨吉教授退官記念号）大阪大学フランス語フランス文学会、一九八二、他。

（盛山隆行）

原　実

はら・みのる

居住地：鎌倉市
明治三四年（一九〇一）〜平成七年（一九九五）

略　歴　市民運動家。鎌倉市の景観保護をめぐる市民運動の先駆者のひとり。幼時は各地を転々としたという。慶應義塾大学の卒業。在学中、小泉信三に師事した。卒業後は、同大学学生局や鉄道院図書館に勤務し、ロバート・モリソン・マキーバー『共同社会・結社・国家』の訳説などを行った。

原実と鎌倉　一九五三年に鎌倉へ転居。原は第二次世界大戦後に設立された「鎌倉三日会」に加入した。同会は、GHQの影響下で設立されたもので、鎌倉市民の有志が市政に提言などを行うことを目的とした。六〇年、原は同会の機関紙として『鎌倉市民』を発行（のち原の個人編集誌となる）。同誌は六二年に鎌倉市の自然を特集し、これが契機となって「鎌倉の自然を守る会」が発足され、原はその副会長となった。その後、六四年、鶴岡八幡宮背後（御谷《おやつ》）の開発計画に対し、地域住民による反対運動が発生、「鎌倉の自然を守る会」も反対運動に加わった。原は開発計画を阻止すべく県知事に面会し、二万を超す署名を集めた。また、地域住民は「財団法人鎌倉風致保存会」を結成して寄付金を集め、開発予定地の一部を買収。この活動は日本で最初のナショナルトラスト運動となった。財団には鎌倉市長ほか、村田良策、大佛次郎、横山隆一、有島生馬ら学者・文学者が関与した。この一連の活動の結果、開発業者は計画を断念した。さらに、この活動が、京都や奈良など日本各地の環境保全運動と連携して、六五年「古都における歴史的風土の保存に関する特別措置法（古都保存法）」が成立した。

■**主要著書**　『歴史的風土の保存：「鎌倉市民」の日々』アカンサス建築工房、一九八九。

（浪川幹夫）

全国美術館会議長を務めた美術史家

土方定一

ひじかた・ていいち

居住地：藤沢市鵠沼海岸
明治三七年（一九〇四）～昭和五五年（一九八〇）

岐阜県大垣市生まれの美術史家であり評論家。神奈川県立近代美術館二代目館長。

略　歴　一九〇四年に岐阜県大垣市八幡宮の境内に生まれる。二二年に水戸高等学校に入学、この頃から文学活動を始めた。二七年に東京帝国大学文学部美学美術史学科に入学し、当初は日本近代文学を志したが、三〇年代ごろから美術に関する論評を執筆し始め、美術史の研究へと転じた。戦中は華北綜合調査研究所文化局副局長に就任し北京へ赴いたが、終戦後に引き揚げ、四九年に千葉工業大学の教授となる。五〇年に発足した近代美術館設立準備委員会に参加。翌五一年には同大を辞して、神奈川県立近代美術館の副館長となり、六五年には館長、六九年には全国美術館会議会長を務めた。

学会・社会活動　一九六五年に神奈川県立近代美術館の館長に就任すると、全国美術館会議会長となり、全国の美術館活動に指導的役割を果たした。また日本国際美術展、現代日本美術展等の審査、文化財専門審議会専門委員、群馬県立近代美術館顧問、国立西洋美術館評議員、東京国立近代美術館評議員等を歴任した。

終　焉　一九八〇年に、鎌倉七里ガ浜の恵風園に入院、自宅療養の後、結腸癌により逝去。享年七六。

叙勲・受賞歴等　一九七二年に紫綬褒章、七八年勲三等瑞宝章。六八年芸術選奨文部大臣賞、七八年毎日芸術賞。

■主要著書　単著『土方定一著作集　全一二巻』平凡社、一九七六～七八、他著書・編著書・論文多数。

■参考文献　三重県立美術館展覧会図録『アーティストとクリティック―批評家・土方定一と戦後美術』一九九二。『日本美術年鑑』一九八一年版。

（大澤　泉）

日高 六郎

ひだか・ろくろう

居住地：鎌倉市佐助・京都府京都市
大正六年（一九一七）～平成三〇年（二〇一八）

中華民国青島市生まれの社会学者。多くの著述や講演を通して、戦後を代表する思想家として活躍した。

略　歴　一九四一年に東京帝国大学文学部社会学科を卒業。六〇年に東京大学新聞研究所教授となるが、六九年の東大紛争を期に辞職した。七一年に渡仏。以降、京都精華短期大学教授、中部大学教授を歴任した。

学問的特徴　戦後民主主義の社会への展開、定着をはかるために、理論の研究、分析のみならず、社会的実践を積極的に行い、戦後市民運動に大きな影響を与えた。

日高六郎と鎌倉　ベトナム戦争の最中、二人の若い脱走米兵を鎌倉市の自宅に匿った。

学会・社会活動　原水禁運動、安保闘争、ベトナム反戦運動、被差別部落問題、水俣病支援など、平和、人権、公害の多くの諸問題に対して発言を行った。「思想の科学研究会」会長、神奈川人権センター理事長を務めた。

終　焉　二〇一八年六月七日、京都市で老衰のため逝去。享年一〇一。

■**主要著書**　単著『現代イデオロギー』勁草書房、一九六〇。『戦後思想を考える』岩波書店、一九八〇。共編著『現代社会学大系一～十五』青木書店、一九六九～九〇。

■**参考文献**　https://ja.wikipedia.org/wiki/%E6%97%A5%E9%AB%98%E5%85%AD%E9%83%8E（20231013 閲覧）「日高六郎のコミュニケーション論」『応用社会学研究』file:///C:/Users/bunshitsu1/Downloads/AN00026486_65_02%20（5）.pdf 二〇二三。

（中野雄二）

平井昌夫

ひらい・まさお

居住地：鎌倉市山ノ内

明治四一年（一九〇八）～平成八年（一九九六）

東京都大田区出身の国語国字問題や国語教育の研究者で、特にローマ字論者として知られる。

略　歴　一九三三年に東京帝国大学文学部哲学科を卒業後、ローマ字による日本語改革運動を目指すローマ字社に勤務する。三九年、ローマ字運動家が検挙された事件に連座して、治安維持法違反容疑で有罪判決を受ける。戦後、国立国語研究所、共立女子大学教授、東京学芸大学教授、愛知淑徳大学教授を歴任する。

学問的特徴　主な研究分野は国語教育・言語障害児教育・文章表現・国字問題・話し方である。特に戦前以来のローマ字論者として多くの業績を残す。一九四七年、文部省により義務教育段階でのローマ字授業が実施されたが、このことを「初等教育におけるローマ字教育が終戦後の教育民主化の波に乗ってようやく実施されることになった。しかも、第二の鹿鳴館時代ともまで評される英語流行の時期に、英語のみか一般外国語の入門としてではなく、国語教育の徹底と国民の書記能力の向上を目的として実施される点に、国語国字問題への一歩として大きな意義が認められる」と述べている。戦前・戦中・戦後期における言語問題や言語政策を、国語国字問題の視点からの資料分析に基づき、日本語の民主化を目指した研究者である。

学会・社会活動　言語障害児教育に関する文章表現や話し方等の研究を行い、日本言語障害児教育研究会会長を務めた。

■主要著書　単著『国語・国字問題』三笠書房、一九三八。『ローマ字教育の理論と実際』開隆堂、一九四七。『魅力のある会話 話しコトバの研究室』講談社、一九五七。『国語教育学原論』明治図書出版、一九六九、他多数。

■参考文献　平井昌夫『国語国字問題の歴史』昭森社、一九四八。

（森本　理）

福澤諭吉の内孫でフランス文化精通者

福澤進太郎

ふくざわ・しんたろう

居住地：鎌倉市鎌倉山
大正元年（一九一二）～平成七年（一九九五）

福澤諭吉の四男大四郎の長男で、福澤諭吉の内孫に当たる。大阪府下で生まれ、フランス文学者でフランス事情通であった。慶応義塾大学名誉教授。

略　歴　一九三六年に慶應義塾大学文学部仏文科を卒業し、三七年パリの公立研究大学ソルボンヌ大学（Sorbonne University）に留学する。三九年には、ロンドン大学も卒業し、帰朝後は慶應義塾大学予科教授に就任する。その後、慶應義塾大学文学部仏文科助教授を経て慶應義塾大学教授に就任し、退職後は慶應義塾大学名誉教授となる。

学問的特徴　フランス文化全般に通底していたところから、文学のみに囚われず政治評論なども行っている。

学会・社会活動　慶應義塾大学法学研究会編集委員会委員など。

横　顔　妻の福澤アクリヴィは、トルコ生まれのギリシャ人で福澤進太郎と結婚後来日し、戦後間もない日本でソプラノ歌手として我が国にフランス歌曲を紹介啓蒙すると同時に、日本の声楽界の牽引に努めたことで知られる。

■主要著書　単著『仏蘭西人の政治と教育』『戦後仏蘭西文化の動向』（『著作権台帳』第一〇版に記載有り。詳細な書誌情報不明）。

翻訳　バレ著『労働の歴史』白水社、文庫クセジュ、一九五二。

■参考文献　『現代物故者事典一九九四―一九九六』日外アソシエーツ、一九九七。『著作権台帳』第一〇版、財団法人日本著作権協議会、一九六四。島本千也『鎌倉別荘物語』私家版、一九九三。

（落合広倫）

藤井松一

ふじい・しょういち

居住地：鎌倉市鎌倉山
大正一〇年（一九二一）～昭和五五年（一九八〇）

岩手県出身の近世史研究者。

略　歴　一九四二年に東京帝国大学第二工学部航空機体学科へ入学し、一九四四年に卒業*。住友金属工業株式会社に入社し、神崎製作所技術部研究課員となった。四五年六月に召集され、九月に復員。戦後は一転して、東大社会科学研究会、歴史学研究会に所属し、日本近代史の研究を志した。五一年には日本近代史研究会の同人となり、事務局長を務め奔走。六六年に立命館大学産業社会学部助教授、六七年に同大学教授、六八年には学部長となる。

学問的特徴　日本近代史研究会を通じて服部之総から影響を受けるとともに、自身の戦争体験を通じた問題意識を通じて、近代天皇制の成立と展開を論じた。

学会・社会活動　日本近代史研究会の事務局長及び編集長、歴史学研究会の委員を務めた他、大学の学部長を二回、教学担当常務理事、人文科学研究所長などを歴任し、誠実な人柄ゆえに多忙を極めたという。

終　焉　一九八〇年五月に過労のため入院。同年一〇月に大学内で倒れ、心筋梗塞により逝去。享年五九。

■**主要著書**　単著『近代天皇制の成立と展開』弘生書林、一九八二。共編著『日本歴史講座―近代一』河出書房、一九五二。『太平洋戦争史　全五巻』東洋経済新報社、一九五三～五四、他編著書・論文多数。

■**参考文献**　藤井松一『近代天皇制の成立と展開』弘生書林、一九八二。不動健治『鎌倉山叢談』鎌倉山風致保存会、一九七一。

（大澤　泉）

富士川英郎《ふじかわ・ひでお》

居住地：鎌倉市山ノ内
明治四二年（一九〇九）～平成十五年（一九三六）

東京生まれのドイツ文学及び比較文学を専門とする文学者で、特にR・M・リルケに関しての多くの研究と翻訳を手掛けた。また、江戸期の漢詩文、明治以降の近代文学にも多くの業績を残す。

略　歴　一九三一年に東京帝国大学*を卒業、三六年から岡山の第六高等学校講師、四二年から佐賀高等学校教授、四六年から九州帝国大学講師を経て、四九年からは東京大学*において助教授、教授（五六年～）としてドイツ文学、比較文学を講じた。六九年の定年退官後も名誉教授として引き続き東京大学に在籍しつつ、玉川大学でも教授を務めた。

学問的特徴　ドイツ文学者、比較文学者として、リルケ、ホーフマンスタール、ゲオルケなどドイツ現代史等に関して多くの業績を残した。一方、菅茶山を主に江戸期漢詩文学や森鴎外及び萩原朔太郎などの近代文学においても多くの研究、著作を残している。

学会・社会活動　一九四七～六九年に東京大学助教授、教授として、平川雄介、芳賀徹及び小堀桂一郎など多くの後進を育成した。

終　焉　終生鎌倉に在住し、二〇〇三年二月一〇日、逝去。享年九三。

叙勲・受賞歴等　一九八九年日本芸術院会員、六八年に『江戸後期の詩人たち』（六六年麦書房、七三年筑摩叢書）により、第一〇回高村光太郎賞、第一九回読売文学賞。

■**主要著書**　単著『リルケ』世界評論社、一九五〇。『リルケ―人と作品』東和社、一九五二。『菅茶山と頼山陽』平凡社東洋文庫、一九七一。共編訳『リルケ全集』彌生書房、一九六〇～六五、一九七三～七四。

■**参考文献**　『日本近代文学大辞典』講談社、一九七七～七八。

（桝渕規彰）

富士川 游

ふじかわ・ゆう

居住地：鎌倉市雪ノ下　墓地：広島市富士川家墓地
慶応元年（一八六五）〜昭和十五年（一九四〇）

明治期から昭和前期の医師であり、医学史研究者として医史学を確立し多大な業績を遺す。文学博士でもある。

略　歴　一八六五年に医師の藤川雪《すすぐ》の長男として安芸国沼田郡長楽寺村（現、広島県広島市安佐南区長楽寺）に誕生。幼名は充人、号は子長。七二年に父が藤川を改姓し富士川となる。広島県立広島中学を経て、八七年に広島病院付属医学校を卒業。その後上京し、明治生命保険の保険医になるとともに中外医事新報社に入社。各地の名医の著述や文献を探究、『中外医事新報』などで精力的に医療情報を執筆する。九八年四月から約二年半、ドイツ留学しイエーナ大学に学ぶ。一九一二年に妻の病気療養のため鎌倉に別荘を購入。一九四〇年胆石により七五歳で逝去。

学問的特徴　学生時代から人文科学や社会科学に高い関心を持ち、幅広く文筆活動を行う。ドイツ留学でヘッケルの一元論に影響を受け、身体と精神は不可分と解し浄土真宗にも近接、児童教育や宗教的活動、東洋大学などでの社会事業教育にも尽力する。

学会・社会活動　日本児童研究会創設。中山文化研究所所長、鎌倉中学校（現、鎌倉学園中学校・高等学校）初代校長。その他、多数の医学関係学会の創設、運営に関わる。

叙勲・受賞歴等　一九一二年に『日本医学史』により帝国学士院恩賜賞。

■主要著書　単著『日本医学史綱要　全二巻』平凡社東洋文庫、一九七四。『日本疾病史』平凡社東洋文庫、一九六九。

■参考文献　『富士川游先生』「富士川先生」刊行会（非売品）、一九五四。『富士川游著作集　全一〇巻』思文閣出版、一九八二。

（會田康範）

藤木久志

ふじき・ひさし

居住地：鎌倉市今泉台
昭和八年（一九三三）〜令和元年（二〇一九）

新潟県古志郡村松村（現、長岡市）出身の日本中世の歴史学者で、中でも民衆史、村落史の研究で知られる。

略　歴　一九五六年に新潟大学人文学部人文学科卒業、六三年に東北大学大学院文学研究科博士課程を修了し、その後、聖心女子大学文学部歴史社会学科助教授、立教大学文学部史学科教授等を歴任する。八六年に東北大学より文学博士を授与され、一九九九年に立教大学を退職した後、帝京大学文学部史学科教授を務める。

学問的特徴　新潟大学在学中に、当時はまだ珍しかったフィールドワークを重視した研究に定評がある井上鋭夫の指導を受けたこともあり、現地調査を重視した研究を行う。藤木は、中世の文献資料がない地域でも、地元の人々と協働し、「徹底した『現地・現物主義』」によって、中世の村のありようを復元」することに努めた。

学会・社会活動　中世災害史研究の枠組みを築き、自ら収集した気象災害史料の全てを後進に提供し、また、市民シンポジウムなどを通した市民との交流や、社会活動を通した大学教育により、後進の育成に努めた。

終　焉　二〇一九年九月二八日、鎌倉市内の病院で敗血症により逝去。享年八六。

■主要著書　単著『戦国社会史論　日本中世国家の解体』東京大学出版会、一九七四。『豊臣平和令と戦国社会』東京大学出版会、一九八五。「中世鎌倉の祇園会と町衆―どっこい鎌倉は生きていた」『神奈川地域史研究会会誌』十一、一九九三。『戦国民衆像の虚実　高志書院選書十二』高志書院、二〇一九。共編著『京郊圏の中世社会』高志書院、二〇一一、他著書・編著書・論文多数。

■参考文献　稲葉継陽・清水克行「村と民衆の戦国時代史―藤木久志の歴史学」『アジア遊学』二七六、二〇二二。

（鈴村楓実）

藤澤利喜太郎

ふじさわ・りきたろう

居住地：鎌倉市長谷
文久元年（一八六一）〜昭和八年（一九三三）

佐渡国で幕臣藤沢親之の長男として生まれ、数学教育の確立と西欧の数学の移入に尽力した数学者で、理学博士。

略　歴　東京英語学校*を卒業し、一八七六年東京開成学校*を経て、七八年東京帝国大学理科大学*に入学。八三年ロンドン大学、ベルリン大学に留学し、八四年にシュトラスブルグ大学に移籍。八七年に帰国し、東京帝国大学理科大学教授に就任。一九二一年に同大学を定年退職。二五年帝国学士院代表として貴族院議員に選任。

学問的特徴　一九〇〇年パリ開催の第二回国際数学者会議で「数学の問題（和算教育の批判的紹介）」を講演した。

学会・社会活動　一八九二年東京数学物理学会委員長、一九〇六年帝国学士院会員、二五年貴族院帝国学士院会員議員。一八九〇年尋常中学校教員講習会委員、九一〜一九二一年教員検定試験委員、一八九一年尋常中学校教科細目調査委員、九九年理学文書目録編纂委員、一九一〇年数学教科調査委員会会長、二四年文政審議会委員、二〇年中央統計委員会委員、三二年学術振興会理事、法制審議会臨時委員。

叙勲・受賞歴等　一九一三年従三位。一〇年勲二等瑞宝章、一五年大礼記念章、二〇年勲一等瑞宝章。

■**主要著書**　単著『生命保険論』文海堂、一八八九。『数学ニ用キル辞ノ英和対訳字書』博聞社、一八八九。『数学教授法講義筆記』大日本図書、一九〇〇。『算術教科書　全二巻』大日本図書、一八九六。『藤沢博士遺文集　上・中・下巻』藤沢博士記念会、一九三四〜三五、他多数がある。

■**参考文献**　真島秀行「藤澤利喜太郎の事績の功罪について―生誕１５０年を記念して」『数理解析研究所講究録』一七八七、二〇一二。『藤沢博士追想録』東京帝国大学理学部数学教室藤沢博士記念会、一九三八。公田藏「藤澤利喜太郎の数学教育思想」『数理解析研究所講究録』一六二五、二〇〇九。

（青木　豊）

ふ

藤林敬三

ふじばやし・けいぞう

居住地：鎌倉市鎌倉山
明治三三年（一九〇〇）～昭和三七年（一九六二）

大阪市南区出身の経済学者である。

略　歴　一九二六年に慶応義塾経済学部卒業、同大助手となる。二九年から三年間ドイツ・フランス等に留学。三二年同大助教授、三四年教授。三七～三九年日本軍の看護兵として中支の病院勤務。四三年立教大学講師、四五年慶応大学経済学博士、五一年から五三年学部長。五九年同大産業研究所所長。六〇年中央労働委員会会長。

学問的特徴　経済学者であり、労働経済論が専門。

学会・社会活動　一九二六年から六二年まで出身大学の慶応義塾大学で経済学等を講じ、後人の育成に努めた。また、六〇年から中央労働委員会会長を務め、三井三池争議・日赤争議など数多くの労働争議の解決に尽力した。

終　焉　一九六二年九月十五日、脳血栓・肺炎併発により逝去。享年六一。

■主要著書　単著『経営学全集第十二巻　経済学心理学 能率心理学の批判と労働者心理学の研究』東陽出版社、一九三五。『労働者政策の基本問題』慶応出版社、一九四三。『勤労と生活』慶応出版社、一九四四。『労使関係論』経営評論社、一九四九。『わが国の労働組合の課題と特質』労働行政研究所、一九四九。『労使関係と労使協議制』ダイヤモンド社、一九五八。共編著『組織労働の新方向』東洋経済新報社、一九四一。『法規上に於ける給与疑義解釈』労働文化社、一九四八。『改正組合法に基く労働協約の詳解』教育資料社、一九四九。『労働組合保障 クローズド・ショップの問題』慶応出版社、一九四九。『日本の労使関係』ダイヤモンド社、一九四九、他著作多数。

■参考文献　小池基之「藤林敬三博士の逝去を悼む」慶応義塾経済学会、一九六三。寺尾琢磨「藤林君と電子計算機」慶応義塾経済学会、一九六三。

（菅原日出人）

不動健治

ふどう・けんじ

居住地：鎌倉市鎌倉山
明治三一年（一八九八）～昭和六〇年（一九八五）

近代の写真家、編集者で、同盟通信の従軍記者として南京事件の写真を撮った数少ない写真家として知られる。

略　歴　一九二一年に大阪府で、写真家の上田竹翁らとともに芸術写真社を設立し、雑誌『芸術写真』を刊行する。三七年には、社団法人同盟通信の従軍記者として南京事件の写真を撮影し、その後、同盟通信社参事、内閣情報局の嘱託として北京に駐在する。第二次世界大戦が勃発すると、昭南新聞会の理事、マライ、スマトラ、バダンの各新聞社の社長を兼任し、第二次世界大戦後は、株式会社国際文化情報社常務取締役編集長等を務める。

学問的特徴　同盟通信の従軍記者等として北京に駐在していたことや、鎌倉山に在住していたことから、南京事件前後の北京や、住宅地として開発された鎌倉山の歴史について鮮明に伝えることに努める。

不動健治と鎌倉　住宅地として鎌倉山が開発されてから五〇年を迎えるにあたり、鎌倉山に在住する先住者の一人として、鎌倉山の歴史や、開発後の変貌を伝え、今後の向上、発展に寄与するために『叢談　鎌倉山』を執筆する。

学会・社会活動　同盟通信の従軍記者として南京事件の写真を撮影していたため、南京での日本軍による大量虐殺を啓蒙する活動を積極的に行った。そのため、南京虐殺を否定する研究者から批判の対象とされる。

■主要著書　単著『復興之帝都』東京復興協会、一九三〇。『北京とカメラ』国華書店、一九三九。共編著『画報　千年史　古代中世の世界と日本』国際文化情報社、一九五六。『画報　風俗史』国際文化情報社、一九五七。『日本の歴史』国際文化情報社、一九五九、他著書・編著書、論文多数。

■参考文献　『叢談　鎌倉山』鎌倉山風致保存会、一九七一。

（鈴村楓実）

古田紹欽

ふるた・しょうきん

居住地：鎌倉市山ノ内
明治四四年（一九一一）～平成十三年（二〇〇一）

岐阜県山県郡（現、山県市）出身の仏教学者で、出身地には、二〇〇三年に古田紹欽記念館が開設されている。

略　歴　一九三六年に東京大学文学部印度哲学科を卒業後、世界的な仏教学者である鈴木大拙に師事し、後に大拙発願による公益財団法人松ヶ岡文庫の設立に携わる。北海道大学、日本大学の教授、学習院大学、東京大学、中央大学などの講師を歴任し、六六年に大拙が亡くなると、その跡を継ぎ、松ヶ岡文庫の文庫長となる。

学問的特徴　仏教研究には、頭で整理する研究と、体で経験する研究の二つの道があり、二つは分離してはならならず、「二つの立場が一体の立場でいつも明らかにされて行くのが仏教の教えとするところであろう」と古田は述べている。このように、古田は、仏教学を禅の立場から思想的に研究することに努めた。

学会・社会活動　松ヶ岡文庫の文庫長として蔵書の管理を行うとともに、全集を編纂し師の業績を広く伝えた。また、一般の人でも理解出来るような解説書から、研究者に向けた専門書まで、その著書は一〇〇冊に及ぶ。

終　焉　二〇〇一年一月二一日、逝去。享年八九。

叙勲・受賞歴等　一九七五年紫綬褒章、八一年勲三等瑞宝章。

■主要著書　単著『仏教』春秋社、一九五五。『禅の文化』角川書店、一九五六。『禅心の茶と書』春秋社、一九五七。『禅の茶・禅の書』春秋社、一九五九。『宗教とはなにか』社会思想研究社、一九六一。共編著『鈴木大拙全集』岩波書店、一九九九～二〇〇三、他著書・編著書・論文多数。

■参考文献　古田紹欽『仏教とはなにか』社会思想社、一九六三。

（鈴村楓実）

君主絶対主義思想を自説とした憲法学者

穂積 八束

ほづみ・やつか

居住地：鎌倉市材木座
安政七年（一八六〇）～大正元年（一九一二）

愛媛県宇和島出身の法学者。東京帝国大学法科大学長を務めた法学博士で、日本の憲法学者としては初めての憲法学の体系的学説を明示した。貴族院議員も務めた。

略　歴　一八七三年に上京して共立学校に入り、外国語学校・大学予備門を経て東京大学文学部政治学科に入学し、八三年に卒業。翌八四年から文部省留学生としてドイツのハイデルベルク大学に留学する。八九年に帰国し東京帝国大学法科大学教授に就任する。九七～一九一一年の間、法科大学長を務め、一二年東京帝国大学名誉教授となる。一八九九～一九一二年の間、貴族院議員に勅選される。

学問的特徴　君主絶対主義思想、家族国家論を自説とし、天皇機関説に強く反対した。

学会・社会活動　帝国学士院、国家学会、法学協会。法典調査会査定委員。日本法律学校の設立に参画したことでも知られ、法制局参事官、枢密院書記官、貴族院勅撰議員、宮中顧問官等要職を歴任。

叙勲・受賞歴等　死亡叙勲正三位勲一等。一九一二年従三位勲一等瑞宝章。一九〇七年二等第二双竜宝星（清国）、など。

■主要著書　単著『憲法大意』本評論社、一八九六。『憲法提要』有斐閣、一九三六。『国民道徳大意』国民精神文化研究所、一九三七。『穂積八束博士論文集』有斐閣、一九四三。講演記録『国民道徳ニ関スル講演』文部省、一九一一。穂積重遠・穂積重威編『穂積陳重八束進講録』岩波書店、一九二九、など多数。

■参考文献　坂井大輔「穂積八束とルドルフ・ゾーム」『一橋法学』十五―一、二〇一六。長尾龍一『穂積八束集』信山社、二〇〇一。

（青木　豊）

ほ

西洋中世史を専門とした稀代の西洋史学者

堀越孝一

ほりこし・こういち

居住地：鎌倉市二階堂
昭和八年（一九三三）〜平成三〇年（二〇一八）

ヨハン・ホイジンガ『中世の秋』の翻訳で著名な西洋史学者。学習院大学名誉教授。

略　歴　東京市滝野川区田端町（現、東京都北区田端）出身。一九四六年に愛知県東春日井郡の味岡国民学校を卒業し、旧制愛知県立明倫中学校に入学。その後、父の転勤に伴い東京に転居し、五二年に東京都立北園高等学校を卒業し東京大学に進学。五六年三月に東京大学文学部西洋史学科卒業後、同年四月に同大文学部仏文科研究生課程に入学し、翌年修了。六〇年四月、同大学院人文科学研究科修士課程（西洋史専攻）入学、六六年三月に同研究科博士課程単位取得満期退学し、四月より茨城大学講師、六八年に助教授、その後、七四年四月に学習院大学助教授、七六年に同教授、二〇〇四年に定年退職。

学問的特徴　東京大学で西洋中世史研究の泰斗堀米庸三（一九一三〜七五）に師事した。石川武や木村尚三郎らと並ぶ堀米門下生の一人。また、小説家柴田翔らの同人誌にもペンネームで参加したこともある文章家で、学習院大学で同僚だった名誉教授福井憲彦は独特なリズムをもつ文体を「堀越節」と評している。多数の西洋中世史の研究論文・著書の他、翻訳本やエッセイも多数。

叙勲・受賞歴等　二〇一三年瑞宝中綬章。

■**主要著書**　翻訳　ヨハン・ホイジンガ著『中世の秋』中央公論社、一九六七。『ヨーロッパ世界の成立』講談社、一九七七。『軍旗はブラシュの花印』小沢書店、一九九一。

■**参考文献**　『学習院史学』四二（堀越孝一先生退任記念号）、二〇〇四。

（會田康範）

堀米庸三

ほりごめ・ようぞう

居住地：鎌倉市二階堂　墓地：覚園寺
大正二年（一九一三）～昭和五〇年（一九七五）

山形県河北町出身の西洋史を専門とする歴史学研究者で、なかでも中世ドイツを核とするヨーロッパ史を中心に多くの業績を残した。

略　歴　一九三七年に*東京帝国大学西洋史学科を卒業、四一年に神戸商業大学予科講師となり、四二年から同教授、四七年から北海道大学法文学部助教授、五一年から同教授を経て、五六年からは*東京大学文学部教授を務めた。七三年の退官までの間、六九年には東京大学文学部長に就任した。

学問的特徴　一九四九年に『中世国家の構造　社会構成史体系三』（日本評論社）において提唱したドイツ的構造論は、北海道大学在職中及び五八～五九年のアメリカ留学を通じて、総合的中世史像の構築へと進展した。

学会・社会活動　北海道大学助教授、同教授及び東京大学文学部教授時代には、木村尚三郎、木戸毅、樺山紘一、石川武、二宮宏之、堀越孝一ほか数多くの後進を育成した。

終　焉　一九七五年一二月二二日、肺癌のため逝去。享年六二。墓所は鎌倉市二階堂の覚園寺。

叙勲・受賞歴等　一九七六年『西欧精神の探求―革新の一二世紀』（日本放送出版協会）により、毎日出版文化賞。

■主要著書　単著『中世国家の構造　社会構成史体系三』（日本評論社、一九四九）。『西洋中世世界の崩壊』岩波書店（岩波全書）、一九五八。『正統と異端　ヨーロッパ精神の底流』中央公論社（中公新書）、一九六四。『ヨーロッパ中世世界の構造』岩波書店、一九七六。共編著『中世ヨーロッパ　世界の歴史三』中央公論社、一九六一。『西洋中世世界の展開』東京大学出版会、一九七三。『ヨーロッパ世界の成立　世界の歴史八』講談社、一九七七。

■参考文献　樺山紘一「堀米庸三」『山形の先達者(1)』山形県生涯学習人材育成機構、一九九九。

（桝渕規彰）

初代保安大学校長を務めた政治学者

槇 智雄

まき・ともお

居住地：鎌倉市長谷
明治二四年（一八九一）～昭和四三年（一九六八）

政治学者で、イギリス憲法史・政治制度史を専門とする。初代*保安大学校（現、防衛大学校）校長を務めた。

略　歴　一九一四年慶應義塾大学部理財科を卒業後留学し、一七年オックスフォード大学を卒業。帰朝後の二一年に慶應義塾大学法学部政治科助手、三三年慶應義塾大学理事となり、三九年に藤*原工業大学理事を兼務する。四七年には、慶応義塾大学法学部教授に就任する。五二年小泉塾長の退任と同時に慶應義塾大学を退職し、保安大学校教授、同初代校長に就任し、五四年には校名変更により防衛大学校教授、同初代校長となる。五七年、白梅学園短期大学理事（兼任）となる。六五年防衛大学校を退官し、防衛大学校名誉教授・防衛庁参与となり、白梅学園短期大学学長に就任する。

学問的特徴　「真の紳士にして、真の武人たれ」を建学の精神とし、軍事専門教育に偏しない紳士としての素養を持った士官の養成を目指し、軍を社会から分離させることなく社会に融合させる教育を推進した。

叙勲・受賞歴等　一九六八年賜銀杯一個、従三位。六五年勲二等瑞宝章。

■主要著書　単著『防衛の務め―防衛大学校における校長講話』甲陽書房、一九六五。『米・英・仏士官学校歴訪の旅―自由民主国家の士官養成』甲陽書房、一九六九。『防衛の務め　自衛隊の精神的拠点』中央公論新社、二〇〇九など。共著『西洋史講座十二西洋政治制度史』雄山閣、一九三二、他。

■参考文献　槇智雄先生追想集刊行委員会編『槇乃実―槇智雄先生追想集』防衛大学校同窓会槇記念出版委員会、一九七二。『著*作権台帳』一九六三年版、社団法人日本著作権協議会。

（青木　豊）

正木千冬

まさき・ちふゆ

居住地：鎌倉市長谷
明治三六年（一九〇三）～昭和五七年（一九八二）

東京府出身の経済学者、官僚、ジャーナリストで、鎌倉市長を二期八年務めたことでも知られる。

略　歴　東京府立第四中学校、旧制第一高等学校を経て一九二六年に東京帝国大学経済学部を卒業した。大学在学中はマルクス経済学を学び、東大新人会のセツルメント活動に没頭する。大学卒業後は、岡實の紹介で大阪毎日新聞社に入社したものの、四・一六事件の共産党員一斉検挙を含め、計四回投獄される。三五年に高校時代からの知人であった迫水久常の勧めにより企画院に移り、第四部調査員、商工事務官として生産力拡充委員会幹事となるも、四一年四月の企画院事件で逮捕される。戦後は、稲葉秀三の国民経済研究協会で常務理事を務め、四六年に経済安定本部で統計分析に従事し、その後商工省統計調査局長、内閣統計委員会常任委員、参議院予算委員会専門委員、内閣統計局次長、國學院大學教授を歴任した。

学会・社会活動　一九七〇年八月二五日に行われた鎌倉市長選挙に立候補し、初当選した。その後、七八年まで二期八年務めた。

終　焉　一九八二年四月六日逝去。享年七八。

■主要著書　単著『日本経済の新課題―重要産業を中心として』若狭書房、一九四七。『ずいひつ鎌倉市長』ずいひつ鎌倉市長刊行会（中央公論事業出版）、一九七三。

■参考文献　近代日本史研究会「研究会速記録平成15・16年度　9．田辺宏太郎氏」『科学研究費成果報告書』。

（中島金太郎）

松下隆章

まつした・たかあき

中世水墨画を専門とする美術研究者

居住地：鎌倉市長谷
明治四二年（一九〇九）～昭和五五年（一九八〇）

長野県飯田市出身の美術史研究者で、中でも日本中世絵画の研究で知られる。

略　歴　一九三三年に慶應義塾大学美学美術史を卒業後、東京帝室博物館研究員として勤務する。四四年に根津美術館に一時転出するが、四六年に東京国立博物館附属美術研究所、その後文部技官、美術工芸課長、奈良国立文化財研究所所長、京都国立博物館館長等を歴任し、七八年に退官する。

学問的特徴　宋元画をはじめ、李朝の水墨画にいたる中世水墨画と仏画を広く研究した。さらには、今日で言うところの「文化財学」の先駆をなす国宝・重要文化財をはじめとする文化財保護行政の充実に努めた。

学会・社会活動　一九五五～六九年までの長きにわたり、出身大学である慶應義塾大学で美術史を講じ、後人の育成に努めた。七六年からは、文化財保護審議会委員として、広く我が国の文化財行政に携わった。

終　焉　一九八〇年九月十五日鎌倉市の自宅で脳内出血により逝去。享年七一。

叙勲・受賞歴等　一九七九年勲二等瑞宝章。

■**主要著書**　単著『水墨画　日本の美術　十三』至文堂、一九六七。『雪舟　日本の美術一〇〇』至文堂、一九七四。『野椿美術随想』三月書房、一九八一。『日本水墨画論集』中央公論美術出版社、一九八三、など。共編著『宋元名画　梁楷・牧谿・玉澗』聚楽社、一九五六。『日本の美術　十五　禅寺と石庭』小学館、一九七一。『新修日本絵巻物全集　一〇　平治物語・蒙古襲来絵詞』角川書店、一九七五、他著書・編著書・論文多数。

■**参考文献**　小島恵蔵「美術史家　松下隆章について」『飯田市美術博物館研究紀要　十一』二〇〇一。

（青木　豊）

松平 精

まつだいら・ただし

居住地：鎌倉市長谷
明治四三年（一九一〇）〜昭和四八年（一九七三）

東京市浅草で、子爵松平親信の三男として生まれる。工学博士で応用物理学を専攻し、機械振動学専門とする。

略　歴　一九三四年に、*東京帝国大学工学部船舶工学科を卒業。同年海軍航空技術廠に入廠し、飛行機部研究科に配属される。翌三五年陸軍に徴兵され、陸軍立川飛行連隊で一年間の兵役に就いた後、翌年海軍航空技術廠飛行機部に復帰。戦後、*公職追放の後、四五年に*国鉄鉄道技術研究所に入所。研究所退職後は、石川島播磨重工業技術研究所長・技術本部長・宇宙開発事業部長を経て、六九年に常務取締役に就任し、七八年同社顧問となる。九〇年に、テクノ・コンサルタンツ取締役会長に就任する。

学問的特徴　船舶工学から航空力学へと移行し、我が国最初の機械振動学研究の第一人者となる。戦後は、鉄道車両の脱線は、台車の蛇行動が原因であるとする理論を展開した。

学会・社会活動　戦後、自動車業界に技術提供を行い、国産初のダンパー（空気ばね）を完成させた。新幹線開発においては、新幹線用台車の設計と実用化に貢献し、新幹線のダンパーの主要開発を行った。一九八九年、日本機械学会名誉員。

■**主要著書**　単著『基礎振動学』共立出版、一九五〇。『飛行機の振動』ニッセイエブロ、一九九一。「電子技術から見た将来の鉄道交通」『運輸と経済』二八－五、運輸調査局、一九六八。「日本海軍における飛行機振動研究の回顧―1―フラッタ関係」「日本海軍における飛行機振動研究の回顧―2―動力装置による振動」『日本機械学会誌』八二・八三、日本機械学会一九七九・八〇、をはじめ多数。

■**参考文献**　小野田滋「鐵道人物伝 No.八　蛇行動現象に取り組んだ技術者 松平精」『RRR』七四－十一、鉄道総合技術研究所二〇一七。松平精「零戦から新幹線まで」『日本機械学会誌』七七－六六七、一九七四。

（青木　豊）

松本潤一郎

まつもと・じゅんいちろう

居住地：鎌倉市長谷・鎌倉山
明治二六年（一八九三）〜昭和二二年（一九四七）

千葉県銚子市出身の社会学者で、理論社会学を専門とした。東京高等師範学校教授で文学博士である。*

略　歴　旧制銚子中学校に入学するが、旧制佐原中学校に転校し卒業する。旧制第一高等学校を経て、東京帝国大学文科大学哲学科社会学専攻を卒業。同大学院に進学するも中退し、大阪毎日新聞に入社し外国通信部記者として英文の邦訳や海外調査などで活動。一年ほどで退社し外遊する。帰朝後は日本大学講師、法政大学教授、東京女子大学講師、東京帝国大学講師を務めた。一九三八年には、東京高等師範学校教授に就任する。

学問的特徴　社会学の全ての学派の統一的形成を提唱し、自らが構築した社会学体系理念を〝総社会学〟と命名。

学会・社会活動　一九四二年、日本文学報国会理事。日本出版文化協会文化局長を務める。

■主要著書　単著『現代社会学説研究』刀江書院、一九二八。『社会学要綱』時潮社、一九三四。『社会学原論』弘文堂、一九三五。『集団社会学原理』弘文堂、一九三七。『日本社会学』時潮社、一九三七。『国家と社会理論　社会理論の発展傾向』河出書房、一九四三。『社会学新講』日光書院、一九四三。『戦時社会文化』積善館、一九四三。『文化政策の基準』中央大学文化科学原理研究会、一九四三。『戦時文化政策論』文松堂出版、一九四五。『これからの社會』社會教育聯合會編纂印刷局、一九四七。公民叢書『社会と文化の問題』巌松堂書店、一九四七、など極めて多数。

■参考文献　宮永孝「法政と社会学」『社会志林　六四』法政大学社会学部学会、二〇一七。染谷孝哉『鎌倉　もうひとつの貌』蒼海出版、一九八〇。『文化人名事典―著作権台帳―一九五三年版』社団法人日本著作権協議会、一九五三。『日本近現代人名辞典』吉川弘文館、二〇〇一。

（青木　豊）

松本亦太郎

まつもと・またたろう

居住地：鎌倉市（腰越地域）
慶応元年（一八六五）〜昭和十八年（一九四三）

群馬県高崎市出身の心理学者。

略　歴　高崎藩士飯野翼の二男として生まれ、一八七九年に旧家松本勘十郎の要旨となる。八一年に同志社大学の前身である同志社英学校に入学を経て、東京帝国大学文学部哲学科を卒業後、大学院に進学する。九六年に米国コネチカット州のイェール大学に留学し実験心理学を専攻し、「音空間」の研究で博士号を取得する。九八年には渡欧し、ライプツィヒ大学で実験心理学を研究し、一九〇〇年に帰朝している。帰朝の翌年には、東京帝国大学文科大学講師、〇六年には京都帝国大学教授となり心理学を講じた。一三年には、東京帝国大学教授となり心理学講座を開設している。

学問的特徴　意識と行動の相互関係により発生する身体的変化を「精神動作」と呼称し、精神動作学を提唱した。日本心理学の礎を築き、日本の心理学者の育成に努めたことでも知られる。

学会・社会活動　一九二七年、日本心理学会を創設し、初代会長となる。

横　顔　美術にも造詣が深く、一九〇六〜十二年の京都帝国大学時代に京都市立絵画専門学校校長も歴任した。

叙勲・受賞歴等　一九二四年勲二等瑞宝章。

■**主要著書**　単著『実験心理学十講』弘道館、一九一四。『精神的動作』六会館、一九一四。『現代の日本画』北文館、一九一五。『絵画鑑賞の心理』岩波書店、一九二六。『心理学講和』改造社、一九三〇。『諸民族の芸術』改造社、一九三〇、論文多数。

■**参考文献**　関計夫「西周から松本亦太郎まで」『教育・社会心理学研究』七 - 一、一九六七。

（青木　豊）

三上次男《みかみ・つぎお》

居住地：鎌倉市山ノ内　墓地：東慶寺
明治四〇年（一九〇七）～昭和六二年（一九八七）

京都府宮津町生まれの東洋史・陶磁史の研究者で、とくに貿易陶磁の研究に偉大な足跡を残した。

略　歴　一九三二年に*東京帝国大学文学部東洋史学科を卒業後、世界各地の遺跡発掘調査をはじめ、国内外の窯跡調査に参加した。四九年から*東京大学教授。六七年の定年退官後、青山学院大学文学部教授を七七年まで務めた。

学問的特徴　研究分野は、中国先史時代の墓制、金国史、陶磁史など幅広く深い。とくに晩年は、陶磁器を通じた東西文化の交流・貿易の研究に力を入れ、大きな成果を残した。

三上次男と鎌倉　昭和初期から鎌倉市に在住。鎌倉の文化財に関心が高く、鎌倉市文化財専門委員などを務めた。

学会・社会活動　一九四七年から三年間、*鎌倉アカデミア教授を務めた。日本考古学会、東洋陶磁学会、日本貿易陶磁研究会などで要職を歴任する。また、七〇年から自宅において、「白水会」を開催し、学生や研究者を集めて勉強会を行った。

終　焉　一九八七年六月六日、東京都虎の門病院で肺炎のため逝去。享年八〇。

叙勲・受賞歴等　一九七三年紫綬褒章、七八年勲三等旭日中綬章。

■主要著書　単著『ペルシャの陶器』中央公論美術出版、一九六九。『金史研究　全三巻』中央公論美術出版、一九七二。共編著『世界の美術　十五　世界の陶磁器』世界文化社、一九七七。

■参考文献　『三上次男著作集一～六』中央公論美術出版、一九八七～九〇。

（中野雄二）

三井但夫

みつい・ただお

居住地：鎌倉市大船・二階堂
大正四年（一九一五）～平成十七年（二〇〇五）

横浜出身の医学者で、我が国での解剖学の権威者であり、医学博士であった。デザイナーで画家の三井直麿（一九一三～九四）と映画俳優であった三井弘次（本名、日子秀一九一〇～七九）は三井但夫の兄である。

略　歴　慶應義塾大学医学部を卒業し、慶應義塾大学助教授を経て四七年に教授となる。日本大学歯学部解剖学教室の創設者の一人として、四七年に日本大学歯学部の設置が認可された翌年の三月に、三井は日本大学解剖学教室の専任教授に就任する。五九年九月に、再び慶応義塾大学医学部教授として母校に移籍している。

学会・社会活動　日本解剖学会理事長を務める。

横　顔　一九七七年、慶応義塾大学の創設者である福澤諭吉翁の墓所移転時に遺体の死蝋化が認められたことは知られている通りである。この折に、慶應義塾大学名誉教授相磯貞和は、「福澤先生はあたかもそこに眠っていらっしゃるがごときお姿であった」との発言を、恩師の三井から聞いたと記している。したがって、三井は解剖学者として臨場したと推定される。

■主要著書　単著『人体解剖学の発展史　栄光と破滅の影を追う』慶応大学、一九七七。『人体解剖学入門』創元社、一九六八。「献体登録に関する法制化について配慮すべき問題点について」『解剖学雑誌』一九八一。『入門人体解剖生理学』健帛社、一九八七。共著『入門解剖図譜』健帛社、一九八三。

■参考文献　寺島俊雄「錐体路研究四十年」神緑会ニュースレター一八‐一、一般社団法人神緑会、二〇一六。『日本大学歯学部解剖学第Ⅱ講座教室史』戸田善久先生叙勲祝賀会配布資料、二〇一七。「【写真に見る戦後の義塾】福澤先生ご命日の常光寺墓参」三田評論 ONLINE、二〇一九。

（青木　豊）

南川周三

みなみかわ・しゅうぞう

居住地：鎌倉市大町
昭和四年（一九二九）～平成十九年（二〇〇七）

東京生まれの詩人で美術評論家である。なかでも寺院建築の評論を一方での専門とする。詩誌『日本未来派』の編集、発行を務める。本名は井上章である。

略　歴　一九五三年に、東京大学文学部美学美術史を卒業し、同大学院修士課程に進学する。修了後、大東文化大学・東京女学館短期大学講師を経て、東京女学館短期大学教授となる。その後、東京家政大学教授となり、九九年定年により退職し、東京家政大学名誉教授となる。

学問的特徴　詩は筆名南川周三で、芸術論・社寺評論は本名の井上章で記すことを特徴とする。

学会・社会活動　日本歌人クラブ、日本美術史学會、日本美術学会に属する。

叙勲・受賞歴等　一九七二年『音楽の響き』第二二回H氏賞候補、七四年「或る休暇」第六回新潮新人賞候補、八七年『コレーの微笑』第五回現代詩人賞候補、九一年『幻月記』第九回現代詩人賞。

■**主要著書**　単著『蒐集癖の少年詩集』国文社、一九五七。『芸術論』国文社、一九八四。『美と美術』家政教育者、一九八八（以上、著者名南川周三）。『覚園寺』中央公論美術出版、一九六五。『美と美術　その思考と倫理』家政教育者、一九七三。『関東芸術紀行』宝文館、一九八四。「『時間芸術』の時間」『日本未来派』日本未来派発行所、思潮社、一九八九。『美の歩廊』東京家政大学出版部、一九九六、他多数（以上、著者名井上章）。共著『美の構造』宝文館出版、一九六八。『日本服飾美術史』一九七一。

■**参考文献**　『著作権台帳―文化人名録（一九六二・六三年度版）』第一〇版、（財）日本著作権協会。『現代日本人名録』日外アソシエーツ、一九八七。

（青木　豊）

宮下　左右輔

みやした・そうすけ

居住地：鎌倉市由比ガ浜
明治十五年（一八八二）～昭和二三年（一九四八）

徳島県徳島市出身の医学者で医学博士である。専門は、眼科学で日本の眼科学の発展に大きく貢献した。

略　歴　徳島中学校（現、徳島県立城南高等学校）を卒業後上京し、*東京帝国大学医科大学に入学し、一九〇六年同医科大学を卒業して同大学眼科助手となる。〇八年から眼科学研究を目的に、ドイツ・スゥエーデンなどを游学し一〇年に帰朝し、翌一一年に東京医科大学講師に就任している。また、三井慈善病院眼科医長として執務する。一三年東京帝国大学医学部講師を辞し、一四年*大阪府立高等医学校教諭に就任する。二三年同医学校を辞して上京し、眼科医院を開設する。二四年に再び東京帝国大学講師を嘱託される。四五年東京帝国大学を退官し、日本医科大学眼科の教授に就任する。

学会・社会活動　眼科学の研究と後進の教育に力を注ぎ、多くの優秀な眼科医を育成した。特筆すべきは、一九一〇年に日本初となった角膜移植手術を成功させたことであり、当該成功事例は世界的にも二例目であった。二二年に日本眼科学会を創設し、初代会長となり、五六年には顧問に就任している。

叙勲・受賞歴等　正五位。

■主要著書　単著「匐行性角膜潰瘍の血清療法」一九一二、東京帝国大学。『宮下小眼科学』宮下眼科医院出版部、一九二七。『近世眼科細菌学』半田屋医籍商店、一九一四。『小児期ニ於ケル眼疾患』吐鳳堂書店、一九一五。

■参考文献　「医学士宮下君墓誌」『日眼』5、日本眼科学会、一九〇一。『日本近現代人名辞典』吉川弘文館、二〇〇一。『人事興信録』第八版、人事興信所、一九二八。『20世紀日本人名事典』日外アソシエーツ、二〇〇四。染谷孝哉『鎌倉　もうひとつの貌』蒼海出版、一九八〇。『*著作権台帳』一九六三年版、社団法人日本著作権協議会、一九七二。

（青木　豊）

パウル・クレーの研究を専門とした美術史学者

宮下　誠

みやした・まこと

居住地：鎌倉市材木座
昭和三六年（一九六一）～平成二一（二〇〇九）

東京都出身の美術史研究者で、哲学博士。専門分野は、西洋美術史・美術史学史・画像解析学であり、二〇世紀のスイスの画家で美術理論家であったパウル・クレー*の研究で知られる。

略　歴　保善高等学校を経て早稲田大学文学部に入学。一九八五年に同大を卒業し、八八年に同大大学院芸術学（美術史）専攻修士課程修了。九二年に、スイス国立バーゼル大学哲学部美術史学科大学院を修了し、九四年早稲田大学大学院後期課程単位取得退学。九九年には、別府大学大学院助教授に就任し、二〇〇〇年には國學院大學文学部哲学科助教授に転任し、二〇〇六年から同哲学科教授を務めた。

学問的特徴　フランスで一九一九～三九年の間に興った文学・芸術運動であるシュルレアリスム*運動との交流史を近現代美術史学の確立を目的に、編年的時間年代を追究した。

学会・社会活動　日本美術史学会・早稲田大学美術史学会・日独芸術学研究会、日本美術史学会の常任委員を務めた。大分では、大分県立図書館講師、大分市立美術館講師を、東京では豊島区社会教育会館講師を務めた。

叙勲・受賞歴等　一九九六年早稲田大学美術史学会賞（小杉賞）。

■主要著書　単著・翻訳・論文等の研究業績は多数で、主要業績は左記のとおりである。『越境する天使パウル・クレー』春秋社、二〇〇九。『クリトリム金色の交響曲』小学館、二〇〇九。『20世紀絵画　モダニズム美術史を問い直す』光文社新書、二〇〇五。

■参考文献　『教育・研究活動報告書（平成十六年度版）』國學院大學、二〇〇五。

（青木　豊）

三山 進

みやま・すすむ

居住地：神奈川県逗子市
昭和四年（一九二九）〜平成十六年（二〇〇四）

略　歴　美術史学者・推理小説家。筆名は、久能恵二《くのけいじ》。兵庫県神戸市出身。一九五二年に東京大学文学部美学美術史学科を卒業した。同年、同大学院修士課程在学中から、六五年まで、鶴岡八幡宮境内にある鎌倉国宝館学芸員を務めた。そして、七一年から九一年まで跡見学園女子大学教授、九四年まで青山学院大学教授を歴任するかたわら、鎌倉市文化財専門委員会委員のほか、川崎市、横浜市、横須賀市、大和市、平塚市等の文化財委員（彫刻）を兼任し、地方自治体の文化財行政に大きく貢献した。なお、推理小説作家としてのデビューは、五九年『宝石』『週刊朝日』の共同募集に「玩具の果てに」を応募し、二等に入選したことであった。

三山進と鎌倉　鎌倉国宝館の学芸員時代に編集した『鎌倉地方造像関係史料』全八巻は、鎌倉地方の造立仏師研究には欠くことのできない資料となっている。このほか『鎌倉と運慶』、『鎌倉彫刻史論考』等、鎌倉仏教彫刻史における多彩な研究があるほか、鎌倉市が編集した『鎌倉市文化財総合目録　書跡・絵画・彫刻・工芸篇』では、同書編纂委員会委員として、「彫刻篇」で中心的な論攷を執筆した。晩年は、逗子海岸が眺望できる海岸沿いのマンションに住んでいた。

■**主要著書**　単著『鎌倉と運慶』有隣堂、一九七九。『鎌倉彫刻史論考』有隣堂、一九八一。編著『鎌倉地方造像関係史料　全八巻』鎌倉国宝館論集十一〜十八、一九六八〜七五。共著『鎌倉市文化財総合目録　書跡・絵画・彫刻・工芸篇』同朋舎出版、一九八六。

■**参考文献**　『鎌倉彫刻史論考』有隣堂、一九八一。「三山進先生 年譜と業績（宇都木章教授・三山進教授退任記念号）」『青山史学』十四、青山学院大学文学部史学研究室、一九九五。

（稲田笠悟）

宮本和吉

みやもと・わきち

居住地：鎌倉市浄明寺
明治十六年（一八八三）～昭和四七年（一九七二）

山形県東田川郡下名川村（鶴岡市）出身の哲学者でカント研究の第一人者。

略　歴　荘内中学校を卒業、一年間の小学校代用教員経験を経て上京し、一九〇三年に旧*制第一高等学校一部に入学、〇六年に東*京帝国大学文科大学哲学科へ進学、一六年に大学院を修了。翌年、天*台宗大学、一八年に東洋大学の講師就任。二〇年に新潟高等学校教授に就任。二三年から二五年まで文部省在外研究員としてドイツの諸大学へ研究留学。二七年に京*城帝国大学教授（哲学・哲学史第二講座）に就任し、十七年間勤務。この間、三七年に文学博士号を取得。四六年に旧*制武蔵高等学校校長に就任し武蔵大学初代学長となる。同退任後、成城大学学長勤務。

学問的特徴　ドイツ留学時に著名な哲学者から新カント派の哲学を中心に学び、帰国後、カント哲学の研究・紹介に努め『哲学概論』等哲学書の著作・翻訳・雑誌編集などを行い、当時黎明期にあった哲学の発展に尽力した。

学会・社会活動　諸大学での哲学教育は学生への影響も大きかったが、特に一九四六年から五六年まで、旧制武蔵高等学校校長、新制武蔵大学学長、武蔵高等学校・中学校長を務め、戦後の社会的混迷や学制改革の中で旧*制高等学校の学風を残しつつ新制大学への基礎を確立した功績は大きく、誠実で生真面目な哲学者だとされる。

■主要著書　単著『哲学概論』岩波書店、一九一六。『カント研究』岩波書店、一九四一。共編著『岩波哲学辞典』岩波書店、一九二二、他論文多数。

■参考文献　通堂あゆみ「宮本和吉─誠実で生真面目な哲学者」武蔵学園百年史刊行委員会編『武蔵学園百年史』根津育英会武蔵学園、二〇二三。上田正昭他監修『日本人名大辞典』講談社、二〇〇一。

（盛山隆行）

陸奥廣吉

むつ・ひろきち

居住地：鎌倉市由比ガ浜
明治二年（一八六九）～昭和十七年（一九四二）

紀州藩出身の華族（伯爵）・外交官で、駐ベルギー特命全権公使、鎌倉女学院校長などを歴任した。

略　歴　一八六九年に大坂の紀州藩藩邸にて紀州藩士・陸奥宗光と元芸妓の妻・蓮子の長男として生まれる。慶應義塾に入塾し、一九〇五年に慶應義塾特選塾員となった。これに前後して一八八七年にイギリスに留学し、ケンブリッジ大学に入学。次いでロンドン法学院を卒業し、法廷弁護士（バリスター）の称号を受けて九三年に帰国した。九五年に外務省に入省し通訳官になると、米国サンフランシスコ、英国、北京、ローマ、マルセイユに赴任した。一九一〇年開催の日英博覧会*では、事務官として開催に尽力した。一四年に特命全権公使としてベルギー駐在となったが病気のため退官し、その後は病気の療養のために一二年に鎌倉に転居した。

学会・社会活動　退官後は、祖父の伊達千広の教育に関する社会普及、弟が養子に入った古河家や古河財閥、古河鉱業の支援などを行った。加えて、鎌倉女学校（現、鎌倉女学院中学校・高等学校）の校長として経営を立て直し、また、洋画家黒田清輝らと鎌倉同人会*を結成し、鎌倉国宝館の開設や松並木の保全などに尽力した。

終　焉　一九四二年十一月十九日逝去。享年七四。

叙勲・受賞歴等　一九四〇年従二位。一九〇二年勲五等瑞宝章ほか。

■主要著書　単著『伯爵陸奥宗光遺稿』岩波書店、一九二九。

■参考文献　曽我部真裕・赤坂幸一編「加藤高明と陸奥廣吉」『憲法改革の理念と展開　下巻』信山社、二〇一二。

（中島金太郎）

陸奥 宗光

むつ・むねみつ

居住地：鎌倉市　墓地：寿福寺
弘化元年（一八四四）～明治三〇年（一八九七）

和歌山藩士伊達藤二郎宗廣の第六子として生まれ、幼名を牛麿という。日本が開国に際して列強に認めざるを得なかった領事裁判権を撤廃する所謂不平等条約の改正に成功し、日清戦争終結に伊藤博文と共に下関講和条約の調印を実現した不世出の政治家である。位階勲等爵位は正二位勲一等伯爵。「カミソリ大臣」と呼ばれた。

略　歴　二五歳にして外国事務局御用掛*となる。大阪判事、摂津県知事、兵庫県知事、神奈川県知事を経て、一八七二年に外務大丞となる。八七年特命全権公使、九〇年農商務大臣、九二年外務大臣に任命される。

横　顔　日英博覧会*の世話役を務め、外交官であった長男の陸奥廣吉は、妻イソの強い希望により材木座（現、由比ガ浜四丁目）に一五〇〇坪の土地を購入し、新居の完成とともに一九一二年から鎌倉で生活を始めた。鎌倉女学校（現、鎌倉女学院）の初代理事長となり、日本女性の教育にも尽力した人物である。

終　焉　一八九七年八月二四日逝去。享年五四。一九五三年、陸奥家墓所大阪より鎌倉寿福寺に移葬される。

叙勲・受賞歴等　一八九三年勲一等瑞宝章、九五年勲一等旭日大綬章。九四年美治慈恵第一等勲章、九五年ゴヴォ十字第一等勲章、九六年カルロス三世第一等勲章など多数。

■主要著書　一八九二年から九五年に執筆した『蹇蹇録』は、外務省の機密文書を引用しているため非公開であったが、一九二九年に初めて公刊された明治外交史上第一級史料である。雑誌『世界之日本』開拓社、一八九六。

■参考文献　陸奥宗光伯七〇周年記念会『陸奥宗光伯』一九六六。本山桂川『人物評傳全集　七』大誠堂、一九三五。（落合広倫）

鎌倉を詩的にとらえたフランス文学者

村上光彦

むらかみ・みつひこ

居住地：鎌倉市極楽寺
昭和四年（一九二九）～平成二六年（二〇一四）

長崎県出身のフランス文学者で、フランス語に加え英語の書籍も翻訳するなど多才な巨人として知られる。

略　歴　一九五三年に東京大学文学部仏文学科を卒業後、東京学芸大学勤務を経て、成蹊大学教授に就任する。

学問的特徴　一九八六年ノーベル平和賞受賞のホロコースト生還者エリ・ヴィーゼルの『夜』、『死者の歌』や、六五年ノーベル生理医学賞受賞のジャック・モノーの『偶然と必然　現代生物学の思想的な問いかけ』、また、二〇世紀最大の歴史家の一人とされるフェルナン・ブローデルの『日常性の構造』１・２などを翻訳した。専攻はフランス文学であるが、フランス語作品に限らず、英語作品など多くの海外作品や科学書を翻訳した。

学会・社会活動　鎌倉ペンクラブ副会長を務め、『鎌倉幻想行』を著すなど、日常の鎌倉のさりげない洞窟や落ち葉散り敷く迷路のような山道を手がかりに、地形と人の想像力との関係を読み解くなど、詩的想像力の豊かな側面から異彩を放つ鎌倉を案内している。また、鎌倉高等女学校教師で鎌倉大仏の裏手に住んでいたことに関連したペンネームをもつ作家の大佛次郎の研究を行い、編著『大佛次郎セレクション』を編集するなど、大佛次郎研究会会長も務めている。各方面に知の巨人ともいうべき多彩な活動を行う。

■主要著書　単著『エジプト神話の口承』鷺の宮書房、一九六八。『鎌倉幻想行』朝日新聞社、一九八六。『パリの誘惑』講談社、一九九二。翻訳　エリ・ヴィーゼル著『夜』みすず書房、一九六七。『死者の歌』晶文社、一九七〇。ジャック・モノー著『偶然と必然現代生物学の思想的な問いかけ』みすず書房、一九七二。フェルナン・ブローデル著『日常性の構造　１・２』みすず書房、一九八五。編著『大佛次郎セレクション　全十八冊』未知谷、二〇〇七、など多数。

■参考文献　村上光彦『大佛次郎　その精神の冒険』朝日選書、一九九七。

（森本　理）

村田良策

むらた・りょうさく

居住地：鎌倉市大町
明治二八年（一八九五）～昭和四五年（一九七〇）

略歴　美術研究者。栃木県佐野市出身。一九一九年東京帝国大学文学部美学美術史学科を卒業。三五年まで法政大学と東洋大学の教授を務め、三三年から四〇年まで文部省社会教育局嘱託講師に就任した。四三年東京美術大学教授となり、四九年には東京美術学校長兼新制東京芸術大学美術学部長となった（六二年退官）。鎌倉では、同一〇年頃から大町に住んでいた。*

村田良策と鎌倉　一九五一年から、神奈川県立鎌倉近代美術館初代館長に就任、東京芸術大学名誉教授となった後も六九年まで同館館長を務めた。

■**参考文献**　染谷孝哉『鎌倉　もうひとつの貌』蒼海出版、一九八〇。「村田良策　日本美術年鑑所載物故者記事」東京文化財研究所 https://www.tobunken.go.jp/materials/bukko/9490.html（閲覧日 20231219）。

（稲田笠悟）

中国文学研究を専門とした数少ない研究者

村松暎

むらまつ・えい

居住地：鎌倉市西御門
大正十二年（一九二三）～平成二〇年（二〇〇八）

東京都出身の中国文学者で、慶應義塾大学名誉教授・杏林大学教授を歴任した。白話小説を中心とした中国文学研究に優れた業績を残したことで知られる。

略　歴　一九五〇年に慶應義塾大学文学部を卒業後、同校文学研究科中国文学専攻に進学し、五二年に修士課程を終了。慶應中等部教諭を経て、五四年に慶大文学部助手、助教授、教授となり、六五年定年退職により教授名誉教授。八九年杏林大学教授に就任している。

学問的特徴　孤立または不利な立場に陥る悲愴な英雄伝説『四面みな楚歌す（中国の英傑）』、中国だけではなく、歴代封建社会の国家統治を根本的な鍵となる〝礼・義・仁・智・信〟と謂われる『儒教の毒』を辛辣に皮肉し、人生の真諦と知恵を謳歌する『さよならだけが人生だ　漢詩で読む人間学』など、一般向けの書物を多く著する作家として知られている。

叙勲・受賞歴等　一九八九年「色機嫌　女・おんな、また女—村松梢風の生涯」（彩古書房）で大衆文学研究賞。

■主要著書　単著『毛沢東の焦慮と孤独』中央公論社、一九六七。『贅説史記』中央公論社、一九六八。『中国列女伝　三千年のなかで』中公新書、一九六八。『五代群雄伝』中央公論社、一九七二。『理想の敗北　孟子』新人物往来社、一九七三。『中国三千年の体質　孔子から現在まで』高木書房、一九八〇。『漢詩の人間学　珠玉の名篇に刻まれた人生を読む』PHP研究所、一九九〇。『儒教の毒』PHP研究所、一九九二。『中国如是我想』中央公論社、一九九三、など多数。

■参考文献　『村松暎・藤田祐賢両教授退任記念論文集』慶應義塾大学藝文学会編、一九八九。

（于　江）

む

社会心理学の体系を構築した心理学者

望月 衛

もちづき・まもる

居住地：鎌倉市浄明寺
明治四三年（一九一〇）〜平成五年（一九九三）

東京都出身の心理学者で、千葉大学名誉教授。

略　歴　一九三三年東京帝国大学文学部心理学科卒。陸軍航空本部にて航空心理、事故、精神的適正に関する研究を進めた。戦後は東宝に入社。東洋大学教授、五四年千葉大学教授。七六年定年退官、名誉教授、国際商科大学（現、東京国際大学）教授。

学問的特徴　日本の社会心理学におけるパイオニア。日常生活に密着した研究で、一般の人々に社会心理学を身近に感じさせた効果をもたらした。著書『欲望　その底にうごめく心理』がベストセラーとなり、それぞれの時代において、航空心理学、社会心理学、環境心理学の研究以外にも、心理学の古典的名著の翻訳なども手がけた。

横　顔　同性愛に関して、戦後初期の日本におけるオピニオンリーダーであり、三島由紀夫とも交流があった。

終　焉　一九九三年十二月二八日逝去。享年八三。

叙勲・受賞歴等　一九八三年四月勲三等旭日中綬章。

■主要著書　単著『欲望 その底にうごめく心理』光文社カッパ・ブックス、一九五五。『個人空間の中で 飲食住の心理』ブレーン出版、一九七六。共編著『環境心理学』朝倉書店、一九七九、他著書・編著書・翻訳・論文多数。

■参考文献　野口薫「望月衛先生を偲ぶ」『人間・環境学会誌』一九九四、二-一。『日本人名辞典』講談社、二〇〇三。染谷孝哉『鎌倉もうひとつの顔』蒼海出版、一九八〇、一四四頁。

（奥野順子）

森 武之助

もり・たけのすけ

居住地：鎌倉市御成町・佐助・笹目
明治四四年（一九一一）～平成元年（一九八九）

東京市日本橋浜町生まれの文学者。国文学を専門とする文学博士である。

略　歴　一九一八年東華尋常小学校に入学したが、大正関東地震で被災し、千葉県立女子師範附属小学校に編入し、翌二四年に同校を卒業。同年慶應義塾普通部に入学、二九年に卒業と同時に慶應義塾大学文学部予科に入学し、三二年に同大学文学部に進学、三五年に卒業する。同大学大学院に進学し、大学院修了後の三九年に、大妻高等女学校講師となり、四二年に同校教授に就任し〝文学〟を講じる。四九年に戦後の新制度下の大妻女子大学教授となる。五〇年清泉女子大学教授に転職し、同時に慶應高等学校教諭となり、五三年慶應義塾大学文学部兼任講師、五七年同助教授、六三年には大学教授に就任している。六七年慶應義塾大学附属研究所斯道文庫長となり、七七年に辞し同顧問となる。七七年退職し、慶應義塾大学名誉教授となり、洗足学園魚津短期大学教授。

森武之助と鎌倉　一九四五年、麹町の自宅が空襲により全焼し鎌倉に移り住む。

叙勲・受賞歴等　一九六二年慶應義塾賞。

■主要著書　単著「心中を焦点としての西鶴と近松」『藝文研究』九、一九五八。『浄瑠璃物語研究』井上書房、一九六二。『文学と説話』三省堂日本文学講座、一九六九。『塵芥撰述』洗足学園魚津短期大学国文学研究室、一九八八。翻刻・解題「続清水物語」『国文学論叢六　近世小説』至文堂、一九六三など。

■参考文献　「森武之助先生退職記念論集」『斯道文庫論集　十四』慶応義塾大学附属研究所斯道文庫、一九七七。平澤五郎「追悼森武之助先生と斯道文庫」『斯道文庫論集　二四』一九八九。『日本近現代人名辞典』吉川弘文館、二〇〇一。染谷孝哉『鎌倉　もうひとつの貌』蒼海出版、一九八〇。

（青木　豊）

考古学の創設期に輝いた天才考古学者

森本六爾

もりもと・ろくじ

居住地：鎌倉市極楽寺
明治三六年（一九〇三）～昭和十一年（一九三六）

奈良県磯城郡織田村（現、桜井市）出身の考古学者で、大正～昭和初期における弥生時代の研究に業績を残したことで知られる。

略　歴　一九二〇年に奈良県立畝傍中学校（旧制）を卒業後、同県の尋常小学校の代用教員の傍ら、奈良県下の古墳等を中心に発掘調査を行う。当時、東京高等師範学校長兼帝室博物館総長であった三宅米吉の知遇を得て、二四年、上京。東京高師校長副手を委嘱され、本格的に考古学の研究を開始した。*

学問的特徴　弥生時代に水田稲作農耕が存在したことを主張し、その実態の解明に努めたほか、同時代の土器、青銅器等、幅広い分野の論考を発表した。

学会・社会活動　一九二七年に考古学研究会（二九年東京考古学会に改組）を創設し、雑誌『考古学』を創刊した。

終　焉　一九三一年に研究のため渡仏するも、病のため翌年帰国。精力的に研究を続けるも、三六年一月二二日、仮寓としていた鎌倉市極楽寺で結核により逝去。享年三四。

■**主要著書**　単著『日本青銅器時代地名表』岡書院、一九二九。『日本農耕文化の起原：考古学上より見たる日本原始農業の研究』葦牙書房、一九四一。『日本考古学研究』桑名文星堂、一九四三。共著『日本上代文化の考究』四海書房、一九二七、他共著・共編多数。

■**参考文献**　斎藤忠『日本考古学史』吉川弘文館、一九七四。浅田芳朗『考古学の殉教者―森本六爾の人と学績』柏書房、一九八二。

（中野智史）

安田周三郎

やすだ・しゅうさぶろう

居住地：鎌倉市由比ガ浜
明治三九年（一九〇六）～昭和五六年（一九八一）

東京出身の彫刻家。安田財閥創始者の安田善次郎を祖父とし、安田財閥を引き継いだ安田善三郎の四男である。

略　歴　東京美術学校を卒業。彫刻の道に進む。横浜国立大学教授として教鞭をとった。東京国立近代美術館に、「ルドンの幻想」（一九五六年　第二回日展出品作品）、「蹲る」（一九七一年　第三回改組日展出品作品）、「異形B」（一九七六年　第八回改組日展出品作品）の三作品が所蔵されている。神奈川県立近代美術館には、「死の灰」（一九五四年）、「男の顔A」（一九六四年）「男の顔B」（一九六四年）が収蔵されている。横浜市シルク博物館開館10周年（一九六九年）に『絹と乙女』像など。神奈川県内では、『フォークダンスをする少年少女像』（横浜市の神奈川県立青少年センター）、『やすらかに眠れ』（横浜市野毛山動物園）、大和市役所玄関脇に『求心』、小田原市に『なぎさ』、藤沢市少年の森に「友情」などがある。県外では、長野市真田公園に「屈む女」（一九七九年　第七回長野市野外彫刻受賞作品）、資生館小校庭南西角（一九六八年、札幌市中央区南4条西7丁目）に梁田貞像などがある。

学会・社会活動　日展審査員、日展評議員、一九七五年第一〇回神奈川県美術展委員会顧問等を歴任する。

叙勲・受賞歴等　一九七七年第九回日展で閣総理大臣賞総理大臣賞、七九年第七回長野市野外彫刻賞。

■**主要著書**　単著『安田周三郎展』ギャラリー・ミキモト、一九七九。「剛健質朴 鉄不動（覚園寺）」『鎌倉の仏像』河出書房新社、一九五八。

■**参考文献**　『著作権台帳*』一九六三年版、社団法人日本著作権協議会、一九七二。

（青木　豊）

や

矢内原伊作

やないはら・いさく

居住地：鎌倉市山ノ内・大町
大正七年（一九一八）〜平成元年（一九八九）

愛媛県出身の哲学者・美術評論家である。我が国にスイス人彫刻家アルベルト・ジャコメッティを紹介した。

略　歴　一九八九年、経済学者で後に*東京帝国大学教授となる矢内原忠雄の長男として生まれる。*旧制第一高等学校を経て四一年、京都大学文学部哲学科を卒業、翌年、召集され海軍兵科予備士官となる。四六年より法政大学文学部講師となり、四七年学習院大学文学部助教授、五一年に大阪大学文学部助教授となる。五四年、パリ大学に二年間留学し、アルベルト・ジャコメッティと知己を得る。六六年同志社大学文学部教授となる。七〇年、法政大学文学部教授に就任、八九年、同大学の名誉教授となる。

学問的特徴　キルケゴールやサルトル等、特に実存主義を提唱した思想家について研究・翻訳を行った。またパリ留学中にスイス人彫刻家アルベルト・ジャコメッティと知り合ったことをきっかけに、彼とその作品を日本に紹介した。ほかに父矢内原忠雄の評伝があり、父子双方を知る上で貴重な資料となっている。

矢内原伊作と鎌倉　一九四六年から五〇年まで光明寺で開かれた「*鎌倉アカデミア」の講師を務めた。

学会・社会活動　一九八〇年より翌年一一月まで法政大学文学部長を務めた。

終　焉　胃癌により鎌倉市内の病院に入院、その後、都内の虎の門病院に転院するも一九八九年八月、逝去した。

■主要著書　単著『ジャコメッティとともに』筑摩書房、一九六九、他多数。

■参考文献　加来彰俊「矢内原先生を悼む」『法政大学文学部紀要』三五、一九八九。前川清治『鎌倉アカデミア 三枝博音と若きかもめたち』サイマル出版会、一九九四。

（林　道義）

矢内原　忠雄

やないはら・ただお

居住地：鎌倉市大町
明治二六年（一八九三）～昭和三六年（一九六一）

愛媛県越智郡富田村（現、今治市）出身の経済学者で、植民地政策を専門とする。

略　歴　兵庫県立神戸中学校を経て、一九一〇年*旧制第一高等学校法科に入学。一七年、*東京帝国大学法科大学政治学科を卒業、住友総本店に入社し、別子銅山勤務。二〇年先任者新渡戸稲造の転出に伴い、後任として東京帝国大学経済学部助教授に就任。欧州に留学し、二三年に帰朝し教授に就任し、植民政策を講ずる。三七年、戦争批判の論文「国家の理想」を『中央公論』に執筆し、反戦的言論から追放される形で東大教授を辞任。四五年、東京帝国大学経済学教授に復帰し、翌四六年社会科学研究所長、四八年経済学部長、四九年教養学部長を歴任し、五一年*東京大学総長に就任。四八年に退官し名誉教授。退職後は、学生問題研究所を創設し所長となる。蔵書の一部は、琉球大学附属図書館に寄贈され「矢内原忠雄文庫」となっている。

学問的特徴　新渡戸稲造・内村鑑三の薫陶を受け、無教会主義キリスト者として反戦的思想を貫徹した。統治者側の視点からの政策ではなく、植民を科学的に分析し広義で捉え、社会学のなかで研究。

学会・社会活動　日本学士院会員。

叙勲・受賞歴等　正三位勲一等瑞宝章。

■主要著書　単著『帝国主義下の台湾』岩波書店、一九二九。『聖書講義』角川書店、一九四八～五九、をはじめ多数。さらに、『矢内原忠雄全集　全二九巻』岩波書店、一九六四。

■参考文献　矢内原伊作『矢内原忠雄伝』みすず書房、一九九八。『日本近現代人名辞典』吉川弘文館、二〇〇一。

（青木　豊）

や

山内 義雄

やまのうち・よしお

居住地：鎌倉市笛田　墓地：上川霊園
明治二七年（一八九四）〜昭和四八年（一九七三）

大正・昭和期のフランス文学者・翻訳家・早稲田大学教授。

略　歴　一九二一年東京外語講師となり、同年駐日フランス大使として来日した詩人ポール・クローデルと親交を結んで日仏文化の交流に活躍。二七年早稲田大学で助教授を経て、三八年教授となる。六四年退職まで後進の育成に力を注いだ。翌年より白百合女子大学教授。

学問的特徴　仏文学の翻訳で業績を残し、一九二三年に発表したアンドレ・ジッドの「狭き門」は名訳として知られている。その業績はフランスでも高く評価されている。他に訳詩集「フランス詩選」、随筆集「遠くにありて」などがある。

終　焉　一九七三年十二月十七日、肺がんにより逝去。享年七九。

叙勲・受賞歴等　一九四一年レジオン・ド・ヌール勲章。五〇年にマルタン・デュ・ガールの大作「チボー家の人々」で芸術院賞。

■主要著書　単著『遠くにありて』毎日新聞社、一九七五。翻訳　アンドレ・ジッド著『狭き門』現代仏蘭西文芸叢書、新潮社、一九二三。

■参考文献　コトバンク https://kotobank.jp/word/ 山内義雄 -1118263（閲覧日 20240110）。「加登屋のメモと写真」清流出版 https://www.seiryupub.co.jp/blog/2018/02/post-142.html（閲覧日 20240110）。染谷孝哉『鎌倉　もうひとつの貌』蒼海出版、一九八〇、二四二頁。

（奥野順子）

山川智応

やまかわ・ちおう

居住地：鎌倉市
明治十二年（一八七九）～昭和三一年（一九五六）

略歴　仏教学者。大阪府出身。本名、伝之助。武田乙若の筆名をもった。一八九三年、田中智学の影響を受けて、同氏が創立した立正安国会布教所の会員となった。山川は、日蓮主義運動に参画したが、智学の死後は、その組織である国柱会から分かれて、一九四〇年に法華系新宗教の本化妙宗連盟《ほんげみょうしゅうれんめい》の前身、師子王学会を設立。四五年、同会を「本化妙宗聯盟」とした（四六年、宗教法人として認可された）。

学問的特徴　立正安国会布教所の会員になった後は日蓮研究に努め、一九三四年『法華思想史上の日蓮聖人』ほかを刊行し、博士の学位を得た。国柱会総務・立正大講師を歴任した。

山川智応と鎌倉　一九四〇年に「師子王学会」を鎌倉市稲村ガ崎一丁目（国指定史跡稲村ガ崎の北）に設立した。当地には、現在、本化妙宗聯盟本部師子王学会がある。

■主要著書　山川智応『文学博士山川智應全集　九』山川智應全集刊行會、二〇一〇。『日本人名大辞典』講談社、二〇〇一。

（浪川幹夫）

山崎佐

やまざき・たすく

居住地：鎌倉市小町
明治二一年（一八八八）～昭和四二年（一九六七）

千葉県木更津町の医師の家系生まれの医事法制学者、医学史学者で、弁護士であり法学博士・医学博士でもあった。東京地方裁判所判事として原敬暗殺事件を担当したことで知られる。

略　歴　一九〇六年、千葉県立木更津中学校を五年卒業し、〇九年*第七高等学校造士館を卒業する。一三年に*東京帝国大学医科大学ドイツ法律家を卒業して司法官となり、地方裁判所民、予審判事、控訴院判事を務め二二年に官を辞し、弁護士事務所を開設する。この間の一五年には、東京帝国大学医科大学講師として医事法制学を講義し、九州帝国大学や慶應義塾大学などに出講している。医事法制学、医史学研究和書一万余冊を順天堂大学に寄贈し、六九年『山崎文庫目録』刊行。

学問的特徴　医学と法学の両者を併せ持つ研究分野の医事法制学・医事法学の体系を確立し、先駆を為した。

学会・社会活動　一九二一年日本児童学会理事、四二～五三年日本医史学会理事長を務めた。一九年日本医師協会理事、三八年医薬制度調査会会員、五二年第一東京弁護士会会長、六一年日本弁護士連合会会長、五三年最高裁判所民事規則制定諮問委員、五二年公安審査会委員。

叙勲・受賞歴等　一九六四年勲二等瑞宝章、六一年藍綬褒章。六五年日本医師会最高優功賞。

■主要著書　単著『医師法医師会法釈義』医事法律叢書、一九一四。『医事法制学』克誠堂書店、一九二〇。『日本疫史及防疫史』克誠堂書店、一九三一。『江戸前期日本医事法制の研究』中外医学社、一九五三、など。

■参考文献　江尻進『思い出に綴られる山崎佐の生涯』鎌倉出版社、一九六八。*『著作権台帳』一九六三年版、社団法人日本著作権協議会。

（青木　豊）

山崎 文男

やまざき・ふみお

日本アイソトープ協会を創設した物理学者

居住地：鎌倉市小町　墓地：多磨霊園
明治四〇年（一九〇七）～昭和五六年（一九八一）

原子物理学者で昭和の放射線測定の第一人者。日本アイソトープ協会の創設者。理化学研究所で研究に努めた。

略　歴　東京で地理学者山崎直方の二男として誕生。一九三一年に東京帝国大学理学部物理学科を卒業し、北海道帝国大学理学部の中谷宇吉郎教室に勤務した後、三五年に理化学研究所仁科芳雄研究室の研究生として入室した。五一年にアイソトープ取り扱いの研修に関して米国オークリッジに派遣。五二年に仁科芳雄の後継者として山崎研究室を主宰する。六八年に理化学研究所を退官し、名誉研究員となり、日本原子力研究所の理事を務める。

学問的特徴　霧箱を使った原子核実験、大井川上流の千頭発電所で行われた大型マグネトロンによる「殺人光線」の発生の研究、広島・長崎の原爆災害調査などであり、原子力の環境安全研究の体系化と研究体制の整備に尽力。

学会・社会活動　一九四五年八月三〇日、陸軍調査団の一員として原子爆弾投下後の広島に入り放射線測定調査などを行った。戦後、日本アイソトープ協会常務理事、総理府放射線審議会委員、原子力委員会専門委員、原子力安全委員会専門委員などを歴任した。

叙勲・受賞歴等　一九七七年勲三等旭日中綬章、六五年藍綬褒章。

■**主要著書**　単著「原子物理最近の進展Ⅰ・Ⅱ」『科学』編集部編『科学』三一一・二、岩波書店、一九三三、他。

■**参考文献**　浜田達二「山崎文男先生」日本物理學會編『日本物理學會誌』三七－五、日本物理學會、一九八二。玉木英彦・江沢洋編『仁科芳雄　日本の原子科学の曙』みすず書房、二〇〇五。小林大樹「山崎文男」『歴史が眠る多磨霊園』(http://www6.plala.or.jp/guti/cemetery/)。京都大学所蔵「原子力問題委員会在京委員会（20－Ⅴ）議事録」他。

（盛山隆行）

スタンダール研究を専門としたフランス文学者

山田珠樹

やまだ・たまき

居住地：鎌倉市西御門・七里ガ浜
明治二六年（一八九三）〜昭和十八年（一九四三）

大正から昭和時代のフランス文学者で文豪・森鷗外の娘婿。

略　歴　東京市芝区（港区）に生まれる。一九一一年に*東京高等師範学校附属中学校を卒業し、*第一高等学校から一七年に*東京帝国大学文学部哲学科卒業。一九年に森鷗外の長女・茉莉と結婚し、爵と亨の二子を得る。二一年に文部省在外研究員としてフランス・ソルボンヌ大学に留学し、心理学を学ぶ。またフランス文学を研究し、二三年に帰国。翌年東京帝国大学附属図書館事務取扱を嘱託され、二五年に兼任司書官となり、文学部仏文科フランス小説史を講じる。二七年に妻・茉莉と離婚。三四年に肺結核のため*東京大学を休職し、三六年に退官。

学問的特徴　フランスの小説家・*スタンダールの研究を行い、学位論文として「スタンダール研究」を執筆したが、没後出版された。また、江戸時代中期にオランダ東インド会社の長崎出島阿蘭陀商館医として来日したスウェーデンの植物学者・ツンベルグの著作『日本紀行』のフランス語訳本から重訳し、対外関係史研究に寄与した。

学会・社会活動　東京帝国大学図書館兼任司書官として、*関東大震災後の図書館再建に尽力した。

終　焉　鎌倉西御門の自邸から七里ガ浜のサナトリウムに移り、一九四三年十一月二四日逝去。享年五〇。

■主要著書　単著『現代佛文學研究』聚芳閣、一九二六。『スタンダール研究』河出書房、一九四八。翻訳『ルナール　赤毛（フランス文学の叢書劇の部九）』春陽堂、一九二六。訳注『ツンベルグ日本紀行（異國叢書）』雄松堂書店、一九二六、他多数。

■参考文献　森類『鷗外の子供たち』筑摩書房、一九九五。森茉莉『貧乏サヴァラン』筑摩書房、一九九八。森田誠吾『明治人ものがたり』岩波書店、一九九八。上田正昭他監修『日本人名大辞典』講談社、二〇〇一、他。

（盛山隆行）

山田智三郎

やまだ・ちさぶろう

居住地：鎌倉市山ノ内
明治四一年（一九〇八）～昭和五九年（一九八四）

略　歴　東京都日本橋出身の美術史家。元国立西洋美術館館長。一九二六年に上智大学文学科予科に入学も、翌年同大学を中退し渡欧。ミュンヘン大学哲学部に入学し美術史学を専攻するが、翌年ベルリン大学哲学科へ転じる。三四年同大学博士課程を卒業。同年帰国し、帝国美術院附属美術研究所嘱託として勤務後、同研究所明治大正美術史編纂部に着任。四二年、東洋美術国際研究会編集主任等を経て、戦後の四六年駐日米軍の東京アーミーイデュケーションセンターに勤務。五三年、共立女子大学教授に就任（六八年まで）。五八年イスラエル・ハイファ市日本美術館館長（二年間）勤務。六七年、国立西洋美術館館長に就任。七九年同職を退任後、複数の役職を歴任。

学問的特徴　美術史学家としてジャポネズリ（日本学）の草分けを行った第一人者。

学会・社会活動　スタンフォード大客員教授。その他大学講師や東京国立近代美術館、彫刻の森美術館、ニューヨーク近代美術館、日本美術協会、東京国立博物館、京都国立近代美術館、山種美術財団等の評議員を歴任。

終　焉　一九八四年四月十一日、横浜市戸塚区の大船共済病院で急性心肺不全のため逝去。享年七一。

叙勲・受賞歴等　一九四九年オフィシェ章、五〇年名誉大英勲章、五二年オランジュ・ナッサウ・コマンダー勲章。五五年勲二等瑞宝章。

■**主要著書**　単著『十七、十八世紀に於ける欧州美術と東亜の影響』アトリエ社、一九四二。『ダ・ヴィンチ』アルス美術文庫、一九五〇。共編著『18世紀の絵画』みすず書房、一九三一。『浮世絵と印象派』至文堂、一九四八、他著書・編著書・論文多数。

■**参考文献**　『日本美術年鑑』昭和一九八五年版（二四六～二四七頁）評論家人名辞典日外アソシエーツ、一九九〇。

（伊東達也）

山田肇

やまだ・はじめ

居住地：鎌倉市雪ノ下
明治四〇年（一九〇七）〜平成五年（一九九三）

東京府出身の演劇評論家である。鏑木清方に関する美術評論でも知られる。

略　歴　一九〇七年、東京府牛込区払方町に生まれる。旧制府立第一中学*を病により一年間休学するも飛び級で二四年に卒業する。第一高等学校*を経て三一年、東京帝国大学*文学部美術学科を卒業する。在学中よりいくつもの劇団の文芸部員として活動した。三八年、明治大学文科専門部に演劇映画科が新設され講師となり、四五年に同大学兼任教授となった。四九年、明治大学文学部教授となる。六〇年、同大学文学部文学科長に就任する。七八年、明治大学名誉教授となる。

学問的特徴　ロシアで考案された演出技法である「スタニスラフスキー─システム」を我が国に紹介した。また一九四七年には、演出家の岡倉士朗らとともに同技法を基本理念とする劇団「ぶどうの会」を結成した。

山田肇と鎌倉　日本画家の鏑木清方は岳父にあたり、没後は顕彰活動に努めた。山田の没後、遺族によって鎌倉市に清方の作品と旧宅が寄贈され、一九九八年に鎌倉市鏑木清方記念美術館が開館した。

学会・社会活動　都民劇場をはじめ、多くの劇場の運営委員や劇団の役員を歴任した。

終　焉　鎌倉市雪ノ下の自宅で逝去する。

■**主要著書**　単著『山田肇演劇論集』白鳳社、一九九五、他多数。

■**参考文献**　神山彰編「山田肇年譜・山田肇著作目録」『山田肇演劇論集』白鳳社、一九九五。

（林　道義）

山本幹夫

やまもと・みきお

居住地：鎌倉市稲村ガ崎
大正二年（一九一三）～平成一〇年（一九九八）

静岡県清水市出身の衛生学者、医師である。生涯をとおし公衆衛生の向上と予防医学の普及に尽力した。

略　歴　旧制静岡高校を経て一九四三年、東京帝国大学*医学部を卒業した。太平洋戦争中は海軍の軍医として潜水艦に乗艦、四三年にキスカ島撤退作戦に参加した。同年、海軍少佐に任じられる。四七年に復員し、東京大*学医学部公衆衛生学教室に入局、同時に労働省の労働基準監督官を兼任した。五一年、順天堂大学に助教授として着任し、五六年同大の体育学部教授となった。また七三年から八四年まで帝京大学医学部教授を務めた。

学問的特徴　専門は公衆衛生学であり、住民の健康と公衆衛生の向上に取り組んだ。また各地で健康調査を実施し、解析には当時、珍しかったコンピューターをいち早く導入する等、学際的な研究を行った。

山本幹夫と鎌倉　市民として鎌倉の町づくり懇談会会長を務めた。

学会・社会活動　軍医として潜水艦に乗艦した経験から、戦後は労働基準監督官として粉塵による珪肺症の予防に取り組んだ。また一九五七年には埼玉県静村（現、久喜市）で「蚊と蝿のいない健康村作り運動」を行った。

横　顔　油彩画に造詣が深く、同好会「鉄門絵の会」を主催した。またフランスの絵画界と親善交流を行った。

叙勲・受賞歴等　一九七三年労働大臣表彰、七七年藍綬褒章、八六年神奈川環境文化賞受賞。

■**主要著書**　単著『健康管理概論 実践的公衆衛生学』有隣堂、一九七五、他多数。

■**参考文献**　矢野栄二他「故山本幹夫先生のご逝去を悼む」『日本衛生学会誌』五三－二、一九九二。千葉裕典「故山本幹夫先生のご逝去を悼む」『民族衛生』六四－三、一九九八。

（林　道義）

八幡 義生

やわた・よしお

居住地：鎌倉市材木座・小町・長谷
明治四〇年（一九〇七）〜昭和五〇年（一九七五）

鎌倉を拠点に活動した在野の研究者で、中世鎌倉を専門とした。鎌倉で収集された遺物や拓本の資料群である八幡義生氏旧蔵資料（神奈川県立歴史博物館蔵）や研究記録である八幡家資料（鎌倉市中央図書館蔵）を遺した。

略　歴　東京都に生まれ、染織刺繍職人として活動する。一九二五年の関東大震災*をきっかけに鎌倉へ移住する。移住後は、職人として活動を続ける傍ら鎌倉の歴史に関心を持ち、三六年に国宝・什器見学ト古跡巡リノ会（現、國寶史蹟研究會）を発足、初代会長となる。戦後は中学校で教鞭をとり、歴史学の研究を進めていった。

学問的特徴　戦前には、染織刺繍関係の著作・論文をいくつか出しているが、鎌倉移住後は中世鎌倉を中心に、幅広い研究を行っている。中でも特に仏教関連の研究が多い。また実地での調査を重視し、よく足を運んだ。

八幡義生と鎌倉　文化財保護の法体系が整備される以前から鎌倉の文化財や史跡の保全と啓発に大きく貢献した。特に戦前から戦後にかけて、工事現場などで出てきた考古遺物を収集し、それらの多くは現在まで残る。

学会・社会活動　國寶史蹟研究會を創設し初代会長を務め、機関誌「國寶史蹟」を発刊した。同会では、永福寺跡の開発計画の際に陳情を行うなどしている。また、市民団体である鎌倉三日会*にも所属した。

終　焉　一九七五年四月逝去。享年六七。

■主要著書　単著『すぐ応用できる創作手工芸図案集』崇文堂出版部、一九三四。『東海道　安藤広重の「東海道五十三次」と古道と宿駅の変遷』有峰書店新社、一九八七、他論文多数。

■参考文献　「鎌倉を慈しみ後世へ伝えよう國寶史蹟研究會」鎌倉朝日新聞、二〇一七年八月一日号。

（志村　峻）

湯浅 芳子

ゆあさ・よしこ

多数のロシア文学を邦訳したロシア文学者

居住地：鎌倉市小町　墓地：東慶寺
明治二九年（一八九六）～平成二年（一九九〇）

京都市出身のロシア文学者・随筆家である。チェーホフ作品の翻訳で知られる。

略　歴　京都府下京区の魚問屋湯浅善吉の三女として生まれる。一九〇七年、井上家の養女となる。一三年から翌年まで同志社女学校専門部、日本女子大学英文予科、女子英学塾に入学と編入を繰り返すがいずれも中退し、翻訳家の山内封介よりロシア語の手ほどきを受ける。二〇年に愛国婦人会機関誌編集部に勤務し、二二年に養家から離れ再び湯浅姓となる。二八年から三〇年までソビエトへ留学する。帰国後の三三年に治安維持法違反で検挙される。翌年、岩波書店創業者岩波茂雄の知遇を得て翻訳活動に携わる。以降、翻訳及び著作多数。

学問的特徴　チェーホフ、ツルゲーネフをはじめ、著名なロシア文学の日本語訳を数多く行った。

湯浅敏子と鎌倉　生前、友人の作家たちと明月谷や材木座を訪れている。また、一九五一年には、後に自らの墓所となる東慶寺に小説家田村俊子の墓を建てている。さらに六〇年頃、小町に下宿していた。

学会・社会活動　一九六一年に女流作家を対象にした文学賞「田村俊子賞」を創設した。

横　顔　同性愛者であった。小説家の宮本百合子とは一時、共同生活を送っており、ソビエト留学にも同行している。また、この頃の二人の往復書簡が遺されており、ジェンダー研究の分野から注目されている。

終　焉　静岡県浜松市内の老人ホームで逝去。遺骨は静岡県富士霊園と鎌倉市の東慶寺に分骨された。

■主要著書　翻訳　チェーホフ著『桜の園』岩波文庫、一九五〇、他訳書、随筆多数。

■参考文献　沢辺ひとみ『百合子、ダスヴィダーニャ』文芸春秋、一九九〇。

（林　道義）

湯地　孝

ゆち・たかし

居住地：鎌倉市二階堂
明治三三年（一九〇〇）～昭和四八年（一九七三）

神奈川県横須賀市出身の日本近代文学研究者。明治文学が専門で、日本近代文学史研究の基礎確立者である。

略　歴　第一高等学校*を経て、一九二五年東京帝国大学*文学部国文科を卒業する。同二五年に、東洋大学教授に就任する。五〇年には、開学直後であった国立山梨大学に主任教授として赴任する。六六年に同大学を退官し、その後青山学院大学・法政大学の教授を務めた後、淑徳大学学長・理事を務めた。

学問的特徴　卒業論文を『樋口一葉論』として刊行し、以後片岡良一と共に近代文学研究を新地平として、近代文学者や当該者の作品内容や思潮に関する独自な研究を推進した。

学会・社会活動　現在に続く山梨大学の近代文学文庫は、湯地の提案により設立された施設である。一九三一年に、片岡良一らと明治文學會を創設する。日本文学協会会員、日本近代文学会顧問・日本近代文学館評議員を務めた。

横　顔　青山学院大学日本文学会『会報』誌の題字を揮毫している。

■主要著書　単著『東洋大學文學士　湯地孝樋口一葉論』国文学研究叢書六、至文堂、一九二六。『日本近代詩の発達』不老閣書房、一九二八。「現代文学諸相の概観」『国語と国文学』東大国文科研究室、一九二九。『最新研究現代文の解釈』山海堂出版部、一九三〇。『明治大正文学の諸傾向』積文館、一九三三。『現代文学鑑賞原論』山海堂、一九三七。共編著『新撰現代文集成』武蔵野書院、一九三二。

■参考文献　西尾光一「近代文学文庫について」『近代文学文庫目録』山梨大学附属図書館、一九六八。染谷孝哉『鎌倉　もうひとつの貌』蒼海出版、一九八〇。『日本近現代人名辞典』吉川弘文館、二〇〇一。

（青木　豊）

横井時敬

よこい・ときよし

居住地：鎌倉市小町
安政七年（一八六〇）～昭和二年（一九二七）

肥後熊本藩士横井久右衛門の四男として生まれた。農学者・農学経済学者で、農芸化学・農業教育の普及を専攻した農学博士である。

略　歴　一八七一年、熊本洋学校*に入学し英語を学んだ後上京する。八〇年、東京駒場農学校農業本科（現、東京大学農学部*）を卒業し、八二年に福岡県立農学校教諭、農科大学助教授*・教授を経て九〇年には農商務省農務局第一課長となる。九三年には、東京帝国大学講師*となり、翌九四年に東京帝国大学教授に就任している。一方で、同年私立東京農学校評議員となり、九七年には東京農学校校長となる。一九一一～二七年までの間、東京農業大学初代学長をつとめ、二五年の大学令により東京農学校を東京農業大学へと大学昇格に尽力した。二二年に東京帝国大学教授を退官し、二三年に名誉教授となる。

学問的特徴　種籾の塩水選種法、塩水選法の考案者として明治農学の祖とされる。「稲のことは稲に聞け、農業のことは農民にきけ」「士に立つ者は倒れず、士に活きる者は飢えず、士を護る者は滅びず」の格言を残した。

学会・社会活動　一八九〇年農学会幹事長*、三九年から死去までの間大日本農会*の副会頭、理事長を務めた。

叙勲・受賞歴等　一九二一年従三位。〇八年、〇八年勲四等瑞宝章、一九年勲二等瑞宝章。

■**主要著書**　単著『重要作物塩水撰種法』著述、一八九一。『農学大全』博文館、一九〇四。『農村改造論』大日本農会、一九一七。『農村発展策』實業之日本社、一九一五。『農業経済学』経済全書一一‐一二、宝文館、一九一〇。『農業新論』成美堂、一九〇五。『栽培汎論　帝国百貨全書　十三』博文館、一八九八。『横井博士全集　全一〇巻』横井全集刊行会、一九二五。

■**参考文献**　『東京農業大学百年史』東京農業大学、一九九三。『肥後の人物ものがたり』熊本教育振興会、一九八八。（青木　豊）

よ

吉江喬松

よしえ・たかまつ

居住地：鎌倉市坂ノ下・長谷
明治十三年（一八八〇）～昭和十五年（一九四〇）

フランス文学者、作家、評論家であり、号は孤雁。日本へフランス文学を広めるのに大きく貢献した他、農民文芸運動を提唱したことで知られる。いわゆる鎌倉文士のひとりである。

略　歴　長野県塩尻市の出身で、松本中学校卒業後、家業を数年手伝った後、一九〇一年に早稲田大学文学部英文科に入学した。卒業後、〇五年に近事画報社で国木田独歩が主宰の「新古文林」の編集にあたる。一五年早稲田大学教授になり、フランスへ留学した。帰国後、文学部に仏文科を創設し、その後文学部長を務める。

学問的特徴　自ら詩作や作家活動を行った他、フランス文学の翻訳、研究を行った。フランス文学研究の先駆者的存在であり、主に古典悲劇を研究対象とした。

学会・社会活動　農民文芸運動を提唱し、早稲田大学での教え子である和田傳は、吉江の没後日本農民文学会を創設した。他の教え子にはフランス文学者で作詞家としても知られる西條八十らがいる。

終　焉　一九四〇年三月二六日逝去。享年五九。

叙勲・受賞歴等　一九二二年レジオンドヌール勲章（シュヴァリエ）。

■**主要著書**　単著『緑雲』如山堂、一九〇九。『仏蘭西古典劇研究 ラスィヌの悲劇』新潮社、一九三一。共編著『世界文芸大辞典 全七巻』日本図書センター、一九三七。翻訳『モリエール全集　全三巻』中央公論社、一九三四、他著書・編著書・訳書多数。

■**参考文献**　西条八十他編「吉江喬松年譜」『吉江喬松全集　六』白水社、一九四一。

（志村　峻）

吉川 逸治

よしかわ・いつじ

居住地：鎌倉市由比ガ浜
明治四一年（一九〇八）〜平成十四年（二〇〇二）

神奈川県横浜市生まれの西洋中世美術史研究者。鉢の木会*のメンバーの一人。

略　歴　一九〇八年に横浜市神奈川区青木町台に生まれる。二九年に旧制浦和高等学校を卒業後、東京大学*美学美術史学科に入学。三三年に卒業すると、パリ大学に留学し、フランスのサン・サヴァン教会堂の壁画を研究し、パリ大学で博士号を取得。その後、インドやアフガニスタンの古遺跡を調査し帰国。四四年に東京美術学校の講師、四七年に同学校の教授となる。さらに五三年には東京大学助教授、五五年から六九年まで美術史学科の教授となり、五九年から三年間、パリ大学都市日本館館長を務めた。六九年には名古屋大学教授となって、七二年に退官。その後東海大学教授や、大和文華館館長を務めた。

学問的特徴　西洋美術史学研究おいて、現地調査と徹底した文献収集を基礎とする方法論を実践した。

横　顔　鎌倉在住者のサークル「鉢の木会」のメンバーで、その名称は、吉川が西欧へ行く送別会で、中村光夫が「鉢の木の燃え残りたる夜寒かな」と詠んだことに由来する。会の仲間で季刊文芸誌「声」の同人に参加した。

終　焉　肺炎により、二〇〇二年に鎌倉由比ガ浜の自宅で逝去。享年九三。

叙勲・受賞歴等　没後叙正四位、叙勲二等授瑞宝章。一九七四年に紫綬褒章、八〇年に三等授旭日中綬章。

■主要著書　単著『近代美術への天才たち』新潮社、一九六四。『ロマネスク美術を索めて』美術出版社、一九七九。編著『ルーヴルとパリの美術』小学館、一九八五〜八八、他著書・編著書・論文多数。

■参考文献　東京文化財研究所『日本美術年鑑』平成十五年版、二〇〇三。

（大澤　泉）

吉川春壽

よしかわ・はるひさ

東京大学医学部栄養学講座の初代教授

居住地：鎌倉市大船
明治四二年（一九〇九）～昭和五六年（一九八一）

神奈川県出身の医学博士、栄養学者で、生化学・栄養学の発展に寄与した人物として知られる。

略　歴　一九三一年に東京大学*医学部を卒業、三九年に医学博士号を取得し、四五年に東京大学医学部講師に就任した。以後、四五年に助教授、五二年に教授に昇格し、六五～六七年にかけて同医学部長を務めた。六九年に東京大学を退官後、女子栄養大学教授を務めた。

学問的特徴　吉川は、東京大学医学部の初代の栄養学講座の教授を務め、生化学から栄養学の範囲に研究を進めた。これは、生化学が栄養学の基礎として重要であるとの観点に基づくものであり、一九四九年の『生化学』（学術書院）に始まり、逝去した翌年に刊行された『生化学概説』（光生館）に至るまで著書・論文を多く執筆し、斯学の発展及び関連する看護学や臨床検査学の発展に寄与した。

横　顔　父の吉川春次郎が鎌倉市大船に別邸を建て、家督相続で春寿に所有権が移り、別邸として使用していた。この建物は、昭和初期の中規模住宅の現在例として、鎌倉市の景観重要建築物に指定されていた。

終　焉　一九八一年十一月二五日逝去。享年七二。

■**主要著書**　単著『臨牀医化学　第一（実験篇）』協同医書出版社、一九四六。『生化学概説』光生館、一九八二。共編著『電解質の臨床』協同医書出版社、一九五三。『代謝－基礎と臨床－』朝倉書店、一九七〇。『総合栄養学事典』同文書院、一九八一、他著書・編著書・論文多数。

■**参考文献**　「吉川春壽教授略歴」『生体の科学』二二－四、一九七〇。

（中島金太郎）

吉田茂を父とする英文学者・英文学翻訳家

吉田健一

よしだ・けんいち

居住地：鎌倉市二階堂
明治四五年（一九一二）〜昭和五二年（一九七七）

父は吉田茂で、東京千駄ヶ谷の宮内省官舎で生まれる。英文学者・文芸評論家・英文学翻訳家・小説家である。

略　歴　一九一八年学習院初等科に入学した後、外交官の父吉田茂の青島の日本総領事館赴任に伴い青島へ、その後一九年にパリへ、二〇年にはロンドンに引っ越しランベス区のストレタム・ヒルの小学校に通う。二二年に天津に移り、イギリス人小学校に通う。二六年には、天津の学校より暁星中学へ編入している。三〇年に同校を卒業し、同年一〇月にケンブリッジ大学キングズ・カレッジに入学。帰朝後、四九年に折口信夫からの要請で国学院大学講師として文学概論を担当する。六三年から七〇年までの間中央大学文学部教授に就任し英文学を講じた。二〇一六年、資料約五七〇〇点が神奈川近代文学館に寄贈され「吉田健一文庫」として保存・活用。

学問的特徴　ケンブリッジ大学中退後は、英文学、フランス文学等のヨーロッパ文学を基盤とした文学評論や翻訳・小説などで多面的な活動をおこなう。イギリス文学書の翻訳を手掛け、我が国への紹介と啓蒙をおこなった。

学会・社会活動　一九五八年、同人雑誌『聲』発刊に参加する。

叙勲・受賞歴等　一九五七年『シェイクスピア』で読売文学賞（文芸評論部門）。同年『日本について』で新潮社文学賞、七〇年『ヨオロッパの世紀末』で野間文芸賞、七一年『瓦礫の中』で読売文学賞（小説部門）など。

■主要著書　単著『英国の文学』雄鶏社、一九四九。『東西文学論』新潮社、一九五五。『シェイクスピア』新潮社、一九五一。『近代文学論』垂水書房、一九五七、等多数。『吉田健一著作集　全十六巻』垂水書房、一九六〇〜六六。

■参考文献　「年譜」『吉田健一著作集　補巻二』集英社、一九八一。『吉田健一集成　別巻』新潮社、一九九四。染谷孝哉『鎌倉もうひとつの貌』蒼海出版、一九八〇。

（青木　豊）

吉村 博次

よしむら・ひろつぐ

居住地：鎌倉市山ノ内
大正八年（一九一九）〜平成十一年（一九九九）

山梨県出身のドイツ文学者で、実存主義の先駆者とされる哲学者・思想家キエルケゴールを専門とする。

略　歴　一九四四年東京帝国大学文学部を卒業後、戦後、同志社大学経済学部教授を務める。

学問的特徴　一九世紀は、科学が神のように信仰されはじめ、教会が世俗的となり、人々を救済する機能を喪失しつつあり、哲学では、絶望は人間だけが患う病気で絶望しない人間はいないとする現代キリスト教思想や実存主義が芽生えていた。その実存主義の先駆者キエルケゴールを中心に研究したことで知られる。

■主要著書　単著『キエルケゴール絶望の概念「死にいたる病」とその周辺』夏目書店、一九四八。『世界の哲学思想』実業之日本社、一九五一。翻訳『リルケ全集 第一〇 ベンヴェヌークへの手紙』弥生書房、一九六一。『リルケ全集 第八 ヴォルプスヴェーデ』弥生書房、一九六二。『リルケ全集 第一二 日記 一八九九〜一九〇〇』弥生書房、一九六三。『ドイツ表現主義 一 イヴァン・ゴル』河出書房新社、一九七一。『ドイツ表現主義 二 トゥブッチュ　アルベルト・エーレンシュタイン』河出書房新社、一九七一。『ドイツ表現主義 三 メトゥーザレム―あるいは永遠のブルジョア　イヴァン・ゴル』河出書房新社、一九七一。『心理学的類型 ユング『世界の名著 続 一四』中央公論社、一九七四。ゲオルク・ジンメル著『ショーペンハウアーとニーチェ』白水社、二〇〇一。ユング著『心理学的類型』中央公論新社、二〇一二、他多数。共訳『フロイト著作集 第五 性欲論』人文書院、一九六九。共訳『裏面 ある幻想的な物語 アルフレート・クビーン』河出書房新社、一九七一。

（森本　理）

通信技術の発展に寄与した工学博士

米澤滋

よねざわ・しげる

居住地：鎌倉市山ノ内
明治四四年（一九一一）〜平成十一年（一九九九）

富山県出身の工学者で、通信技術の研究で知られる一方、通信官僚としても多数の業績を有する。

略　歴　東京高校を経て、一九三三年に東京帝国大学工学部電気工学科を卒業し、通信省に入省。通信工務局技師となった後、四二年に東京帝国大学より工学博士の学位を受ける。その後、電気通信省業務局計画部長、保全部長、施設部長などを歴任し、電電公社発足後は理事、保全局長となる。同公社の技師長、総務理事、副総裁などを経て、六五年には総裁に就任。七七年に総裁を辞すまで、東京大学や早稲田大学、東京工業大学の講師を務める。

米澤滋と鎌倉　出身は富山であったが、太平洋戦争末期に疎開によって北鎌倉を訪れたことが鎌倉との縁の始まりであった。円覚寺付近に居を構えた同氏は、以来十四年間にわたり鎌倉に住み通勤の不便を忍んでも住み続けることとなった。理由については、著書の『對山荘雑記』の中に「出身という意味ではなく、所謂、兎を追い、鮒を釣る。そういった意味でのふるさとが鎌倉であったのかもしれない」と語っており、鎌倉の歴史や文化、自然が同氏に強い影響を与えたようである。

叙勲・受賞歴等　一九八二年勲一等瑞宝章、IEEEファウンダーズメダル。

■主要著書　単著『超短波多重電話』コロナ社、一九四六。『對山荘雑記』小壺天書房、一九六〇。『技術革新と電気通信事業』根元書房、一九七〇、他著書・編著書・論文多数。

■参考文献　米澤滋『私の履歴書』日本経済新聞社、一九七七。榊原亀之甫『電気通信とともに四十四年―米澤滋博士の大いなる足跡―』社団法人通信研究会、一九七七。

（二葉俊弥）

ソヴェト研究に尽力した弁護士・法学者

米村正一

よねむら・しょういち

居住地：鎌倉市材木座
明治三六年（一九〇三）〜昭和六二年（一九八七）

広島県出身の弁護士で、国際法、民族学、言語学の研究者でもある。事務所は、東京都港区芝田村町（現、新橋、西新橋）で開設する。

略　歴　一九二六年、東京帝国大学法学部*を卒業している。

学問的特徴　一九二一年に結成された社会的弱者の擁護を主張する、日本の弁護士団体である自由法曹団（JLAF）に属し、労働事件・公害事件・弾圧事件等々で活動した。

学会・社会活動　一九四五年十二月に設立されたソヴェト研究者協会に参加し、ソヴェト研究や多数の邦訳を行った。

■**主要著書**　翻訳　ゲオルグ・ルカッチ著『階級意識とは何ぞや』同人社書店、一九二七。コローヴィン著『過渡期国際法』改造社、一九三三。ウエ・ア・リヤザノフスキー著『蒙古慣習法の研究』東亜経済調査局、一九三五。コムアカデミア経済学研究所著『貨幣と信用』ナウカ社、一九三五。コムアカデミア経済学研究所著『貨幣と信用』栗田書店、一九三七。ウエ・バルトリド著『欧州殊にロシアにおける東洋研究史』生活社、一九三九。ウィルフフェッド・ベーチェット著『悲劇のドイツ　ベルリン諜報戦いを暴く特派員の記録』社会書房、一九五三。ウラヂミルツォフ著『蒙古社会制度史』原書房、一九八〇、他多数。

■**参考文献**　千葉憲雄「ある生き方」『自由法曹団　東京支部』四九一、二〇一四。『著作権台帳―文化人名録（一九六二・六三年度版）』第一〇版、（財）日本著作権協会。

（青木　豊）

ドイツに留学し冶金学を学んだ鉱山学者

渡辺 渡

わたなべ・わたる

居住地：鎌倉市小町
安政四年（一八五七）〜大正八年（一九一九）

長崎出身の冶金学者・鉱山学者で、一八七九年理学士、九一年工學博士の学位を取得。

略　歴　大学南校*を経て、一八七九年に帝国大学理学部採鉱冶金学科を卒業し、帝国大学理学部助教授となる。八二〜八五年まで、冶金鉱山学研究のためにドイツに留学しフライベルグ鉱山大学*で鉱山学を専攻する。八六年に帰国し、東京大學御用掛を経て東京帝国大学工科大学*教授に就任する。翌年、農商務省技師を兼ねて佐渡鉱山技師を兼務する。さらに、宮内省で御料鉱山設置構想に伴い御料局技師・理事・佐渡鉱山局長などを務める。九六年御料鉱山構想が中止になると退官するも、再度工科大学教授に就任し農商務省鉱山局長を兼務し、一九〇二年東京帝大工科大学長に就任している。一八年に東京帝大を辞任し、早稲田大学採鉱学科顧問に就任。

学会・社会活動　一九〇七年、日本工業会会長を務める。

叙勲・受賞歴等　一九一八年正四位、勳二等。

■主要著書　単著『鑛床学大意』日本鑛業会、一八九五。『試金術汎論』丸善、一九〇一。『實用探鑛法』日本鑛業新聞社、一九〇一。『試金術特論』日本鑛業会、一九二二、など。

■参考文献　島本千也『鎌倉別荘物語　明治・大正期のリゾート都市』私家版、一九九三。渡辺渡『人事興信録』第四版、人事興信所、一九一五。『20世紀日本人名辞典』日外アソシエーツ、二〇〇四。服部敏良『事典有名人の死亡診断　近代編』吉川弘文館、二〇一〇。

（青木　豊）

和辻哲郎

わつじ・てつろう

居住地：鎌倉市　墓所：東慶寺
明治二二年（一八八九）～昭和三五年（一九六〇）

兵庫県姫路市生まれの哲学者・倫理学者で、倫理学の体系は〝和辻倫理学〟と呼ばれる。我が国の思想界に大きな影響を与えた。一九八八年に和辻哲郎生誕一〇〇年を記念して、業績を顕彰すべく姫路文学館が設立されている。

略　歴　旧制第一高等学校*を経て、一九〇八年東京帝国大学*文科大学哲学科に入学し、一二年同大学を卒業。二〇年東洋大学教授、二四年に法政大学教授を経て、二五年に京都帝国大学助教授。三四年に東京帝国大学文学部教授となり、四九年に定年により東京大学*を退官する。同年学士院会員・日本倫理学会初代会長となる。

学問的特徴　西洋哲学にはじまり、京都帝国大学倫理学講座への就任を機に仏教倫理思想の研究へと移行した。

和辻哲郎と鎌倉　練馬の自宅は、和辻の唱えたモンスーン型風土論に基づき神奈川県秦野の古民家を移築したものであった。映画人であった川喜多夫妻により鎌倉に移築された後、鎌倉市に寄贈され「鎌倉市川喜多映画記念館」として保存活用され、現在景観法に基づく「景観重要建造物」に指定されている。

終　焉　一九五九年二月、心筋梗塞を発症し闘病生活を送るも、十二月二六日練馬の自宅で逝去。享年七一。

叙勲・受賞歴等　一九六〇年従三位勲一等瑞宝章、五五年文化勲章。同年学士院賞。五一年『鎖国』で読売文芸賞、五三年『日本倫理思想史』で毎日出版文化賞。

■**主要著書**　単著『古寺巡礼』岩波書店、一九一九。『日本古代文化』岩波書店、一九二〇。『日本精神史研究』岩波書店、一九二六。『風土―人間学的考察』岩波書店、一九三五。『ニイチェ研究』筑摩書房、一九四二、など。『和辻哲郎全集　全二五巻　別巻二』岩波書店、一九八九～九二。

（青木　豊）

＊用語解説＊

青木　豊
大澤　泉

あ

アーチャー・インスティテュート　アメリカのフィラデルフィアに所在した私立女学校である。（青）

愛育《あいいく》研究所　設立母体は、一九三四年に皇太子殿下（現、上皇陛下）の御誕生を記念して、昭和天皇陛下からの下賜金により設置された社会福祉法人恩賜財団母子愛育会で、東京都港区南麻布に所在する。母子の健康に関する調査研究機関として愛育調査会が設立された。一九三八年には「愛育研究所」に発展し、当該研究所の臨床部門として「愛育医院」（一九四九年、愛育病院と改称）が開設され今日に至っている。（青）

愛育病院→愛育研究所

アルフレッド・マーシャル〔Alfred Marshall：一八四二〜一九二四〕　UKの経済学者で、ケンブリッジ大学教授をつとめた新古典派経済学を代表する研究者で、主著に『経済学原理』（"Principles of Economics" 一八九〇）がある。（青）

イェイツ〔William Butler Yeats：一八六五〜一九三九〕　アイルランドの詩人・劇作家・批評家・思想家・民俗学者である。民族的抒情詩や民族演劇運動を通して、ケルト文化復興・アイルランド文芸復興を推進した人物である。（青）

医学部綜理　一八七七年の創立当初の東京大学には、法理文の三学部と医学部に、それぞれ管理職として「綜理」職が設置されていた。一八八六年、帝国大学の発足に伴って総長制度が設けられ「総長」となり、現代は学校教育法第九二条の制度上から「学長」が置かれている。（青）

池田《いけだ》草庵《そうあん》〔一八一三〜一八七八〕　兵庫県養父市出身の江戸時代末期の儒学者で、通称は禎蔵、僧名は弘補《こうほ》と名乗り、〝但馬聖人〟と尊称された。（青）

医術開業試験　一八七四年に明治政府に拠る「医制」公布により、翌一八七五年から実施された医師認定制度であり、一八八五年以降は「医術開業試験」と改称された。一九〇六年に内務省は「医師法」を制定するなかで、医術開業試験は八年の暫定期間後の廃止を定めた。結果として、延期され十年後の一九一六年に医術開業試験は廃止された。（青）

位相差顕微鏡《いそうさけんびきょう》　広義の光学顕微鏡で、光線の位相差を明暗比に変換して観察できる機能を有する。標本を無染色で観察可能であるため、生物細胞の観察等に採用される。（青）

乙卯《いつう》研究所　一九一五年に東京帝国大学薬学科の近藤平三

郎教授が塩野製薬所（塩野義製薬の前身）の二代目塩野義三郎から依頼のあった研究を実施する施設として、東京市芝に創設した。一九三八年に財団法人となり、一九六六年に世田谷区玉川に移転している。（青）

一匡社《いっきょうむら》　一九二三年に東京大学の関係者によって、群馬県吾妻郡応桑村北軽井沢に大正・昭和を代表する建築家、画家、陶芸家、詩人、生活文化研究家であった西村伊作の設計によって造成された別荘地である。後述する法政大学村とは分譲形態で異なり、十数人の発起人による共同登記で始められている点が特徴であった。一九二八年（昭和三）には近接の法政大学村（通称、大学村）とともに、北軽井沢別荘地の嚆矢となった。（青）

岩宿遺跡　群馬県みどり市に所在する旧石器時代の遺跡で、国史跡である。一九四六年頃、在野の考古学者であった相沢忠洋は、ここで関東ローム層の中から石器を発見し、我が国での旧石器時代の存在を証明した考古学史に残る遺跡である。（青）

因子分析法　分析対象を多数の項目で測定した観測データを分析し、データの裏にある本質的な因子を統計学的に導き出す解析手法である。心理学での個性や人格の個別的研究などの研究手法に用いられる。（青）

インベスター・リレーションズ〔Investor Relations〕**・IR**　企業が一般株主や投資家に対し、財務状況などを提供する広義の広報活動全般を指す。（青）

H氏賞《えいち》　協栄産業を興した平澤貞二郎の基金により、一九五〇年に日本現代詩人会により創設された文学賞である。現代詩人の詩集を広く社会に推奨することを目的とし、詩壇の芥川賞とも呼ばれる。（青）

永仁の壺事件　国の重要文化財の「永仁二年」銘を持つ瓶子が、贋作であると発覚した事件。「永仁の壺」と通称される古瀬戸は、年紀の明らかな基準作品として、一九五九年に重要文化財に指定されたが、一九六〇年に発覚すると、担当の文部技官が辞任するなど大騒動に発展した。（大）

エドワード・ダイヴァース〔Edward Divers：一八三七〜一九一二〕お雇い外国人として来日したケンジントン出身のイギリス人化学者である。工部省に雇われ、文部省工学寮及び工部大学校（現、東京大学工学部）で教鞭を執った。一八九八年、勲二等を授与されている。（青）

大阪滑稽新聞社　宮武外骨により、一九〇一年に大阪で創刊された社会風刺新聞である。政治家や権力者・僧侶・悪徳商人、さらには悪徳新聞への痛烈な風刺で庶民の人

気を博し、最盛期には八万部を発行したと伝えられているが、一九〇八年に過激さ故か廃刊となっている。（青）

大阪道修薬学校　大阪薬科大学の前身で、一九〇四年に大阪市東区（現、中央区）道修町に創設された。一九四九年帝国薬学専門学校と改称され、一九五〇年に大阪薬科大学として認可された。二〇一六年に、学校法人大阪医科大学と学校法人大阪薬科大学が法人合併し、新法人「学校法人大阪医科薬科大学」設立されている。（青）

大阪府立高等医学校　現在の大阪大学医学部の前身である。変遷を記すと一八六九年に大阪府医学校が設置され、一九〇三年に大阪府立高等医学校と改名され、一九一五年には府立大阪医科大学と改称されている。一九一九年の大学令により大阪医科大学となり、一九三一年には大阪帝国大学の設置に伴い大阪帝国大学医学部となった。一九四七年に、新学制により大阪大学医学部と改称・改組された。（青）

御谷《おやつ》騒動　鶴岡八幡宮の裏山・御谷の開発計画に対する反対運動。鎌倉文士や市民、学者や僧侶によって行われた。日本初のナショナルトラスト運動ともいわれ、一九六六年「古都における歴史的風土の保存に関する特別措置法（古都保存法）」制定の契機の一つとなった。（大）

か

カール・ベーム〔Karl Böhm：一八九四～一九八一〕　オーストリアのシュタイアーマルク州の州都であるグラーツ生まれのクラシック音楽指揮者。グラーツ大学で法律学を専攻し法学博士の学位を有する。ウィーン・フィルハーモニー管弦楽団名誉指揮者であることで広く知られる。（青）

カール・ヤスパース〔Karl Theodor Jaspers（独）：一八八三～一九六九〕　ドイツ人哲学者（神学者）、精神科医でもあり、実存主義哲学の代表的論者であった。政治評論家としても活躍し、現代神学、精神医学界に大きな影響を与えた人物である。精神医学から哲学に転じたヤスパースは、一九二一～一九三七年までハイデルベルク大学で哲学教授を務めた。代表する著書は、『精神病理学総論』（一九一三）、『哲学』（一九三二）等である。（青）

海軍機関学校　日本海軍の機関科士官の養成を目的に、「海軍三校」（海軍兵学校・海軍経理学校・海軍機関学校）の一つとして舞鶴に一八八一年に開校したが、一八八七年には廃校となる。（青）

外国語学校　一八七三年に、前年の明治政府の「学制」を補填目的とする「学制二編追加」により、洋学塾・洋学校は中等・高等相当の教育機関に位置付けた「外国語学校」として制度化された。具体的には、東京外国語学校・開明学校（大阪外国語学校）・広運学校（長崎外国語学校）が設立され、翌一八七四年には宮城・新潟・愛知・広島に新たに四校の外国語学校が新設されている。（青）

外国事務局御用掛　外務省の前身の機関である。維新政府は、一八六八年一月に外国事務取調掛を設置し、次いで外国事務課、外国事務局などへ推移させ、翌一八六九年に外務省を創設した。（青）

開成《かいせい》学校　文部省管轄の洋学研究・教育機関で、東京大学の前身の一つである。一八六八～一八六九年までの初期開成学校と、一八七二～一八七七年までの後期開成学校に二別される。前者は、一八六三年創設の江戸幕府直轄の開成所を、一八六八年に明治新政府が接収し、同年九月に開成学校と命名して再興した。後者は、大学南校が第一大学区第一番中学として改組されたものを、一八七三年に開成学校とし、その後東京開成学校と改称された。（青）

開成《かいせい》所《じょ/しょ》　一八六三年に江戸幕府により設立された洋学教育研究機関である。江戸幕府崩壊に伴い一時閉鎖されたが、一八六八年の太政官布告に基づき明治新政府に移管され、同年官立の「開成学校」として組織された。開成所は、国立大学法人東京大学の始祖である。（青）

学農社農学校　一八七六年に東京市麻布東町で、独自の農業思想により西欧化をめざした津田仙によって農業従事者の育成を目的に設立された中等教育機関（実業学校）、高等教育機関である。札幌農学校を代表にほぼ各県に設置されていた。一九四八年の学制改革により、農学校は廃止となり新制の農業高等学校に移行した。（青）

華族女学校《かぞくじょがっこう》　華族は、一八六九～一九四七年まで存在した近代日本の貴族階級で、一八八五年に皇后の命によって皇族や華族の子女を教育することを目的として東京府四谷に設けられた学校である。（青）

角川源義賞　角川書店の創立者で、國學院大學理事でもあった古代中世文学研究者の角川源義の日本文化振興理念の具現として、一九七九年に角川文化振興財団の発足と同時に創設された。（青）

鎌倉アカデミア　別名を鎌倉大学校とも称され、一九四六年五月に材木座の光明寺を仮校舎として鎌倉文化会により設立された文部省不認可の高等教育機関である。文学科・演劇科・産業科の三学科が開講され、教育方針から自由大学、寺子屋大学とも称された。初代校長は、飯塚友一郎で、二代目校長には哲学者の三枝博音、学監に服部之総を迎え、作家の高見順や歌人の吉野秀雄らの教授陣を布陣していた。敗戦後の厳しい社会経済情勢の中で、僅か四年半で惜しくも閉校となっている。（青）

鎌倉音楽クラブ　一九四六年、鎌倉市内在住の音楽評論家野村一、声楽家ベルトラメリ能子、音楽教育家鏑木欽作、音楽評論家牧野敏成、ピアノ教育家山岡寿美子氏らによって、鎌倉市の音楽文化の振興と向上を主目的に創設された。二〇二一年には、創立七五周年を迎えている。（青）

鎌倉海浜院《かまくらかいひんいん》　一八八七年に長与専斉博士により建設された海浜医院サナトリウムであったが、一九一六年に鎌倉海浜ホテルとして営業が開始され、昭和に至るまで高級ホテルとして知られた。終戦後は、進駐軍宿舎として接収され使用されていたが、一九四五年十二月二四日の夜、米軍兵士の失火により焼失する。（青）

鎌倉海浜ホテル　一八八八年に医学教育者の長与専斎により建設されたサナトリウムが嚆矢で、海浜院《かいひんいん》と称した。翌年より鎌倉海浜院ホテルとして営業している。一八九六年には、コンドルの設計による改築が施され鎌倉を代表するホテルであった。戦後はアメリカ軍に接収され、一九四五年十二月二四日による失火で消失。（青）

鎌倉倶楽部　一九〇八年に柴山海軍大将を幹事長として、小町口に創設された別荘族の社交場である。そこでは、書画会・刀剣会・活け花会などの諸会の活動や購買組合、物品販売部が設けられ、会員相互の親睦が目的で昭和初期頃まで維持運営されていた。（青）

鎌倉市頌徳会　鎌倉市政の振興に特に功労のあった者の功績をたたえることを目的とし、明治三四年に創設された。満六〇歳以上の者で、市内に居住する者のうちから、会員として適当と認める者を選考する。（大）

鎌倉大学校→鎌倉アカデミア

鎌倉同人会　一九一五年に設置された鎌倉で最も古い社会貢献団体である。明治の元勲・陸奥宗光を父とする陸奥広吉伯爵が主唱し、洋画壇の大御所黒田清輝画伯、上野駅初代駅長で外交官であった荒川巳次、神奈川県知事大島久満、日銀役員池田豊作、鎌倉医師会初代会長勝美正成らが発起人となって設立された。規約第一条には、「歴史的事物及ビ勝地保護、教育、衛生ノ普及、風俗ノ改良、産業ノ奨励其他公共ノタメ有益ナル事項ノ遂行ヲ期シ本会ヲ組織ス」と明記されている。（青）

鎌倉文化協会　一九四〇に、鎌倉の文化研究・振興のために発足した会。鎌倉・腰越在住の有志によるもので、前年の市制の施行を契機とした。戦況の悪化により解散を余儀なくされるが、戦後に再び集まり、「鎌倉文化会」として再結成。後の鎌倉アカデミアの母体となった。(大)

鎌倉ペンクラブ　戦前に鎌倉文士を中心に結成された団体。発足は一九三三年とも、一九三六ともいわれる。初代会長の久米正雄をはじめ、多くの鎌倉文士や文化人が参加した。鎌倉の活性化や文化振興を目的に活動し、鎌倉カーニバルや鎌倉文庫(貸本屋)を主催した。(大)

鎌倉保勝会　一八八五年に神奈川県令沖守固を筆頭に横浜で財を成した商人十六名による地域文化保存団体である。廃仏毀釈以来困窮していた寺院の救済と史跡をはじめとする鎌倉復興への貢献を目的とした。十橋十井の史跡案内石碑建立運動などを行った。鎌倉国宝館の建設に際し三五〇〇円を寄付し、鎌倉保勝会は昭和初年頃に事実上の活動を停止した。(青)

鎌倉三日会　鎌倉市民で直接市政に関わらない有志が市政に提言などを行う目的で、GHQの影響下で設立された市民団体で、会長は動物学者酒井恒、副会長はインド古典学者の原実がつとめた。一九六〇年に原は、その機関誌の必要性を唱え、『鎌倉市民』が創刊された。一九六二年に『鎌倉市民』は、鎌倉市の自然を特集し、これを契機に「鎌倉の自然を守る会」が発足した。(青)

川本幸民《かわもとこうみん》(一八一〇〜一八七一)　三田藩侍医の川本周安の長男で、幕末・明治維新期の医師および蘭学者、科学者であった。一八六〇年に『万有化学』を著し、当該書で当時一般に用いられていた用語「舎密」の代わりに、用語「化学」を初めて使用した。科学技術分野の多数の書物を執筆し、技術面では白砂糖、マッチ、銀板写真を試作している。その業績から、〝日本化学の祖〟とも言われる。(青)

管轄権理論　国家管轄権の原理は、国際法において国家が行使できる権限を指すものである。当該権限は、国際法で与えられるか、または承認されるものである。これは、国家の権力の集中と濫用の防止を目的とする。(青)

企画院　一九三五年に内閣総理大臣直属の国策調査機関を前身とし、一九三七年の支那事変勃発後に内閣資源局と統合し企画院が発足した。戦前期の内閣直属の物資動員・電力国家管理案の具体化、産業合理化政策などの国家重要政策の企画立案等を担う機関であった。(青)

九州法学校　一九三〇年、福岡県小倉市に法律・経済の専門教育機として創設された教育機関で、現在の九州国際大学の源流に当たる。九州法学校は、専門学校令による文部省認可の学校ではなく、寺小屋形式の私塾であった。(青)

九条《きゅうじょう》の会《かい》〔Article 9 Association（英）〕 一九九一年湾岸戦争を契機に"B-29"の元パイロットのオハイオ大学名誉教授チャールズ・オーバービー（Charles M. Overby）がアメリカ合衆国で創設した。これに連動して、日本国憲法第九条を含む改正阻止を目的として井上ひさし、梅原猛、大江健三郎、奥平康弘、小田実、加藤周一、澤地久枝、鶴見俊輔、三木睦子ら作家・医学者・哲学者・社会活動家などの文化人九人により結成された社会運動団体である。（青）

旧制高等学校 全国に三九校存在したが、明治期に創設された旧制一高から旧制八高までは特別に「ナンバースクール」と呼ばれた。（青）

略称	旧制高校	開設年月	所在地	後身大学
一高	第一高等学校	一八八六年四月	東京都区部	東京大学
二高	第二高等学校	一八八七年四月	仙台市	東北大学
三高	第三高等学校	一八八六年四月	京都市	京都大学
四高	第四高等学校	一八八七年四月	金沢市	金沢大学
五高	第五高等学校	一八八七年五月	熊本市	熊本大学
六高	第六高等学校	一九〇〇年三月	岡山市	岡山大学
七高	第七高等学校造士館	一九〇一年四月	鹿児島市	鹿児島大学
八高	第八高等学校	一九〇八年三月	名古屋市	名古屋大学

旧制第一高等学校→旧制高等学校・第一高等学校

旧制第二高等学校→旧制高等学校

旧制第三高等学校→旧制高等学校

旧制第四高等学校→旧制高等学校

旧制第五高等学校→旧制高等学校

旧制武蔵高等学校 現在の武蔵大学・武蔵高校・武蔵中学の前身で、一九二二年に東京府北豊島郡中新井村（現、東京都練馬区豊玉上）に設立された私立の旧制七年制高等学校である。私立の旧制高等学校としては我が国最古である。設立母体は、「鉄道王」と呼ばれた根津嘉一郎が創設した根津育英会であった。一九五〇年に廃止され、武蔵大学・武蔵高等学校・武蔵中学校へと移行した。（青）

教学練成所 戦時下の一九四三年に、国内の体制強化を目的に設立された組織。教学に関する研究と、教員そのほかの指導的国民の錬成が行われた。敗戦とともに廃止され、現在の国立教育政策研究所の前身となる教育研究所が設置された。（大）

共立《きょうりゅう》学校 一八七一年、神田淡路町に元金沢藩士佐野鼎により創設され、現在の開成中学校・高等学校の前身。（青）

錦鶏《きんけい》間《のま》祗候《しこう》 勲三等以上に叙せられた功労のあった華族や官吏を処遇する目的で設けられた無給の名誉資格・名誉職で、麝香《じゃこう》間《のま》祗候《しこう》に順じる。（青）

国井喜太郎産業工芸賞　一九七三年、産業デザインの基礎築いた工芸指導所初代所長国井喜太郎の功績を記念する表彰事業として、「国井喜太郎賞」が工芸に関して優れた業績を挙げた人々を顕彰する目的で制定された。後に、国井喜太郎産業工芸賞と改称。（青）

熊本洋学校　一八七一年に熊本城内に設立された熊本藩立の西洋式学校である。校舎は、現在熊本県内に現存する最古の疑洋風建築であるところから重要文化財に指定されている。（青）

クレメンス・クラウス〔Clemens Heinrich Krauss：一八九三～一九五四〕ウィーン国立音楽大学出身の音楽指揮者。オーストリア・ウィーンに生まれ、ウィーン少年合唱団を経てウィーン音楽院に進学し、卒業後はウィーン国立歌劇場の指揮者に就任する。ウィーン国立歌劇場、ベルリン国立歌劇場、バイエルン国立歌劇場の総監督をつとめた。（青）

閨秀《けいしゅう》文学会　評論家・翻訳家・劇作家・小説家であり、かねがね女性権利の主張者であった生田長江と夏目漱石門下の森田米松（草平）とが、一九〇七年の夏に成美英語学校の主催者であったユニヴァーサリスト教会（現、千代田区九段）で、女流文学者の育成を目的に結成された。講師は、馬場孤蝶・与謝野晶子・赤司繁太郎らで、同会には大貫かの子、青山菊栄、平塚明子（らいてう）ら十六名が所属したというが、年内に閉講している。（青）

京城帝国大学《けいじょうていこくだいがく》　一九二四年に朝鮮京畿道京城府に設置されていた日本の六番目の帝国大学であった。終戦に伴い、一九四六年に在朝鮮アメリカ陸軍司令部軍政庁法令により閉鎖されている。（青）

京浜女子家政理学専門学校　鎌倉女子大学の前身で、一九三三年に松本生太が横浜市神奈川区に設立したもので、一九五九年に京浜女子大学となり、一九八九年に鎌倉女子大学と名称を変更している。（青）

啓蒙主義　思考の普遍性を基盤とする思想に基づく主義。十七世紀後半にイギリスで興り、十八世紀のヨーロッパで大きく広がったところから、当該期は啓蒙時代とも称される。フランス革命にも影響を与えたとされる。（青）

小石川病院　一九〇七年に、橋本節斎が東京府小石川区大塚仲町（現、文京区）に創設した病院で、一九四五年頃「日本通運東京病院」となり、現在「小石川東京病院」（東京都文京区大塚四丁目）となっている。（青）

甲種医学校　明治時代中期には、既に全国に医学校が設置され、それらは甲種医学校と乙種医学校の二種であった。甲種医学校の修学年限は、四年以上で基礎から臨床まで

の十七科目の修得が必要であり、甲種は三年以上で十一科目の修得であった。（青）

公職追放（令）　ＧＨＱ（連合国軍最高司令官総司令部）が、終戦後の日本社会の民主化を目的に、軍国主義者・超国家主義者を政府・教職・民間企業等の要職につくことを禁止した占領政策。（青）

貢進生《こうしんせい》　一八七〇年に、各藩の優秀者を藩費で大学南校に学ばせた教育制度による、入学した十六～二〇歳までの生徒である。明治初期は、初等・中等教育機関が未整備であったところから、明治政府の外国語と専門教育を目的とした制度である。洋学は、英語・フランス語・ドイツ語に区分されていた。（青）

皇道会　一九三三年に、陸海軍の在郷軍人が平野力三を代表とする日本農民組合と結成した皇道主義を唱える国家主義団体である。初代副総裁は、陸軍中将等々力森蔵で皇道政治の徹底、既成政党の打破、国防の完備等々を掲げ、機関紙『皇道新聞』を発刊した。一九四二年、太平洋戦争下の中で解散した。（青）

高等文官試験　一八九四～一九四八年までの間実施された高級官僚採用試験である。一九一八年の高等試験令以後の名称は高等試験と改称される。日本統治下の朝鮮や台湾の出身者も受験可能であった。（青）

工部大学校《こうぶだいがっこう》　現在の東京大学工学部の前身の一つで、一八七一年に工部省工学寮が創設した最初の工学教育機関である。一八八六年に帝国大学に合併している。（青）

国鉄鉄道技術研究所　鉄道省の前身である鉄道庁時代を源流にする日本国有鉄道（略称、国鉄）の付属研究機関で、一九八七年の国鉄分割民営化により後継機関である財団法人鉄道総合技術研究所が設立され業務は以降継承された。（青）

国法学《こくほうがく》　ドイツで国家学から発生した学問領域であり、国家を法学的に分析する学問であると定義される。また、憲法学汎論や比較憲法学に近いとされる分野である。（青）

国民英学会　一八八八年に、元慶應義塾の英語教師のフレデリック・イーストレイク（イーストレーキ）と慶應義塾出身の英学者磯辺弥一郎が創設した進学予備校・英語学校で、旧制中学校から旧制専門学校相当の教育機関であったとされる。（青）

国民精神文化研究所　一九三一年に、国民の精神文化に関する研究、指導などを目的とした文部省直轄の研究機関として創設。所員、研究嘱託、助手などの専門職を置き、紀要『国民精神文化研究所所報』、月刊誌『国民精神文化』、

叢書『国民精神文化文献』などを刊行した。（青）

国立教育研究所　一九四九年に、戦後教育に関する基礎的な研究調査を目的に創設された機関である。二〇〇一年総合的な政策研究機関として、「国立教育政策研究所」と名称を変更している。（青）

古社寺保存法　現在の「文化財保護法」の前身で、一八九七年法律第49號として制定された。古社寺の建造物や宝物類の保護を目的とした我が国最古の文化財保護に関する法で、後に史蹟名勝天然紀念物保存法や国宝保存法に発展した。（青）

国家学会　一八八七年に設立された帝国大学法科大学（東京大学法学部の前身）が統括する研究団体である。従来、帝国大学の政治学は文学会に属していたが、八六年の帝国大学法科大学への改変にともない政治学科の自立を目的として設立された。学会誌として『国家学会雑誌』を発行し、現在に至っている。（青）

さ

斎藤報恩会　農地改革以前、全国二位の地主といわれた斎藤善右衛門が一九二三年に、学術研究助成と博物館の経営を目的に宮城県仙台市に本部を置き設立された財団法人である。主旨は、画期的であり後世の範となった。二〇一五年に、博物館を含めて財団は解散している。（青）

三《さん》・一《いち》独立運動　一九一九年三月一日に、日本の植民地下の朝鮮で発生した大日本帝国からの独立運動で、朝鮮騒擾事件とも呼ばれる。（青）

産業労働調査所　政治家野坂鐵が、石本恵吉男爵と日本労働総同盟の資本助力により労働問題の民間調査機関として、一九二四年に無産階級運動および労働運動の発展を目的に設立した調査研究機関である。刊行物は、機関誌として『産業労働時報』、『インタナショナル通信』（後に『インタナショナル』に改題）、『労働年鑑』（一九二五年）などである。（青）

G・D・H・コール（George Douglas Howard Cole：一八八九～一九五九）ロンドン生まれで、オックスフォード大学卒業の経済学者でオックスフォード大学教授をつとめた。イギリスの社会主義理論家で、『社会主義経済学』『イギリス労働運動史』などの著作がある。（青）

司法省法学校　明治初年に司法省内に開設された司法官養成のための教育機関。フランス法を中心とする西欧の近代法制度に基づく法学教育が行われた。一八八四年に文部省直轄の東京大学法学校に移管され、後に東京大学法学部仏法科となった。（大）

上海クーデター　一九二七年四月十二日、北伐途上の蔣介石は、共産党弾圧を目的に上海で行った反共産党弾圧作戦で、四《し》・一二《いちに》事件とも呼ばれる。（青）

宗教大学　一九二五年に創設された大正大学の前身大学のひとつである。天台宗の天台宗大学、真言宗豊山派の豊山大学、浄土宗が擁した大学が宗教大学であった。なお、大正大学は、後に真言宗智山派の智山専門学校と時宗も加わり四宗五派の連合大学で構成されている。（青）

シュルレアリスム〔surréalisme（仏）・surrealism（英）〕　作家アンドレ・ブルトンを中心とする戦間期にフランスで起こった新たな文学・芸術運動。（青）

順天堂　現在の順天堂大学の濫觴で、一八三八年に西洋医学者佐藤泰然が日本橋薬研堀に、オランダ医学塾「和田塾」を開いた時に始まる。後に千葉県佐倉に移転し「順天堂」と改名するなど、連綿とした歴史を有する日本最古の西洋医学塾である。（青）

浄土宗学第四教校　一八八七年、浄土宗宗制の認可によって浄土宗立の教育機関は、宗学本校・宗学支校・普通学校の三種に区分された。一八九八年、宗学支校が宗学教校と改称され、全国八教区にそれぞれの教校が官立のナンバースクールと同様に第一教校東京、第二教校仙台、第三教校長野、第四教校名古屋、第五教校京都、第六教校大阪、第七教校山口、第八教校熊本が設置されている。（青）

浄土宗高等学院　一八九八年浄土宗宗制更正による新学則で、宗学本校は浄土宗専門学院（旧高等専門科）と浄土宗高等学院（旧高等正科）に分かれた。在学生には徴兵猶予の特典が与えられた。（青）

私立中央商業学校　中央学院大学・中央高等学校の前身で、一九〇〇年に設立準備校として二年制の「日本橋簡易商業夜学校」が中央区蛎殻町に設置された。一九〇二年に五年生の「中央商業学校」となり、一九五〇年の新学制により「中央高等学校」と推移し、翌五一年に学校法人中央学院が設置された。（青）

人民戦線事件　用語の人民戦線〔Front populaire（仏）・Frente popular（西）〕は、一九三五年の第七回コミンテルン（共産主義インターナショナル）世界大会で、ブルガリア共産党の指導者ゲオルギ・ディミトロフに拠る造語の邦訳で、反ファシズム、反帝国主義、反戦主義を共同目標とした。一九三七・三八年に、日本で人民戦線の結成を企図したとして政治家や運動家・学者など四百名余が検挙された左翼弾圧事件である。（青）

新理想主義　十九世紀後半～二〇世紀前半期に、自然主義・

実証主義・唯物論に対して、ドイツ観念論の基本に立ち返り展開を試みようとした哲学的思想主義を言う。文学では、トルストイに代表される自然主義や写実主義への反動としての理想主義的傾向をさす場合もある。（青）

水哉園《すいさいえん》　福岡の幕末期の漢詩人であり教育者であった村上仏山（一八一〇～一八七九）が、一八三五年に郷里行橋市大字上稗田に開いた私塾である。中国の古典や漢詩を教え、名称は仏山塾《ぶつざんじゅく》で、当該私塾跡を水哉園と呼称する。（青）

スクリバ〔Julius Karl Scriba：一八四八～一九〇五〕　ダルムシュタットで生まれのドイツ人外科医である。明治期のお雇い外国人教師で、一八八一年から東京帝国大学で外科、皮膚科、眼科、婦人科を教え、日本の西洋医学の発展に著しく寄与した。（青）

図書頭《ずしょのかみ》　図書寮《ずしょりょう》の長官、〝ふみのかみ〟とも称される。抑々図書寮は、律令制下の中務省に属する機関であった。明治以後の宮内省内にも律令期と同名の機関が設置され、国家の蔵書をはじめ儒教・仏教の経典も管理していたところから、現在の国立図書館の役割を担った機関である。（青）

スタンダール〔Stendhal：一七八三～一八四二〕　本名は、マリ＝アンリ・ベール（Marie Henri Beyle）で、フランスの近代小説の開祖の一人である大作家である。ペンネームのスタンダールは、ドイツの地方都市名シュテンダルに起因するという。（青）

青谿書院《せいけいしょいん》　一八四七年に、儒学者池田草庵が生誕地の兵庫県養父市宿南村に開いた私塾で、一八七二の学制により国内の私塾は廃止となるが、当該書院は家塾開業願いにより継続され奇跡的に草庵が亡くなる直前の一八七八年まで継続された。一九七〇年に県の指定文化財となり、一九八三年には青谿書院資料館が竣工し、自筆稿本・蔵書類が収蔵されている。（青）

誠之舎《せいししゃ》　一八九〇年に旧福山藩主阿部家の育英事業として、現在の文京区西片に福山から上京する男子学生の寄宿寮として創設され、現在まで一三〇余年の歴史を有する学生寮である。（青）

静々舎《せいせいしゃ》　丸善の創立者でもある早矢仕有的が、一八七〇年に横浜堺町に設立した診療所。この時隣地に丸屋薬局を開いた。（大）

精得館　現在の長崎大学医学部と長崎大学病院の前身で、一八六一年江戸幕府が長崎奉行管轄下で長崎に開院した医療施設である。「医学伝習所」「養生所」「精得館」と推移していった。（青）

成美《せいび》英語女学校　一八八〇年にアメリカ人宣教師ハリエッ

ト・ブリテンが、横浜山手にブリテン女学校を創立したのが嚆矢である。その後、横浜英和女学校と改名されていたが、戦時下に敵国である「英と和する」が不適当であるとする理由から成美学園と改称されていた。一九九六年の創立百周年を期に、横浜英和女学院と名称は回復され現在に至っている。（青）

西洋医学所　一八六〇年に開設された種痘所が、翌一八六一年には西洋医学所と改名された幕府の医学機関で、教授、解剖、種痘の三科が設置されていた。一八六三年からは、医学所と名称は略された。（青）

世界連邦日本仏教徒協議会　略称ＷＦＭは、ニューヨークに本部を置く世界二五カ国等が加盟し、世界連邦運動を推進する団体である。我が国においては、一九四八年に現在の世界連邦運動協会が結成されている。（青）

宗秩寮《そうちつりょう》審議官　宗秩寮は、宮内省に置かれた内部部局の一つである。華族局、爵位局、爵位寮と変遷し、一九一〇年に久我通久を初代総裁として設置され、戦後の一九四七に廃止された。（青）

曹洞宗大学　駒澤大学の前身で、一五九二年に道元禅師の禅の宗義研鑽と漢学研究を目的に設立された旃壇林《せんだんりん》を起源とする。一八八二年、東京府麻布に移転し曹洞宗大学林専門学本校、一九〇四年曹洞宗大学への改称を経て一九二五年の大学令により駒澤大学となっている。（青）

た

第一高等学校　通称旧制一高は、旧制高等学校の中でも一八八六年に、高等人材育成を目的に第一高等中学校として創設された。一八九四年以降、一高の修学期間は三年で帝国大学の予科に位置付けられた。卒業生の多くは、東京帝国大学へ進学した。ＧＨＱによる学制改革で一九五〇年に廃止された。（青）→旧制高等学校

第二〜八高等学校→旧制高等学校

大学東校《とうこう》　東京大学の前身の一つで、江戸幕府が創設した医学所の後身にあたる医学校が、一八六九年大学東校と改称された。一八七一年に文部省が設置されると大学東校は、東校と改称された。翌年には、東京医学校となり、一八七七年に東京大学医学部となった。大学東校の名称の由来は、所在地が下谷御徒町に位置し大学所在地のお茶の水から東の方角に当たるところから命名された。（青）

大学南校《なんこう》　東京大学の前身の一つで、江戸幕府の開成所から一八六八年に開成学校となり、続いて大学南校と改称された。一八七一年に文部省が設置されると、大学南校

は南校と改称され、同年九月には翻訳局が廃止され文部省編纂寮に移管された。翌年に学制が発布されると、南校は第一大学区第一番中学となり、一八七三年五月には東京開成学校と改称された。一八七七年には、東京医学校と合併して東京大学となった。大学南校の命名理由は、本郷湯島にあった大学本校の南にあたる神田一ツ橋に所在していたためである。（青）

大正関東地震・関東大震災　「関東地震」とは、相模トラフで発生するマグニチュード八クラスの巨大地震のこと。同様の地震は繰り返し発生したと考えられているため、地震学の分野では、一九二三年に発生した「大正関東地震」を「一九二三年関東地震」、その一つ前の一七〇三年に発生した「元禄関東地震」を「一七〇三年関東地震」と呼ぶ。ちなみに、「大正関東地震」によって発生した地震災害が「関東大震災」である。（青）

大審院　一八七五〜一九四七年の間、我が国に設置されていた司法裁判所の中の最上級審の裁判所である。（青）

大日本言論報国会　一九四二年に、大東亜戦争完遂を目的に言論統制を担当していた情報局の外郭団体として設立された社団法人である。戦争に協力的であった評論家を対象に、情報局職員が選抜し構成された評論家団体であった。（青）

大日本農会　一八八一年、日本初の全国的な農業団体として創設された。一九一六年に社団法人、二〇一一年には公益社団法人の認定を受けている。初代会頭には北白川《きたしらかわの》宮能久親王《みやよしひさ》を迎え、以来会頭には現在に至るまで皇族を迎えている。大学令による東京農業大学が設立されるまでの、東京農学校、東京高等農学校、さらに専門学校令による東京農業大学を経営した。（青）

タイピン博物館　マレーシアのタイピンに設立された博物館。のちに鎌倉国宝館館長となる渋江二郎が館長を務めた。（大）

太政官文書局　太政官は、我が国の奈良時代から始まる最高行政機関で、律令制に基づき司法・行政・立法を司った。明治政府においても同様に一八八一年までも引き継がれ、各省を管轄する機関で文書の起草・勘査・保存管理を担当した。（青）

台北帝国大学　正式表記は臺北帝國大學である。一九二八年に京城帝国大學に続く七番目の帝国大学として設立された。内地の帝国大学は、文部省の所管であったのに対し台北帝国大学は台湾総督府の管轄で、一九三三年には日本人に留まらず台湾人の入学が可能であった。

一九四五年の終戦に伴い、中華民国が接収し国立台湾大学に改称された。（大・青）

高木兼寛　海軍軍医総監をつとめた帝国海軍軍人で、男爵。医学博士で東京慈恵会医科大学の創設者でもあった。海軍艦船内での脚気対策として、兵食に実吉安純と共にカレーを取り入れた人物とされている。（青）

高木賞　全国特別支援学校校長会が、一九六七年に肢体不自由児療育の体系化を構築された故高木憲次博士を記念する目的で設立された賞である。（青）

高山歯科医学院　一八九〇年に東京府芝区伊皿子町（現、東京都港区）に設立された我が国最初の歯科医学院で、一九〇〇年に東京歯科医学院、一九〇七年に東京歯科医学専門学校、一九四六年に東京歯科大学と改組・改称し、日本で最初の歯科大学となった。野口英世博士が、初代校長の血脇守之助をたよって、会津から上京したことでも知られる。（青）

チャールズ・ランメ（マ）ン夫妻　津田梅子がアメリカ留学中（一九七二〜一八八二）の十一年間を過ごした、ワシントンD.C.北西部のポトマック川河岸に位置するジョージタウンのホストファミリーである。チャールズ・ランメン（一八一九〜一八九五）は、画家・著述家・旅行家であり、当時日本弁務使館書記官（Secretary of the Japanese Legation）であった。夫人のアデリーン・ランメン（Adeline Lanman：一八二六〜一九一四）は、ジョージタウンの裕福な家庭の出身者で高学歴を有した聡明な女性で、梅子を実の娘同様に育てたという。（青）

中外商業新報　一八七六年に創刊されていた『中外物価新報』を、一八八九年に『中外商業新報』と改題して発刊した経済新聞で、現在の『日本経済新聞』の源流である。（青）

『著作権台帳』　別名『文化人名録』。著作権協会が、一九五一年から刊行を開始した人名録である。一九五一年刊行の第一版から二〇〇一年度版の第六版までの二六冊があり、二〇〇二年度版は、CD－ROM版となっている。掲載内容は、経歴・業績をはじめ、自宅住所の記載が最大の特徴である。（青）

（東京）帝国大学医科大学　一八八七年東京医学校は、東京開成学校と合併し東京大学となる。必然的に東京医学校は、東京大学医学部となり、一八八六年に東京大学は帝国大学への名称変更に伴い東京大学医学部は、帝国大学医科大学となった。一八九七年の京都帝国大学の設立により、東京帝国大学となっている。（青）

適塾　一八三八年蘭方医緒方洪庵が、大阪船場に開いた蘭学の私塾。正式名称は、適々塾で緒方の号である「適々斎」に因む命名である。幕末から明治維新期に福澤諭吉、大村益次郎、箕作秋坪、佐野常民など多くの維新のリーダーを世に送ったことで知られる。（青）

哲学会　一八八四年に哲学研究の目的で発足した学会で、当該分野では世界最古である。東京大学の哲学科のなかで生まれ維持運営されてきた学会であり、学会誌は『哲学雑誌』である。（青）

鉄道院図書館　一九〇八年に帝国鉄道庁・逓信省鉄道局を廃止統合して設置された鉄道行政の内閣直属の中央官庁で、国有鉄道・軌道・南満州鉄道株式会社（満鉄）に関する事項を管轄した。図書院は、大陸も含めて広く情報収集・分析等を担当した機関である（青）

電気通信省　三年間存在した中央省庁である。一九四九年に逓信省は、郵政省と電気通信省の二省に分離されてできたのが電気通信省であった。一九五二年に当該省は廃止され、日本電信電話公社（NTT）に移行された。（青）

伝染病研究所　一八二五年に、北里柴三郎によって設立された大日本私立衛生会附属伝染病研究所を祖とする。一八九九年に内務省所管の国立伝染病研究所となり、一九一四年には文部省に移管され、一九一六年には東京帝国大学附置伝染病研究所と改名し、現代東京大学医科学研究所となっている。（青）

天台宗西部大学　叡山学院の前身で、明治政府による学制制定の翌年の一八七三年に比叡山上に比叡山総が置かれ、のちに比叡山大学林と比叡山中学林が設立された。比叡山大学林は、一八九八年西部大学と改称され、一九二五年には比叡山専修院と叡山学院とが併設されている。一九五一年に学校法人延暦寺学園の設置に伴い、比叡山専修院は廃止され叡山学院となっている。（青）

天台宗大学　一九一九年に創設された大正大学は、浄土宗・天台宗・真言宗豊山派・真言宗智山派・時宗の四宗五派からなる連合大学で、その前身の一つである天台宗が擁していた大学が天台宗大学である。（青）

東亜経済調査局　一九〇八年に満州鉄道の調査機関の一つとして、世界経済・東南アジア諸地域の調査分析を目的に東京支社内に設置された。一九二九年には満州鉄道から独立し財団法人となるも、一九三九年には再び満鉄調査部に属し、一九四五年敗戦により解体された。（青）

東亜高等予備校　中国留学生が旧制高校に入学するための日本語学校で、国語学者で教育者であった松本亀次郎が日中友好の一環として創立した。魯迅や郭沫若らが学ん

だ。（青）

東亜同文書院大学　一八九九年に東亜同文会は、南京に南京同文書院を設立していた。同書院は上海へ移設されて、東亜同文書院大学の前身となる高等教育機関東亜同文書院となり、一九三九年に大学に昇格した日本の私立大学である。一九四五年に廃止された。（青）

東奥義塾　前身は、弘前藩の藩校稽古館であった。一八七二年に弘前漢英学校に引き継がれたが、同年八月の明治政府の学制改革により廃止となる。同年十一月に、弘前漢英学校を菊池九郎が創立者となり開学したが、まもなくして菊池が学んだ慶應義塾にならって東奥義塾と名付け、私立学校東奥義塾が誕生した。（青）

東華尋常小学校　一九〇一年に東京市日本橋区の姫路藩上屋敷跡に建設された小学校で、現在の中央区立日本橋小学校の前身である。〝東華〟は、東京の華を意味して付けられたという。（青）

東京医学校　東京大学医学部の前身となる医学教育機関である。一八六八年明治政府は、江戸幕府が開設していた医学所を接収し、医学校と改名した。その後大学東校と併合し、一八七四年に東京医学校と改称され開成学校とともに一八七七年創立の東京大学の母体となった。（青）

東京医学専門学校　一九一八年に創設された旧制医学専門学校で、専門学校令に基づく高等教育機関医師養成学校であった。戦後の学制改革期まで存在した。（青）

東京英語学校　官立東京外国語学校の英語科が分離して設立された官立学校で、東京開成学校への進学課程として設立された教育機関である。（青）

東京音楽学校　東京藝術大学音楽学部の前身で、一八八七年東京府下谷区に設立された官立の音楽専門学校である。文部省大臣官房直属機関の音楽取調掛掛長の伊沢修二をはじめとする、音楽学者が連署した「音楽学校設立ノ儀ニ付建議」に呼応して設置された。初代校長には、伊沢修二が就任している。（青）

東京外国語学校→**外国語学校**

東京開成《かいせい》学校→**開成学校**

東京皇典講究所神職養成部教習科　皇典講究所は、明治政府の神道政策の一環のなかで、東京府飯田橋に国学研究と神職養成の目的で創立された、國學院大學（一八八二年創設）の前身となる研究・教育機関である。（青）

東京高等師範学校　一八八六年東京市神田区（現、文京区）に「教育の総本山」として設立された旧制の官立教育機関である。戦後の学制改革により東京教育大学教育学部に包

括され、一九七八年には筑波大学に併合された。（青）

東京市養育院　一八七二年に、明治政府が維新時の困窮者救済を目的に、営繕会議所付属機関としての養育院掛の設置が始りで、我が国最古の社会事業施設である。一八七六年に東京府営、一八九〇年東京市営、一九四三年東京都営と移行した。現在、都内板橋に本院をおき、各種の施設を運営する。（青）

東京植民貿易語学校　一九一六年に安田財閥の安田善次郎の寄付に基づき、東京市神田錦町に創設された。まもなく安田財閥の持株会社である安田保善社に経営が移管され、校長は新渡戸稲造がつとめた。一九四八年の学制改革により新制高等学校としての東京保善高等学校となり、一九七二年に保善高等学校に改称され現在に至る。（青）

東京女子高等師範学校　お茶の水女子大学の前身校で、一八九〇年に我が国最初の官立の女子中等教員養成機関「女子高等師範学校」として設立された。一九〇八年に国内で二番目となる官立奈良女子高等師範学校（現、奈良女子大学）の設置により、「東京女子高等師範学校」と改称、戦後の新学制により廃止され、お茶の水女子大学へと移行した。（青）

東京専門学校　現在の早稲田大学の源流で、一八八二年に大隈重信により設立された高等教育を目的とした旧制私立学校である。（青）

東京大学　一八七七年、東京大学創設（東京開成学校と東京医学校を合併、旧東京開成学校を法・理・文の三学部に、旧東京医学校を医学部に改組、東京大学予備門を付属）。一八九七年、帝国大学を東京帝国大学と改称（京都帝国大学の創設に伴う）。一九四七年、東京帝国大学を東京大学と改称（帝国大学令等を改正）。二〇〇四年、国立大学法人化により「国立大学法人東京大学」となる。（青）

東京大学新聞研究所　日本のジャーナリズム研究、マスコミュニケーション研究の先駆者であった小野秀雄（一八八五〜一九七七）による東京帝国大学文学部新聞研究室を濫觴とし、一九四九〜一九九二年までの間存在した東京大学附属の研究教育組織である。その後、社会情報研究所に移行した。（青）

東京帝国大学→東京大学

東京物理学校　東京理科大学の前身となる物理学校。一八八一年に東京物理学講習所の名で設立され、一八八三年に東京物理学校と改称。独自の物理教育を行い、多くの人材を輩出した。（大）

東京府立第一中学校　〝ナンバースクール〟は、明治・大正時代に創設された東京府立中学の設立順に従う〝ナンバー〟を校名に冠した旧制中学校を指す。八番までは左表のとおりである。(青)

創立	校名	後継校
一八八七年	東京府立第一中学校	東京都立日比谷高等学校（千代田区）
一九〇一年	東京府立第二中学校	東京都立立川高等学校（立川市）
一九〇一年	東京府立第三中学校	東京都立両国高等学校（墨田区）
一八九四年	東京府立第四中学校	東京都立戸山高等学校（新宿区）
一九一八年	東京府立第五中学校	東京都立小石川中等教育学校（文京区）
一九二一年	東京府立第六中学校	東京都立新宿高等学校（新宿区）
一九二一年	東京府立第七中学校	東京都立墨田川高等学校（墨田区）
一九二三年	東京府立第八中学校	東京都立小山台高等学校（品川区）

東京府立第四中学校→**東京府立第一中学校**

東京府立第五中学校→**東京府立第一中学校**

東京文理科大学　一九二九年の大学令に準拠して、東京市小石川区(現、東京都文京区)に設立された旧制の官立大学である。戦後の学制改革により一九四九年に東京教育大学に編入され、一九六二年からは筑波大学に改組され現在に至っている。(青)

東京法学院　前身となる英吉利《イギリス》法律学校は、イギリス法制による法学教育を目的に一八八五年に東京府神田錦町に創設された。一八八九年東京法学院と改称し、一九〇三年には東京法学院大学となり、一九〇五年に中央大学と改称された。(青)

東方文化学院　一九二九年に東京・京都の二ヵ所に設置された外務省所管の東洋学・アジア学の専門研究機関であった。研究方針をめぐり、一九三八年に発足以来の東方文化学院は解体され、東京研究所は(新)東方文化学院、京都研究所は東方文化研究所と改組と名称変更がなされた。戦後は両者とも廃止となったが、京都の東方文化研究所は京都大学人文科学研究所に統合されている。(青)

同盟通信　一九三六年に社団法人として発足した通信社で、記事や写真の配信以外にも「ニュース映画」制作、日本軍占領地での新聞発行、連合軍側の通信やラジオニュース傍受等を業務とした。敗戦に伴い解散し、社団法人共同通信社と株式会社時事通信社に移行された。(青)

特別研究生制度　戦時中でも学問の伝統を維持する目的で内地の七帝国大学と東京商科大学、東京工業大学、東京文理科大学の三官立大学と私立の早稲田大学、慶応義塾大学に限った大学院生に対して、授業料の免除と入営延期のうえで奨学金給付を行う文部省の制度。一九四三年に開始され、一九四九年の新制教育制度への切り替えで

終了した。(青)

な

内務省神社局考證官　内務省神社局は、一九四〇年まで存在した内務省内の部局で、神社・神官・神職等に関する事項を扱った。考證官は、同局に属し当該神社の文献や伝世資料・伝承等の考証を担当した。(青)

南洋学院　仏印進駐時代の一九四二年にサイゴンに設立された、外務省・文部省共同所管で財団法人南洋協会が経営した日本人対象の旧制専門学校である。修業年限は三年制で、南方発展を視座に置き指導的人材の育成を目的とした。一九四五年八月十四日の日本の降伏予告に伴い、廃校となる。(青)

日英博覧会　一九〇二年の日英同盟に基づき、UKの首都ロンドンで一九一〇年に開催された日本政府とUKのイムレ・キラルフィー博覧会社の共催による国際博覧会である。(青)

日本出版文化協会　一九四〇年十二月に創設され、一九四三年に改組により日本出版会と名称を変更した。内閣情報局の監督下で出版業者に対する出版企画の事前審査等を行い、出版界の統制を計った。書評誌『書物展望』を刊行した。(青)

日本第四紀学会　国際第四紀学連合(INQUA)を母体にして、一九五六年に発足した国内学会である。第四紀とは、地質時代の一つで約二六〇万年前から現在にいたる期間で、自然、環境、人類の研究を目的とする。地質学、古生物、動物学、植物学、人類学、考古学等々のさまざまな分野の専門家で構成されている。(青)

日本文学報国会　一九四二年、内閣情報局の監督下で、日本文芸中央会が中心となって、「国家の要請するところに従って、国策の周知徹底、宣伝普及に挺身し、以て国策の施行実践に協力する」を目的に社団法人として創設された。(青)

日本法律学校　一八八九年に、東京市麹町区飯田町に所在した皇典講究所内に、所長であった司法大臣山田顕義らにより設けられた私立の法律学校で、後の日本大学の前身である。(青)

農科大学　正式名称は、帝国大学農科大学で東京帝国大学の前身であった帝国大学に組織された農学の分科大学である。さらなる前身は、農商務省により一八八六年に設立された東京農林学校で、一八九〇年に文部省へ移管されて帝国大学農科大学となった経緯を有する。(青)

農学会　東京農林学校、旧駒場農学校、札幌農学校の卒業

生を中心に一八八七年に創設された、日本で最初の農学の学会である。設立当初は、農学会と称し、一九二九年に別組織である日本農学会が設立されたことから、一九三二年に財団法人農学会となり、二〇一二年に公益財団法人農学会と名称を改め現在に至っている。(青)

ノースウェスタン大学〔Northwestern University：略称NU〕　アメリカ合衆国イリノイ州シカゴ郊外に所在する私立大学である。一八五一年創立で、二二人のノーベル賞受賞者、四二人のピューリツァー賞受賞者等を輩出するなど、全米屈指の名門校である。(青)

野間教育研究所　株式会社大日本雄弁会講談社の初代社長の野間清治は、教育界より立身した人物であり、教育の発展・世界の文化の進展に貢献せんとする熱い志を抱いていた。一九五〇年に、故人の遺志を受けて野間教育研究所は創設された。(青)

は

ハイドン〔Franz Joseph Haydn：一七三二〜一八〇九〕　オーストリア出身の古典派を代表する作曲家であり、多数の交響曲、弦楽四重奏曲の作曲に携わり「交響曲の父」「弦楽四重奏曲」の父とも尊称されている。(青)

パウル・クレー〔Paul Klee：一八七九〜一九四〇〕　スイスの首都ベルン近郊のミュンヘンブーフゼー生まれの画家、美術理論家で独自な境地を開いたことで知られる。(青)

鉢の木会　戦後まもなく、鎌倉在住の中村光夫、吉田健一、吉川逸治によって結成された、作家・評論家の同人サークル。持ち回りで各人の自宅で催された。後に大岡昇平、神西清、福田恆存、三島由紀夫らも参加し、同メンバーで季刊誌「声」を刊行した。(大)

反射防止膜　カメラなどのレンズ表面の光の反射を抑え、透過する光を増やすためのコーティング膜。(大)

蕃書調所　一八五五年洋学所として江戸神田小川町に開設され、翌一八五六年に蕃書調所と改称した江戸幕府直轄の洋学研究教育機関であった。翌年には洋書調所と改められ、開成所の前身となった機関で、後の東京大学・東京外国語大学の一源流である。洋学の教授、洋書や外交文書の翻訳を中心活動とした。(青)

兵部省　明治時代の省庁の一つであり、国の防衛と治安を維持する国家機関であった。兵部卿には小松宮彰仁親王が就いたが、実務は次官である大輔が執り行った。一八七二年に政府の軍事防衛の指針の変更に伴い廃止され、新たに陸軍省と海軍省が設置された。(青)

フィリップ・ヘック〔Philipp Heck：一八五八〜一九四三〕　十九

世紀ドイツの法学者で、世界で先駆する十九世紀後半〜二〇世紀初頭のドイツ法学界での方法論争のなかで、従来の概念法学を批判・否定した利益法学の創始者である。（青）

藤原工業大学 慶應義塾の卒業生であり、王子製紙社長であった藤原銀次郎が、理工系の人材育成を目的に私財八〇〇万円を投じ、将来的に慶應義塾大学へ寄付することを前提に一九三九年に横浜市日吉に設立した旧制大学。日本で最初に設立された私立工業単科大学であった。（青）

仏道伝道功労賞 財団法人仏教伝道協会（現公益財団法人仏教伝道協会）が、仏教の普及・伝道に功績あった者に授与する賞で一九六七に開始された。一九七三年（第七回）より功労賞が創設され、長年に亘って仏教伝道活動に尽力された長老に贈られた。（青）

フライベルグ鉱山大学 ドイツのザクセン州のフライベルクに所在する、一七六五年に創設された公立大学で鉱業と冶金を含めた鉱山工学では世界最古の大学である。鉱山工学分野では、世界最高水準の研究実績と教育方法を執る専門大学と位置付けられてきた。（青）

プロイセン王国 十八〜二〇世紀初頭にかけてドイツ北部からポーランド西部を領土として、ホーエンツォレルン家の君主が統治した王国である。首都は現在のベルリンにあった。（青）

プロレタリア科学研究所 マルクス主義の分析や啓蒙活動を目的として、一九二九年に設立された戦前の科学者の民間学術研究団体。月刊誌『プロレタリア科学』の創刊と、『プロレタリア科学研究』『科学新聞』『科学開拓者』などの自然・人文科学両分野の刊行物を発行した。（青）

分子生物学 生命現象を分子レベルで解明しようとする生物学の学問分野。分子遺伝学・生化学・生物物理学の進展・合流によって、二〇世紀半ば頃に確立された。（大）

平安博物館 財団法人古代学協会が一九六八年に設立した京都の私立博物館。初代館長は歴史学者で、同協会の創立者の一人でもある角田文衞。研究を重視する研究博物館として教授・助教授制をとり、京都の古代史研究を牽引した。一九八六年に京都府に移管され、京都府京都文化博物館が設立された。（大）

ペスタロッチ主義教育 スイスの教育学者で教育実践家で、シュタンツ、イヴェルドン孤児院の学長をつとめたヨハン・ハインリヒ・ペスタロッチ〔Johann Heinrich Pestalozzi：一七四六〜一八二七〕が提唱した直観主義に重点を置いた教育法である。（青）

ボードレール〔Charles-Pierre Baudelaire(仏)：一八二一～一八六七〕フランスの近代詩を専門とする詩人で、象徴主義の創始者である。(青)

ポール・ヴァレリー　アンブロワズ・ポール・トゥサン・ジュール・ヴァレリー〔Ambroise Paul Toussaint Jules Valéry：一八七一～一九四五〕。フランスの偉大な詩人であり、小説家、評論家であった。文学・芸術をはじめ諸分野の卓越した活動からフランスの知の巨人と称され、日本ではアインシュタインの相対性理論をいちはやく理解した詩人として知られ、『ポール・ヴァレリー詩集』(一九二九刊行)がある。(青)

保安大学校　一九五二年に、幹部自衛官の育成を目的に神奈川県横須賀市久里浜に開設された防衛庁の教育機関で、五十四年に防衛大学校と改名され今日に至っている。(青)

母《ぼ》子《し》愛育《あいいく》会〔Imperial Gift Foundation Boshi-Aiiku-Kai〕　一九三四年に明仁親王(現上皇陛下)誕生記念の「御下賜金」を基金に設立された子供と母性の保健・福祉を目的とした会で、正式には社会福祉法人恩賜財団母子愛育会である。愛育研究所、新愛育病院、愛育クリニックを傘下に置く。(青)

ま

松ヶ岡文庫　公益財団法人松ヶ岡文庫は、鈴木大拙博士(一八七〇～一九六六)と明石照男・石井光雄・岩波茂雄・安宅彌吉・小林一三・五島慶太・近藤滋彌・酒井忠正らの賛同者により、一九四五年に鎌倉市北鎌倉松ヶ岡に設立された仏教研究の拠点である。蔵書数は、七万冊を数え、重要文化財・重要美術品指定の貴重図書を含む国内有数の文庫である。(青)

松川事件　一九四九年、旧日本国有鉄道(国鉄)の東北本線で発生した列車往来妨害事件。福島県内の松川駅付近で脱線・転覆し、容疑者が逮捕されたが、裁判で全員が無罪となり戦後最大の冤罪事件とされた。(青)

ミチクサ会　薬学者の落合英二等が主導した、鎌倉の植物愛好会。(大)

宮武《みやたけ》外骨《がいこつ》　明治・大正期のジャーナリスト、著作家、新聞史研究家、世相風俗研究家であって、言論により政治家や官僚、行政機関等々の腐敗を追及したことで知られる。故に、常に言論の自由の確立を目標として、言論によってこれを訴えた。(青)

明六社　一八七三年に森有礼が中心となり、福澤諭吉・加藤弘之・中村正直・西周らにより結成された日本最初の近代的学術団体である。機関誌『明六雑誌』を発行し、文明開化期の社会啓蒙に役割を果たしたが、一八七五年に

解散した。（青）

や

唯研《ゆいけん》事件　一九三八年に唯物論研究会（唯研）の中心メンバーが治安維持法違反で一斉検挙された事件。唯物論研究会は一九三二年に戸坂潤、岡邦雄、三枝博音らによって、唯物論の研究と啓蒙を目的に創立された学術団体。（大）

有機ミクロ分析　有機化合物中の元素組成を詳らかにし、種々の科学分析機器による元素を分析する方法で、構造解析や純度分析等々なども含まれる。ミクロは、小範囲や詳細に焦点を絞ることを意味する。（青）

横浜医療専門学校　一九四四年に、医師養成を目的とした専門学校令に基づく高等教育機関で、一九四六年の学制改革期まで存在した。（青）

ヨゼフ・ローゼンシュトック〔Joseph Rosenstock: 一八九五～一九八五〕ポーランド生まれのユダヤ系の指揮者で、ドイツ・アメリカを中心に活動した。日本ではNHK交響楽団の基礎を構築させた指揮者であった。（青）

ら

ラーメン構造　ラーメン構造とは、柱と梁が交わる構造体の接合部を溶接などで一体化させ、変形を抑えた構造形式である。用語ラーメンは、ドイツ語の額縁の意味する「Rahmen」に起因する。

利益法学　ドイツの法学者で利益法学の創始者であるフィリップ・ヘック（一八五八～一九四三）に大きく影響を受けた法学の一学派である。（青）

リカード〔David Ricardo: 一七七二～一八二三〕イギリスの経済学者。イギリス屈指の証券業者となり、余暇を研究に費やしたが、アダム・スミスの『国富論』との出会いによって、経済学へと傾倒した。主著の『経済学および課税の原理』は、『国富論』とともにイギリス古典経済学の代表作とされる。（大）

陸軍士官学校　一八七四年、東京の市ヶ谷に設立された旧日本陸軍の将校養成のための学校。一九四五年の敗戦とともに廃止された。（大）

陸軍中央幼年学校　一九〇三年から、大日本帝国陸軍がプロイセンの陸軍幼年学校（Kadettenanstalt）を範として設置運営した全寮制の軍学校制である。現役兵科将校養成を目的とし、満十三歳以上・満十五歳未満の男子を対象に選抜された。中央幼年学校と地方幼年学校が存在した。（青）

おわりに

鎌倉は、全国的に見て、誠に特異な町である。
奈良時代前後の時期、当地は、現在の鎌倉駅西側辺りに役所や寺院が存在した、いわば交通の要衝であった。そして、鎌倉時代以降は武家政権都市として、鎌倉幕府や室町幕府、鎌倉公方の庇護のもとに栄えたほか、江戸時代にあっては幕府直轄の天領並びに寺社領として繁栄した。しかしながら、明治維新期を迎えると、新政府が発した上知令や、神仏分離に関する諸施策の荒波を受けて、当地において武家政権は滅失した。

このように、古代から近世にかけて、鎌倉は常に日本史の中にあった。このあと、明治・大正時代にあっては、欧米の保養の思想が導入されて、保養地・別荘地として、皇族や華族、政財界の重鎮らによって、ひとつの文化圏が形成されることとなる。それに伴い、木下利玄、正親町公和、長與善郎、志賀直哉、里見弴、園池公致、有島生馬ら白樺派の面々のほか、星野天知、島崎藤村ら『文学界』同人、そして、芥川龍之介、林不忘、大佛次郎、久米正雄、小林秀雄、高見順ら昭和期を彩った五〇〇人前後の文学者が滞在あるいは居住して、「鎌倉文士村」と称された、全国的にも珍しい街が形成された。このことは、鎌倉が海や丘に囲まれ、谷戸〳〵に居住地が発展した風光明媚で静寂の地であったとともに、首都圏に近く、横須賀線の複線化による輸送力の強化、殊に同線を利用した東京駅への貨物や逓送便の充実などにほかならない。

当然、文学者以外にも音楽家や芸術家、俳優らもいた。かつて大船には松竹の撮影所が存在していたため、映画監督の小津安二郎を筆頭に、佐田啓二や田中絹恵ら俳優陣も、市内各所に住んでいた。

東京に近く、風光明媚で静寂の中にあった鎌倉各所は、これら多くの文筆や芸術等に携わる人々に愛され、住まうところとなっていた。そのため、本書で紹介した各分野の研究者らにも打って付けの場所であったに違いない。従前、鎌倉ゆかりの文学者たちのことは調査されているが、それ以外の人々については、その成果が断片的であることは否めない。そのため、当地における近代人物史の研究において、本書の試みがその一助となれば幸いである。

なお、末尾ながら、本書の編集にあたり、ご協力を賜った方々と、執筆者各位に篤く御礼申し上げる次第である。

浪川幹夫

●著者一覧（50音順）

會田康範（あいだ・やすのり）	学習院高等科教諭・獨協大学非常勤講師
青木里紗（あおき・りさ）	國學院大學大学院博士前期課程
有山佳孝（ありやま・よしたか）	鎌倉国宝館
伊東達也（いとう・たつや）	元 鎌倉市共生共創部文化財課
宇治清美（うじ・きよみ）	國學院大學大学院特別研究生
于　江（う・え） 本名：于　大方（う・たーふぁん）	西安于右任故居館館長 大方書院代表
奥野順子（おくの・じゅんこ）	鎌倉歴史文化交流館
尾崎雅子（おざき・まさこ）	國學院大學大学院博士後期課程（令和６年御逝去）
落合知子（おちあい・ともこ）	長崎国際大学教授
落合広倫（おちあい・ひろみち）	奈良国立博物館
志村　峻（しむら・しゅん）	報国寺学芸員
菅原日出人（すがわら・ひでと）	鎌倉歴史文化交流館
杉山正司（すぎやま・まさし）	元 埼玉県立歴史と民俗の博物館副館長・ 元 埼玉県立文書館館長・國學院大學講師
鈴村楓実（すずむら・ふみ）	鎌倉歴史文化交流館学芸員
中島金太郎（なかじま・きんたろう）	江戸川大学講師
中野智史（なかの・さとし）	鎌倉市歴史まちづくり推進担当兼文化財課
中野雄二（なかの・ゆうじ）	波佐見町歴史文化交流館（愛称：波佐見ミュージアム） 学芸員
林　道義（はやし・みちよし）	上里町教育委員会学芸員
二葉俊弥（ふたば・としや）	千葉県文化振興課・國學院大學非常勤講師
桝渕彰太郎（ますぶち・しょうたろう）	日本オリンピックミュージアム学芸員
松田佑斗（まつだ・ゆうと）	家具の博物館学芸員
森本　理（もりもと・まこと）	元 奈良県文化課・元 明石市立文化博物館館長・ 大阪学院大学非常勤講師
盛山隆行（もりやま・たかゆき）	波佐見町歴史文化交流館（愛称：波佐見ミュージアム） 学芸員
山本みなみ（やまもと・みなみ）	鎌倉歴史文化交流館学芸員

●編者紹介

青木　豊（あおき・ゆたか）

1951年　和歌山県橋本市生まれ

國學院大學文学部史学科考古学専攻卒業　博士（歴史学）

現　　在　鎌倉歴史文化交流館館長、家具の博物館理事長、元國學院大學文学部教授

《主要著書・論文》

『博物館技術学』『博物館映像展示論』『博物館展示の研究』『集客力を高める 博物館展示論』『中近世和鏡の研究』（以上単著、雄山閣）、『和鏡の文化史』（単著、刀水書房）、『史跡整備と博物館』『明治期 博物館学基本文献集成』『人文系 博物館資料保存論』『人文系 博物館展示論』『神社博物館事典』『棚橋源太郎 博物館学基本文献集成　上・下』（以上編著、雄山閣）、『地域を活かす遺跡と博物館―遺跡博物館のいま―』（共編、同成社）、『観光資源としての博物館』（共編、芙蓉書房出版）。論文・報告書多数。

桝渕規彰（ますぶち・のりあき）

1960年　神奈川県横浜市生まれ

國學院大學文学部史学科考古学専攻卒業

現　　在　國學院大學文学部非常勤講師、杉野服飾大学非常勤講師

《主要著書・論文》

「史跡整備の制度と制度史」『史跡整備と博物館』2006年（雄山閣）、「観光施策としての日本遺産にみる博物館の位置づけ」『博物館と観光―社会資源としての博物館論―』2018年（雄山閣）、「文化財保護と博物館」『21世紀の博物館学・考古学』2021年（雄山閣）。

浪川幹夫（なみかわ・みきお）

1959年　神奈川県鎌倉市生まれ

國學院大學文学部史学科日本史学専攻

現　　在　鎌倉歴史文化交流館学芸員、杉野服飾大学非常勤講師

《主要著書・論文》

「白旗神社修理時発見の銘文及び同社の沿革について」『鶴岡八幡宮末社白旗神社保存修理報告書』2005年（鶴岡八幡宮）、「鎌倉方面における元禄地震」『1703 元禄地震報告書』2013年（内閣府）、「総説」・編集ほか『特別展 鎌倉震災史―歴史地震と大正関東地震―』2015年（鎌倉国宝館）、「江戸時代の関東地震」ほか『新編 鎌倉震災志』2017年（冬花社）、「中世鎌倉の烈震と復興」『旧国中世重要論文集成 相模国』2020年（戎光祥出版）、「光明寺境内諸堂宇の変遷」『記主禅師研究所紀要』5、2022年（大本山光明寺記主禅師研究所）。

大澤　泉（おおさわ・いずみ）

1980年生まれ

早稲田大学大学院文学研究科史学（日本史）博士後期課程満期退学

現　　在　鎌倉歴史文化交流館学芸員

《主要著書・論文》

「阿波局―将軍実朝の乳母―」ほか『鎌倉北条氏の女性ネットワーク』2023年（小径社）、「元暦年間の公武関係と大江広元」『鎌倉市教育委員会文化財部調査研究紀要』3、2021年、「中世都市鎌倉と喫茶文化」『中世日本と茶の文化』2020年（勉誠出版）、「鎌倉期における若狭国府中域の構造と太良荘」『よみがえる荘園―景観に刻まれた中世の記憶―』2019年（勉誠出版）、「相模国の知行体制と地域秩序の形成」『三浦一族研究』19、2015年。

2024年 9月 25日　初版発行　《検印省略》

鎌倉《かまくら》の人物事典《じんぶつじてん》

近現代《きんげんだい》の学者《がくしゃ》たち

編　者　青木　豊・桝渕規彰・浪川幹夫・大澤　泉
発行者　宮田哲男
発行所　株式会社 雄山閣
〒 102-0071　東京都千代田区富士見 2-6-9
TEL　03-3262-3231 / FAX　03-3262-6938
URL　https://www.yuzankaku.co.jp
e-mail　contact@yuzankaku.co.jp
振　替：00130-5-1685
印刷・製本　株式会社ティーケー出版印刷

ISBN978-4-639-03002-7　C0521
N.D.C.210　304p　21cm